商道靠左
人性靠右

（增强版）

卢 亮 著

内容包罗广阔直指核心 目前世界顶级商战导师所教授的精华内容总和

SHANGDAO&RENXING

SHANGDAOKAOZUO RENXINGKAOYOU

经济管理出版社

ECONOMY & MANAGEMENT PUBLISHING HOUSE

图书在版编目（CIP）数据

商道靠左　人性靠右（增强版）/ 卢亮著. —北京：经济管理出版社，2018.9
ISBN 978-7-5096-6017-1

Ⅰ.①商…　Ⅱ.①卢…　Ⅲ.①商业经营—通俗读物　Ⅳ.①F713-49

中国版本图书馆 CIP 数据核字（2018）第 209485 号

策划编辑：杨国强
责任编辑：杨国强　吴雅齐
责任印制：高　娅
责任校对：陈　颖

出版发行：经济管理出版社
　　　　　（北京市海淀区北蜂窝 8 号中雅大厦 A 座 11 层　100038）
网　　址：www. E-mp. com. cn
电　　话：（010）51915602
印　　刷：玉田昊达印刷有限公司
经　　销：新华书店
开　　本：720mm×1000mm/16
印　　张：17.75
字　　数：256 千字
版　　次：2019 年 1 月第 1 版　2019 年 1 月第 1 次印刷
书　　号：ISBN 978-7-5096-6017-1
定　　价：48.00 元

目 录

世界上所有学问最伟大的共同特征是什么？简单！简单！还是简单！越本质的东西越简单！如果复杂，就不是本质。不管树枝树叶多么繁茂，树根只有一个，这就是本质，找到它，然后在本质上下功夫。

看这本书请你做笔记，把这些东西变成你自己知识架构的一部分，融入你的思维、血液里，你再做什么都不会有困难。

学习任何知识都不是为了学习理论，理论不能让你去实际操作，学的理论越多越不会用，就像你看一个钟表能知道时间，但如果有两个钟表你就不确定时间一样。学知识需要掌握其中的思维才能落地，才能付诸行为层面。

看事情的角度、高度，决定了你思考的维度。我们通常称之为"思维"。

人与人之间最大的不同就是思维方式的不同，看待问题的角度不同。学习也有捷径可寻，那就是直接学习别人的经验，学习已经有结果的实战案例，从案例中提升你的思维、从案例中提高你看问题的能力，启发适合你当下解决问题的思路，然后小规模地去测试，再优化，再放大，其实这也就是区隔于同行的一种办法，当然也更是一种创新能力。别人做不好的事情，你却做好了，这就是创新。

人的能力都差不多，只要练习都会具备。人们结果不一样的核心是赚钱的思维逻辑不一样；逻辑不一样，人生就完全不一样，所以改变人生的核心是改变思维逻辑。

你的思维是无形资产。产品、项目会过时，但操作项目的思路和方法永远不会过时。只有掌握思维，你才永远不会被淘汰。就好比给你鱼竿，但你不会钓鱼，那也是白搭，但你掌握钓鱼的方法后，用任何鱼竿，加上鱼饵，去任何鱼塘，你都能钓到鱼。

如果想改变命运，要先改变思想，从而改变行为，进而改变结果。因此，如果我们希望有好的结果，就要主动去改变思想，在学习的过程中进行深度思考，从而改变生活。改变是从做决定的一刹那开始。

学习终究是要用来指导实践的，如果学习的知识无法用来指导你的实践，你需要通过自己的转化，把它变成可以用来指导实践的内容，这就是学习！

如何通过学习来提升思维模式、寻找方法，从而希望改善生意、提升经营成效，有两种方式可以选：

最省钱的方式：多花时间努力研究别人的知识、心得，互联网有浩瀚的知识可以学，这个是免费的，但需要花时间，能不能学会，看你悟性；买点书看看也可以，但不要指望看了一本书，就会改变你的命运。

最赚钱的方式：付费学习，参加培训班，或请人给你做咨询或顾问，是的，这是最划算、最赚钱、性价比最高的方式，实践过这种方式的人，才能领悟到其中的精髓。想省钱的，或不相信这个方式的人，就选第一个方式，但千万不要到处吐槽、当愤青，这是浪费自己的时间。你一定要把100%的精力聚焦到你自己所能收获的结果上！

一个人有多大的成就，就看他的思维框架有多大。一个人的行为不会超越他的思想，一定是头脑中先有，然后才去做的。所以，不只是老板需要破框，我们每一个人要不断成长、不断突破，都要学会破框。打破原有的思维框架，建立更大的框架，地图越大，你才能走得越远。

成功者都是善于不断打破框架的人，就像一只鹰一样，它想要重生，就必须敢于与过去决裂，敢于拔掉自己的羽毛，啄掉自己的喙，这样才能获得第二次生命。不要害怕破碎，打碎了再重建，那样才是更强大的你。

这个世界上原本就没有什么高人，所谓高人，只不过是看问题的角度不同，看到的结果就不同而已。所谓明白人，就是看破了事物表象，看到了后面的本质。

第 1 章
赚 钱 思 维

1.1　顺应人性

什么是人性？人性就是人所共有，与生俱来的天性。

1.1.1　人性只有 4 个字：趋利避害

人性的弱点就注定了人的思想与行为会受到外界的影响，然而只要抓住了人性的弱点，顺应了人性的思维路线与行为规律，就能产生自动自发、强大的吸引力，这也就是我们常说的做到了"顺应人性"。可悲的是"顺应人性"这一威力无比的指导思想却成了 99% 的生意人劳累与困惑的根源。误会是矛盾的根源，误解则是痛苦的起因。然而 99% 的生意人都把"顺应人性"给彻底地误解了。在他们的理解中，"顺应人性"就是凡事要顺着别人来，把顾客当上帝一样对待，最终把一批又一批的顾客给"惯坏"了，做生意最终变成了做奴隶，做老总最终变成了总老做，好心对待顾客，到头来发现顾客从不专一，下面我们来看几个例子：

场景一：卖猪饲料的小张，为了能够多拿下一些生意，不知道到哪里学来的生意经，将帮猪场老板洗猪栏成了他维护客户关系的武器，因为他相信只要多为客户付出，并让客户感动，就能抓住客户的心，为此，他们除了拜访新客户,剩余的时间就是帮老客户洗猪栏,一个堂堂的生意人成了洗猪栏的专业户,更可悲的是客户并没有领情,反而觉得这是他应该做的。

场景二:销售塑胶的小王这个月已经休息了两个星期了,这是因为两个星期前,为了搞定一个客户,陪酒陪到倒在桌子下,呕吐到胃出血,为了赚钱,险些命丧黄泉,因为他的观点就是客户好酒,我奉陪到底,更重要的是老板说"喝到胃出血,才能有钱捡"。

场景三:黄老板经常愁眉埋怨:"价格已经够低了,给他这么多好处,这么款待他,没想到别人给的好处多一点儿,他就'移情别恋'了,气死我了!"

像这样的场景在我们周围比比皆是,虽然造就了很多所谓的老板,却完全背离了人生的真正追求!这就是对"顺应人性"错误理解的后果!如果想走入"吸心派"的殿堂,使你生意的每个环节都发挥出让顾客无法抗拒的"吸"的力量,那么就必须先从破解什么是"顺应人性"开始。

我给大家再举几个例子:

(1)大寺庙的山脚下有很多小餐馆,大量的游客朝拜后都会下山到这里吃饭,然而众多餐馆只有一家的生意特别好,排着队门都被挤爆。而其他餐馆的店员还要到路上拉游客,为什么会有这么大的差别呢?这家店仅仅做了一件跟竞争对手不同的事情。因为当地的土鸡特别有名,游客都知道如果来这里没有吃到这里的土鸡,那等于白来了。当其他店都以"如意餐馆""大佬饭庄""惠食堂"这些吉祥霸气的词汇来做招牌名字的时候,这家店却用了一个最土气的名字"××土鸡馆",正是这个没有任何艺术含量的名字却正好顺应了顾客的心理,马上与顾客大脑中寻找的"土鸡"相对接。更画龙点睛的是招牌上面的一句广告词,因为农家不用饲料喂养,土鸡都是吃天然虫谷长大的,鸡肉更香更美味,为了顺应顾客这一思维,这家店招牌上的广告词"吃回50年前鸡的味道"一下子就撬动人们内心的情感。一个平常的招牌名加上一句朴素的广告词就使这家店鹤立鸡群,这就是"顺应人性"的"吸"的力量把握住人性,做生意其实真的就这么简单!

做生意所有固定的技巧与策略都是浮云,只有分析清楚并掌握了人性的规律才能真正应对瞬息万变的市场。然而现在市场上有很多教别人赚钱的大师所传授的都是一些曾经成功的技巧与策略,甚至有的还是一套固定不变的模板教给所有的人,根本没有从人性的角度去做深入的剖析。然而所处的人、事、物不同,所运用的时间、空间与角度不同,很多看似成功的技巧与策略恰恰成了生意万劫不复的根源。

同样一条信息，上午发给顾客对比傍晚发给顾客，给顾客的感觉就完全不同，产生的效果也不能一概而论了，因为时间不同或者空间不同，顾客在看信息时的情绪与情感也就不同。

（2）聪明的巧克力公司为什么把巧克力广告播放在晚饭前的时间段，因为他们深深地知道，晚饭前肚子是最容易有饥饿感的，而且吃晚饭前一般都是边看电视边等晚饭，这样长期在饥饿的情况下看巧克力广告，就让人们形成了一种条件反射，只要今后到超市看到巧克力就会有一种饥饿的感觉，从而产生了无形的"吸"力，使人不自觉地购买。

假若你没有分析清楚人性的规律，当你看到巧克力公司的广告每天播放赚了很多钱的时候，你也搞个食品像巧克力公司一样做广告，只是每天在别人吃得饱饱的情况下播放，虽然你的广告很诱人，但是长期给人形成的条件反射就是，看到你的食品，就有一种吃饱的感觉，那你的产品能形成无形的吸引力吗？记住，任何成功不要只看表象，你需要清楚地知道背后所隐藏的人性规律是什么！

接下来再分享一个不为人知的事实：为什么只有"老实人"才能赚大钱？

如果别人对你的评价是："你可真会说，一看就是做生意的料。"那你就惨了，人们喜欢聪明的人，人们也崇拜能说会道的人，但是人们却更愿意跟老实人深交、跟老实人合作、跟老实人做生意，这就是人性。如果你不明白这点，你将失去很多很多。同样，如果你懂得顺应这一人性，那么，你将很快取得成功。或许你心里在纳闷，我还不够老实吗？为什么我没有取得成功？

注意！！我这里所说的老实并不是胆怯无能的那种憨实，而是在生意场上的一举一动，一言一行，让人感觉你这个人比较实在，不是那种一看就是"精明得像老鼠一样"的人。

（3）小李是一家保洁公司的小老板，最头疼的是在新居开荒保洁业务的时候顾客讨价还价，价格报高了，顾客不买账，价格报低了，自己难以承受，而在学会了老实人成交法之后，顾客无法抗拒地选择了高价格，下面，且看小李是怎么做到的。

顾客：这套房子的卫生全部做完，多少钱？小李在顾客的房子里面转悠了几圈，了解了整体保洁难易程度后，面带微笑地对顾客说："老板，我看了一下房子的保洁难易程度，如果只是让我们这些辛苦的卫生阿姨赚点儿体力钱的话

（注意面带微笑）那您就给 500 元吧。如果您想让我们多赚点儿，给我 550 元，我们会很开心的，谢谢您！"

顾客：行，只要做得好，550 元就 550 元。不可思议，这句话像魔咒一样打消了顾客的还价心理，胜过了千言万语的解释与恳求，并且屡试不爽。换作是你，别人对你说话这么实在，你还好意思讨价还价吗？当然，除非你的经济条件紧张或者是视财如命的"铁公鸡"。从现在开始反省，看自己是不是一个"老实人"，我要告诉你，大老板在说话的时候，都会让人感觉很实在。

（4）有一个富翁，一个人住着一栋豪宅。年纪大了，想回到老家居住，与其他老人一起打打牌，下下棋，心灵上有个伴儿。

于是他想把这栋豪宅卖掉。很多有钱人看上了这栋豪宅，来看的、报价的络绎不绝。

有一天，一个年轻人来看房，看完房子后连连称赞。富翁问他："你决定要购买吗？你想出多少价钱？"

年轻人对老人家说："是的，我很想购买，但是我只有 1000 英镑。"

富翁心想："那我怎么可能卖给你？"

年轻人思考了一会儿，跟富翁说："我真的决定要购买。我们能商量另一个购买方案吗？"

富翁说："你说说你的方案"。年轻人说："我愿意把我的 1000 英镑都给你。你把房子卖给我。同时，我想邀请你一起居住在这个房子里，你不需要搬出去。而我，会把你当爷爷一样看待，照顾你、陪伴你。"

年轻人接着说："你把房子卖给其他人，你得到的只是一些钱，而钱对你来说已经可有可无，你足够富有。你把房子卖给我，你将收获愉悦的晚年，一个孝顺的孙子，一家人其乐融融的温情。将来我还要你见证我的婚礼，见证我的宝宝出生，让他陪着你，逗着你笑。"

你可以选择获得一些可有可无的钱，也可以选择获得一个温情无比的家，一个快乐的晚年。

富翁静静地听着他讲述，眼前的这个小伙子如此真诚，目光坚定，他在等待着自己做出选择。钱，他这辈子赚够了，追逐金钱也让他疲惫了，快乐才是他想要的。

3 天后，富翁把房子卖给了这个年轻人，他们快乐地生活在一起！

启发思考：

这位富翁真正想要的是什么？你的客户真正想要的是什么？读懂客户的内心，你才能走近客户。

1.1.2　打破平衡：赢家永远是先付出

事实上真正赚钱的秘密，就是永远不要免费咨询别人问题，永远不要让自己的合作伙伴吃亏。

对商家来说，你不给我钱我就不给你价值。对客户来说，我没感受到价值就不愿意付钱。对老板来说，你先干好活儿，我就会给你工资。对员工来说，你先给我钱，我才会干活儿。夫妻之间闹别扭，你不道歉我就不说话，双方"冷战"，可如果这两人都不愿意先出招，这棋就没法儿下了，总得有人先付出，但大家都怕付出了没有回报，这种平衡如何打破？

1.1.3　谁先付出谁就是赢家

永远记住：如果你能在这个世界上找到一个小气且好占便宜的人获得了很大的成功，我可以毫不犹豫地给你一百万元！人不怕不聪明，就怕太聪明。你与人分享越多，你也就拥有越多，更多地将喷涌而出。从井中取水，以后会有更多新鲜的水涌入井内，如果不从井中取水，而是将井关起来，变成个吝啬鬼，不久泉源的功能便会破坏掉，逐渐地，泉源将会枯竭，被堵塞，井中的水将是死水，会变臭、变脏，流动的水才是新鲜的。如果你在想，我本身就没什么钱，我捐出去不是失去我的钱了吗？事实上，当你失去越多，就会有更多从那个你以前从来不知道的泉源流出来。宇宙是圆的，你的付出总会有意想不到的回报给你！这是我的能力无法解释的宇宙定律。这个世界上基本有 95%的人在研究如何赚钱，但偏偏赚不到钱。而这个世界上，不到 1%的人在研究如何赔钱，研究赔钱的人懂得换算思维和人性，看穿了前端、后端的架构，结果真正赚到大钱的，居然是这群人，京东、滴滴打车都是这种模式，赔钱式的营销模式，需要具备导演思维，这是更高端的内容。

1.2 富人之所以富有

富人会更富有，穷人会更贫穷。人生不是进入良性循环，就是进入恶性循环。

为什么很多人会是穷人，因为他没有富人的思维，在穷人的世界里，他们认为富人都是奸诈狡猾之人，专门坑害平民百姓的邪恶之徒，无商不奸，富人就是投机取巧，为古人所不齿，这是很多穷人之所以贫穷的原因。

富人之所以富有，是因为他们帮助很多人解决了问题，帮助别人创造了更大的价值。如为什么会有商人，这世上往往就是卖的找不到买的，买的找不到卖的。为什么把货物叫做东西，就是把东边的东西买卖到西边，再把西边的东西买卖到东边，商人要经商，就是要度远近，辨贵贱，调余缺。这世上不能没有商人，商人所赚取的财富就是帮助别人买到对他有帮助的产品，解决他的问题。商人赚取的是良心，不是剥削穷人，商人是贡献，而那些少有的黑心奸商，那些剥削穷人的地主，他们不是利他的原则，迟早是会被打倒的，不能长久。

穷人之所以是穷人，往往不是因为存款少，不是因为没有富爸爸，不是因为没有资源……恰恰相反，穷人最大的问题，就是没有商业智慧！

看上去贫富差距越来越大，是因为穷人没有机会，没有资源，其实，最关键的原因是穷人没有受过基本的商业训练！根本不懂财富的创造原理以及分配原理！

以后中小学生，一定要增加"财富"这门课，从小培养基本的财富观念，训练基本的商业技能……否则，一辈子都会吃亏！

富人最重要的特质就是感恩和付出。一个不懂得感恩的人会不断地抱怨，产生负能量，一个不懂得付出的人，会不断地索取，没有行动力。

感恩就是宇宙的定律，它就像自然法则一样支配着我们的整个人生，正如同万有引力一样支配着宇宙间所有能量的运作。

1.3 利他思维

一个人越想着怎么赚钱，其实就越赚不到钱。但是，偏偏世界上有很多成功的人。因为所有成功者的思维都是利他思维。这种神秘的力量，让一个人可以持续地吸引着财富。一旦你掌握了利他思维这个规律，你想要赚钱，就去思考一些能够利他的事情，能够为别人创造价值的事情。你要问问自己，我能帮助到别人什么？我能提供给别人什么价值？我还能付出什么？

你会看到这样一个现象，有很多企业刚开始做得很好，但后来慢慢地业绩下降直到被市场淘汰消失不见了，为什么？因为在不断追求利益的过程中却忽略了客户体验。

所以凡是那些失败的人，倒闭的企业，他们的失败只有一个原因，那就是不以客户为中心，只想着自己的利益，只想着自己的好处，不顾及客户的利益和感受。

凡是那些成功的企业，他们成功的秘诀只有一个，那就是不断地为客户创造更优质的产品和服务，坚持利他思维。比如马云，他为什么能够成为千亿富豪，因为他在一开始创业的时候想得最多的就是怎么帮助更多的中小企业把产品卖出去。就是因为这样的一个使命，而且一直到现在，阿里巴巴已经发展成为世界顶尖的商业帝国，这一宗旨仍然没有改变。

自利就是自己的利益，利他就是他人的利益。所谓利他利己，就是为了自己获利而采取的行动，但必须先让他人也获利，对方也赚钱，自己才能赚钱。这就是商道。

所以做企业或者做销售之前，首先想的应该是怎么去帮助别人成功，帮助别人更好地去赚钱，而自己成功是建立在前面所有的基础上的。在我们的生活中，我们经常能听到这样的评价：说某某人很细心，很会做人。事实证明，这一类人的人际关系不会差，因为他们懂得换位思考，懂得别人的需求在哪里，懂得如何去让别人舒服，利他的同时无形中也提升了他在朋友圈中的形象，别人相信他、认可他！

案例:

在客户接触到你的第一时间，你不应该只想赚钱，而应该先让她认识到你可以为他做什么。比如美容，很多都是通过朋友介绍而去美容院的，因为没有熟人的介绍，没有女孩愿意拿自己的皮肤做赌注。当她第一次接触你的时候，你可以给她一个清晰的皮肤保健指南，告诉她日常应该如何对自己的皮肤进行正确的保养，需要避免什么，需要注意什么。

当你免费送她东西的时候，再要求她留下联系方式，客户会问："为什么要留啊？你不会天天打电话来烦我吧？"这时候，你可以说，我们经常会有免费的保养活动，只为留下联系方式的朋友服务，没有留下联系方式的，我们是不会为她服务的，而且你跟她强调是免费的。

你想想看，当你每个月不断地教导她正确保养皮肤的知识，还免费给她做指导，她肯定是感激你的，然后会尝试你的服务和产品。在她的角度，你没有收钱，却只给予她希望得到的。一段时间后，她肯定会回报你的努力，只要她购买了你的服务，就是你终身的客户了。

很多人都认为现在市场上没有同行这样做，自己也就不做了。这样是错的，当你保护自己的利益时，客户也在保护自己的利益，你要想办法融化客户的防护之心。就像追女孩儿一样，感动她，不断地给予她呵护和关心，她一定会认识到你的价值，你得到的回报，就是一辈子的利润。

你的使命就是帮助客户解决痛点。

为什么你跟客户讲了很多但是他不跟你合作？因为你没有站在客户的角度着想，帮助客户解决问题。

大多数人一见到客户就拼命讲解产品，也不管客户爱不爱听，也没有了解客户的现状，没有了解客户的问题，这是非常自私的行为，因为你根本就是为了自己，你没有为客户着想，所以客户感觉不到你的利他，拒绝你是正常的事情。

所以，从现在开始，问问自己，我的产品到底能给客户带来什么好处？提供什么价值？我还能为客户做什么？只有你不断地让利客户，你才能真正得到客户的心。

因为刚开始利他，输出价值，别人半信半疑，利他是让别人先占便宜，他占一次觉得很好，就想下一次。持续输出价值，让别人开始依赖你。那么在顾客心无所属的时候，心理的天平会慢慢向你倾斜。

人性本利己，但是利他方能惠己，利他是手段。

1.3.1　万变不离其宗

真正赚大钱的高手掌握的是核心思维，而不是某一种单纯的技术或者某一个营销技巧。

不管什么样的模式，都是想办法获取用户，然后解决用户的需求，为用户提供你自己独特的价值，只要用户觉得你有价值，自然而然会埋单。

那么什么样的顶尖模式能轻松地长久赚大钱？

这个是很多用户关心的问题，那么想轻松赚大钱，大家首先要解决的是两个问题：

第一，你要有足够多的用户；

第二，你能把用户留在你的平台。

围绕这两个点来展开，关于用户的问题，你就要想，我能通过什么样的办法把大量的用户吸引过来？并且用户来了以后我通过什么样的模式把用户留在我的平台上面。只要你能把大量的用户留在你的平台上面，即使现阶段不赚钱，这也是一笔财富。

为什么这么说呢？

因为有了用户，你以后可以不断地销售产品给用户，不断开发用户的需求，挖掘用户的终身价值，有了用户就不怕没有钱，这也是为什么很多人花钱买用户的原因。

简单地说，不管你做的是什么项目，如果你想长久轻松地赚大钱，那么你就要把原来经营产品经营项目的思维变为经营用户的思维。

1.3.2　一切以用户为核心

我觉得经营用户才是长久轻松赚大钱的最佳模式。

你觉得呢？

现在和大家分享一下钢琴培训行业的一些玩法，当然其他的艺术培训也是类似的。

对于目前激烈的竞争，有一些商家就搞出了超级吸引用户眼球的套路，当你还在采用降价模式的时候，他们已经玩免费模式了，明明是高利润产品竟然有钱不赚，他们到底玩儿的是什么？

先和大家说一个简单易行的模式，这种模式可以很快地实行，这种模式就是全民免费学钢琴，先说一下学钢琴有什么好处等，然后后面突然给你来一个免费学钢琴，那么对于用户来说，看到免费学钢琴基本上都会被吸引。

那么他们真的是免费的吗？还是背后隐藏着一些套路呢？

先给你来个免费的基础班，但是你要交几百元的押金，然后规定是多少节课多少天学完，当你学完以后，这个押金就退还给你，对于用户来说相当于免费学钢琴。

但是，如果在学习课程的过程中，你缺席一次扣你 100 元，你不缺席就可以退还押金。如果学完以后你还想学，这个钱可以抵扣学费而且有优惠。同时你需要团购，你要组织满 4 个人才可以学，这招直接让用户裂变。

这种招数简单地说就是开一个免费的小课，通过免费小课吸引用户，同时通过押金过滤用户，然后赚取后端的钱，这种就是免费加收费的模式。

所以，对于这种教一个用户和教 100 个用户成本相差不大的行业来说，这种模式往往会有一定的效果，他们敢用免费玩儿，除了吸引用户，推出更高级的课程以外，他们还可以靠用户的押金实现盈利，当然他们还可以嫁接一些金融产品。

为什么是金融产品呢？因为能带孩子学艺术的，基本上家里都是有房有车的，所以他们还可以从金融产品上面获利。

在这里，我想要求大家深入思考一个问题，为什么他这么做能成，深层次的东西是什么？

这个才是关键的问题，因为看案例能吸收多少取决于怎么吸收的利他思维！

我们平时做生意，都想着多赚顾客的钱，怎么多赚，他多来几次，每次多赚些，成本尽可能降低一些。老师说这些都是错误的，这么想这么做的企业是没有前途的。我们很多企业家败就败在太贪上，你老想占别人便宜，掏顾客的包，顾客只会捂紧钱袋子。

而利他是什么思维呢？利他思维是往顾客包里塞钱的举动，顾客还会捂紧口袋吗？他会欣然接受，他一接受，他的钱包自然就打开了，你的机会也就来了。

你看那些大企业，都有非常多的客户，把生意做到全国乃至全世界，本质就是他们帮助了非常多的人，所以获得大量的财富就是自然而然的事情。因此，如果你渴望赚大钱，务必把焦点放在帮助别人上！

1.4 赚钱

我们赚钱的目的是让自己过得更加幸福，钱只是实现幸福的一种工具。

人与人之间最大的差别是思维模式的差别。赚钱难并不是赚钱本身难，要么就是你的方向错了，要么就是你的方法错了。要有正确的方向和合适的方法，你必须先改变思维模式。

任何时候，有资金的人追着有项目的人跑，而有项目的人追着有思想的人跑，这个世界，不缺钱，不缺项目，只缺思想，你和你的目标之间，只是缺少一种思维模式。

思维决定行为，思路决定出路，脑袋决定口袋。

你的财富取决于你为别人创造的价值，也就是帮人解决问题。我们要找到我这个行业还存在什么问题，然后提供这个问题的解决方案给客户，提供更多的价值给客户，那么我们就赚到钱了。我们帮人解决的问题越多，我们的收入就越高。因助人而自助。赚钱的一个好方法就是你帮别人赚到钱，或者帮助别人省钱，你自然就能赚到钱。赚钱的最高境界是打造自动化赚钱机器，让我们不用工作照样有钱赚。

企业的唯一目的是创造顾客，盈利只是创造顾客的结果。

网上销售，最重要的，不是商品的展示，而是信赖感的建立。

成交的速度取决于建立信赖感的速度。"鱼饵"就是最快速建立信赖感的工具。建立信赖感的速度取决于提供客户见证的速度。消费者买的不仅是产品，更是信赖感。当客户在网上买东西时，最终能让他决定购买的，往往不是最便宜的，而是提供信息最多，提供客户见证最多，让他最信赖的产品。

成交 = 80%的信赖感 + 20%的欲望。

无论你销售任何产品，一旦你有一套机制可以锁定客户，让客户无法迁移或切换，那么你就拥有了轻松赚大钱的机会，哪怕你在短时间之内都不知道如何赚钱。

在商品极其丰富的时代里，竞争的本质不是质量，而是信任。而信任度来源于认知度。

一种财富规模计算公式：

你的财富＝客户总体人数×平均信任程度。

穷的公式：没钱→不肯学习→没有赚钱的能力→继续没钱→成为穷人。

富的公式：没钱→借钱也要学习→有赚钱思维→赚到钱→继续学习→赚到更多钱→成为富人。

原来穷人和富人开始都没钱；天壤之别是：穷人不敢学习，富人打死也要学习。结果，穷人越来越穷，富人越来越富。

这个世界上没有一个企业是因为你投钱所以你能够赚钱的，没有这样的逻辑。是因为你帮助别人解决了问题，所以你有机会赚钱。要先讲你为你的客户创造了什么价值。

员工为什么是员工，老板又凭什么是老板？员工为什么赚钱少，老板凭什么赚钱多？员工赚钱少是因为他们靠能力赚钱，埋着头专注于自己的领域。老板赚钱则是在信念层面，靠更大的框架、更多的资源、更好的方向赚钱。

真正的高手不再用"资本"赚钱，而是用"智本"赚钱，也就是说最好的赚钱工具不再是资金，而是智慧。现在很多人只知道用钱赚钱，没想过用智慧赚钱。看到别人赚钱了，自己也投资金进入。看到猪肉涨价了，自己也开始养猪。看到黄金降价了，就去排队抢购。

如果一个"商机"大家都看到了，那一定不是好商机。跟风的人永远都是看别人吃肉，自己喝汤，有时甚至汤都喝不上。商机用眼睛是看不到的，眼睛看到的只能是现象。真正有智慧的人一定是用"时空角"判断商机。站在未来的"时间框架"看回现在，站在发达地区的"空间框架"看回这里，站在客户潜在需求的"角度框架"看回当下的客户。

要学赚钱，更要学会花钱，花在以下地方才是重点：

（1）自己的形象气质。

（2）自己的健康方面。

（3）自己的父母。

（4）身边的高人身上。

（5）投资自己的大脑。

赚钱只需要三个东西：第一个是客户；第二个是产品；第三个是营销。

客户是什么？客户就是有购买欲望的人、眼球，这是最重要的，我告诉你，几乎所有人在赚钱的时候都犯了一个重要的错误，就是我必须有一个产品，我最好是拥有一个别人没有的产品，这是最大的失误，在客户、产品、营销中，客户是眼球，是有钱的人。产品呢，是你要卖给他，需要让他把钱给你的东西，去交换的东西。

然后营销呢，要有一个流程一个思想让他能够心甘情愿地把钱送给你，拿你手里的东西。是不是这样？OK？赚钱只需要这三样东西。

很简单，就是你得瞄准口袋里有钱的人群，有钱，有问题，必须要用钱来解决他的问题，最好他的问题越严重越好，越严重他就越愿意花钱，最好他的钱越多越好。所以他的钱很多，问题也很严重，这是最重要的。OK？然后你的产品呢，就是要设计成一个能够解决他问题的解决方案，所以你向他证明，通过塑造价值让他看到你的产品确实能够解决他的痛苦，所以他的钱就乖乖地送给你。

你的第一步是找既有钱，又有痛苦的人，当然你要理解这个痛苦是什么，如果你找到了这群人，产品多得是。问题找到了，答案多得是，产品只是答案的一种形式。

你的目标永远是找到一群人，即使你没有产品。很简单，你一定能够找到有人在这世界的另外一个角落，有一些人生产出了产品，另外一些人想要，但是他们不认识，他们不知道有这个营销，不知道怎么卖，很简单，你说你看，你的那个东西生产了这么多，花光了你全部的积蓄，放到你那地下室暂时也卖不掉，我来帮你处理掉吧，我只能给你成本费，因为你卖不掉，如果我要再订货，我要按多少给你利润。再过一段时间，你说你发现这群人非常非常多，你不仅在南城发现了，在西城也发现了，然后在东城也发现了，然后你再找那个生产产品的人，你说对不起，现在只能贴牌了，你给我加工，我不能再给你利润，我只能给你加工费了，为什么？因为你拥有营销，你可以拥有品牌，所以他只能给你贴牌，所以品牌是你的，如果他不能够满足你的需求，对不起品牌仍然是这个品牌，但是厂家是另外一个厂家了。这才是你们应该玩的游戏。营销就是一种游戏，但是你的思路必须要提起来，就是要跳出这个传统的思路，你才能看到你的机会，否则你根本看不到。这群人找到了，然后呢，千万不要自己琢磨，自己去研发产品，你的第一个产品，一定要想办法借力，你的每一步要追求的是安全。

做营销有一个基本模式叫：测试，放大，放弃。你做的任何一件事情失败的可能性都是有的，没有任何人永远不可能失败，有失败的可能性，但是怎么能够在存在失败的可能性时也一定能够成功，其实很简单，就是任何时候，你有1万元，但不要把1万元都砸在同一个广告上，结果不行，完了，没戏了，你需要做的是把1万元拿出来5000元，找5家报纸，做一个很小的广告，这5个广告一定有一个是最好的，然后你再用另外的钱把它放大，然后舍弃掉效果不好的广告投资，最后你就走进了一个良性的循环。

案例：

在这个世界上所有成功的人，不是说他没有失败，他失败的次数还很多，为什么？因为他们失败的都是小的，而成功的是大的，很简单，就像一个油田，石油勘察的老板你发现了一个油田，可能有油，你不会在一个地方把所有的钻井队都拿来用最粗的钻钻下去，你是用10个人在可能的地方钻很细的，然后呢，找到一个可能的，最后把所有的人集中起来加大。赚钱也是一样，很简单，比如说你有一个5万人的名单，你有3种可能的产品能卖给这5万个人，正确的做法是你要从这5万个人的名单中拿出2000个人，分成三组，分别给他们3种不同的产品，看哪个最好，然后把其余的名单全部放到那个产品上。

1.5　赚钱的机会都是信息不对称

所有赚钱的机会都是信息什么？不对称！因为你没有认识一些比你更高的人脉。有句话说，你身边最要好的十个人，加起来的收入，再除以10，是你的收入。这句话你想否定都不行。

举例：假设你认识上市公司老总，如果你说我没有事做，指点一下什么生意能做，上市公司老总随便一指，你去办一个纸箱厂，专门供应我就行。那么你一年赚个几百万元是不是小事一桩。这就是我经常说的：跟着蜜蜂找到花朵，跟着苍蝇找到厕所，跟着乞丐最多只能混到丐帮帮主！

怕的就是你身边的朋友都没钱，你有困难求人家帮忙，人家除了一条命，什么都帮不上你。这就是各位朋友要三思的地方。

很多人在做行业之前，通常拿这个行业去问一些不懂行业的人，让他能给你一点建议。你说你能成功吗？肯定不能。比如说：我想开个包子店，去问卖鞋的：我想开个包子店能挣钱吗？卖鞋的看到每天早上吃包子的人很多，说：很好呀！很好卖的。他不知道很多人看不到的另一面。那你认为你成功的机会大不大？一句话"下错注，亏一次，问错人，错一生！"

1.6　赚钱的三种境界

在这个世界上，赚钱的方法有很多，思路可以概括为：

（1）产品经营：买蛋卖蛋。

（2）项目经营：买蛋卖鸡。

（3）资本运营：买鸡卖鸡。

产品运营，是"用时间赚钱"；项目运营，是"用钱赚钱"；资本运营，是"用别人的钱赚钱"。

产品经营就是指，你低买高卖，赚取差价；或是你自己生产，自己销售。赚取的钱，就是一单一单的产品销售收益。

项目经营就是指，你把一个一个的产品卖得非常不错，于是，你直接找到一个有钱人，说：兄弟，我这个项目，每个月稳定现金流是 10 万元，我现在把这个项目卖给你，只收 100 万元，你未来一年就赚回来了……

资本运营就是指，你花 100 万元买了一个每个月赚 10 万元的网站，然后找了个经理人，把项目的业绩翻了一倍，然后，以 200 万元的报价卖了出去。

请你想一想：哪一种运营模式赚钱最快？

1.7　换算思维

请你切记：

任何时候，有资金的人追着有项目的人跑，而有项目的人追着有思想的人跑，这个世界，不缺钱，不缺项目，只缺思想，你和你的目标之间，只是缺少一种思维模式！

百货公司的香水，95%是水，只有5%不同，那是各家秘方。人也是这样，95%的东西基本相似，差别就是其中很关键性的5%，包括人的思维、格局、眼界、见地。

现在跟你披露有钱人和没钱人的真正区别是什么——只有思维模式的不同而已！

口袋里有一亿元的人，和口袋里有10元的人，区别在哪里？其实就在于思维模式。思维模式不同，就决定了格局和眼界的不同，很多人的思维模式，就局限了他的发展——产品要自己找，文案要自己写，客服要自己当，产品要自己发……

其实你只要学会基本的换算技巧就行了。

这就是有钱人掘金的另一面——很多人看不到，也想不到的真相。

一旦掌握换算思维，你对任何商业模式都会看得懂，什么后端思维、逆推思维、送礼思维，都建立在换算思维的基础之上。换算思维的第一个核心是"算"，算明白以后才会有底气、有魄力进行"换"，进行操盘，才有所谓的大手笔。

就个人创业而言，最快的来钱方法一定是用钱生钱，去砸广告，做付费流量。如果你玩过付费的引流或者成交的话，我敢打赌，这一辈子你都不会去玩免费的，太消耗时间跟精力了。

建议大家读一本书《12个月的百万富翁》，作者文森特，他是杰亚布拉罕的学生，不到三十岁年收入就超过美国多个CEO的收入总和，仅仅靠一支笔、一张纸、一瓶小药片，28岁的文森特在2年内赚到了1亿美元。他的方法简单而高效，你可以马上即学即用，只要你学会换算思维。

他通过测试发现了一个财富公式。文森特是怎么测试的呢？

他首先买到购买过类似产品的9000个人的名单。分为三组，每组3000名。计算得出每一封信的成本是0.6美元，3000封就是1800美元成本。必须有30个订单才能持平，保住成本。然后写了三份不同的促销文案信各自发出3000封。第一组10份订单亏本。第二组15份订单亏本。第三组30份订单持平。

然后将第三组文案进一步优化，大规模发信，平均可得到2%的回应。

再计算出重复购买（终身价值），发现每名顾客在6个月中平均购买4.4瓶。这样，扣除开销，每名顾客在6个月中贡献180美元，那么，1000封信中有 20 封会得到回应，$20 \times 180 = 3600$（美元），扣除成本 600 美元，得出 1000 封信赚 3000 美元。

也就是通过换算得出的结果是：每寄一封信可赚 3 美元。

这就是换算得出的财富公式：$1 = 3$ 的盈利公式。

后面就容易了，大规模复制，财富就会奔涌而来。

总结：创造财富就是由 0 到 100 的过程。

由 0 到 1 是最困难的，一旦找到了自己的财富公式 $1 = 3$，后面由 1 到 100 就很容易了。

懂得换算思维，守财奴也会掏钱。

美国有一个名叫奇科的销售员，他为一个厂家销售价格为 395 美元的烹调器具。

一次，他来到一个城镇推销，选择人集中的地方一边示范这种器具，强调它节省燃料费用的好处，一边把烹调好的食品散发给大家品尝。这时，一位在当地出了名的守财奴一边吃着烹调食品，一边说："你的产品再好我也不会买的。"

第二天，奇科先敲开了这位守财奴的家门。守财奴一见到推销员就说："见到你很高兴，但你我都知道，我不会购买 400 元一套的锅的。"

奇科看看守财奴，从身上掏出一张 1 美元的钞票，把它撕碎，然后问守财奴："你心疼吗？"

守财奴对推销员的做法很吃惊，但他说："我不心疼，你撕的是你自己的钱。如果你愿意，你尽管撕吧。"

奇科说："我撕的不是我的钱，而是你的钱。"守财奴很奇怪："怎么会是我的钱呢？"

奇科说："你已经结婚 23 年了吧？""这有什么关系？"守财奴说。

"不说 23 年，就按 20 年算吧。你如果使用我的节能烹调器做饭，你每天可节省 1 美元，一年节约 360 美元。过去的 20 年里，你没有使用我的烹调器，你就白白浪费了 7200 美元，不就等于白白撕掉了 7200 美元吗？而今天你还没有用它，那么你等于又撕掉了 1 美元。"

守财奴被奇科说服了。其他人看到守财奴买下了烹调器，也都争着买。这是一个典型的通过换算导出的销售话术案例。拉长省钱的时间可以扩大省钱的数值。

无论你从事什么行业，能否赚钱看你能否把产品的核心卖点或者成交主张换算成数字的形式，一种让潜在客户看了就能明白的方式。

微信朋友圈流传着一篇文章，《只拿六分：精明的最高境界是厚道》，你可以用百度搜一下，大意如下：

一位破产的商人，在破产后的短短几年内，他的资产就突飞猛进到 1 亿元，创造了一个商业神话。有很多记者追问他东山再起的秘诀，他只透露四个字：只拿 6 分。又过了几年，他的资产如滚雪球般越滚越大，达到 1 百亿元。他的核心秘籍就是：7 分合理，8 分也可以，但我只拿 6 分。这位商人就是台北全盛房地产开发公司董事长林正家。他说，这就是 1 百亿元的起点。这个案例流传很广，但他在商界真正成功的原因是厚道吗，如果就这么简单，看过的人都按照这种厚道的精神去做就好了，为什么绝大多数人做不到呢？

说白了，就是不会算，不会换算，如果他真的算明白了，不要说厚道，不要说吃亏，他自己就主动去做了，这是介于换算明白之后的驱动力。这个世界上基本上 95% 的人，都在研究如何赚钱，但偏偏赚不到钱。而这个世界上，不到 1% 的人在研究如何赔钱，研究赔钱的人懂得换算思维和人性，看穿了前端、后端的架构，结果真正赚到大钱的，居然就是这群研究赔钱的人。

京东、滴滴都是这种模式，赔钱式的营销模式，需要具备换算思维，否则根本不会玩，不敢玩这个高级营销模式。像京东的刘强东就是深谙换算思维的人，他在前面搭几百元获取一个客户，只要能够出单。他们赔越多，卖越多，他们越高兴。为什么？因为他们的交易额越多，他们上市公司的市值就越高。

对于所有营销商家来说，全世界最难的事情，就是卖产品。为此绞尽脑汁，竞争白热化，在红海之中厮杀。但对懂得换算思维的高手来说，他们想的是，只是平本，或者赔钱地卖。因为他们只要把对于他们最难的这个环节，就是卖货的事情给搞定了，哪怕不赚钱，或者倒贴一点儿钱进去，他们都非常乐意，因为他们后端可以出的牌非常多。

曾经有一个找我做咨询的客户，卖的是中药保健茶，每月 980 元，送家庭保健医生名额一个。我用换算思维给她设计，做个 10 天的简易包装，免费送给一些其他合作伙伴的高端客户试用。效果非常明显，基本上可以做到送 10 个，有 3 个成交！这个是换算思维的核心。如果你能弄明白，保证你的生意至少提升 50%。

当初 360 杀毒软件免费出来的时候，也是懂得换算思维才能做出来的行动。

如果你是周鸿祎，你会有这个魄力吗？看不懂觉得是魄力，看懂了才知道这盘棋下的周期有多长，赚钱有多高明。很多赚钱的生意，你根本就看不出来他是怎么赚钱的，你明明看到他这个生意不赚钱，他却赚了钱，就是让你看不透、看不明白。因为这样的高手都是通过运作几家公司来配合赚钱的，有的公司是为了吸引现金流的，有的公司是为了打造影响力的，有的公司是为了做人气的，有的公司是为了把资金杠杆放大的，几家公司配合来做一个生意，所以说你根本不知道他哪家公司赚钱。懂得换算思维的高手最善于布局，他可以通过一家公司进行平本，或者赔钱卖，把同行的客户数据都挖掘过来，导入到另一家公司赚钱，几家公司彼此扶持、彼此支撑，就使得他这个生意别人根本就攻不破，也了解不透。

换算思维的故事。

1.7.1 换算思维，可以让你保命

一个不懂得换算思维的人，即使拥有权力，财富也是暂时的，因为你无法在保住你的权力的同时让财富能更持久，甚至有时候会有杀身之祸。明代万历年间，山东东平府两个在外地发了财的暴发户，带着金银财宝，风风光光地荣归故里。第一个富人到了家，大门一关，谁也不见，有好友就来给他出主意，说："老兄，你现在发了财，应该适当请请客啊，不然你会有危险的。"富人把眼一斜："钱都是我自己赚的，为什么要拿出来给别人免费吃喝？再说了，有官府呢，谁敢对我有不轨之举？"好友叹口气，没再说什么，掉头走了。没几天，这位富人家里就被抢了，窜进来一伙强盗，把富人全家绑起来杀掉灭口，卷走所有的钱财，走时一把火把房子给烧了，村民没有一个前来相救。另一位富人回到家后，二话没说，马上请全村几百口人吃饭，并每人赠一两礼银。过了一阵子，他家也来了盗贼，但是周围的邻居很警觉，听到动静之后，立即有人敲起锣来，村民一起来帮忙，把欲行不轨的盗贼赶走了。

主动请客的这位富商，聪明之处就在于，他能深刻地体察世风民情，知道村民多嫉富仇官，对暴富之人尤其痛恨，所以他才掏腰包请客，让大家尽情吃喝一顿，还在酒席上摆出一副谦恭大方的样子，使村民对他的印象大为改观，他的安全当然就得到了保证。

1.7.2　不用现金完成交易的换算法

商业的本质其实就是价值的交换，有时候不需要现金的。比如你现在需要买一件东西，你可以不用现金去买，有两种方法。

第一种直接跟对方去换。比如你的产品市面价是 100 元，而你的成本价是 50 元，你要卖的东西是 100 元，那你可以以 80 元+的价值去跟对方换你需要的东西，再给他价值 20 元的商品，那你是不是相当于赚了 30 元以上，如果对方不需要这种产品，你可以用第二种方法，去跟有需要的人换，变成三角交易。亚伯拉罕的三角交易讲的这方面内容你多学习就懂得换算了。

有一家旅游杂志，用全页广告跟航空公司交换机位，而这个版面通常很难卖出去，一页的实际成本也不高，却换取了超过 10 倍价值的机票！为此，这家杂志设有专业的"以物易物"部门，将机票以 8 折转售，比其他渠道购买要便宜 2 成。于是，这页卖不出去的广告，迅速变现盈利，而这个"以物易物"部门居然成为他们新的利润中心！

如果你是美容院的，一次美容要 1000 元，但实际成本只要 100 元。如果你是卖家具的，一套沙发要 5000 元，但成本也许只有 1000 元！各位看明白了吧，当你交换时，你付出的只是"成本价"，而交换的却是"市场价"！此时，你将迅速提升 2 倍、5 倍、10 倍的购买力！比如，用"广告时段"换取商品和服务，用会计服务来换取对方办公室的工位，用空调换家具。比如，你用餐厅消费，来抵消电脑价格的 50%，你只需支付电脑价格的一半。这个思路有没有激发你的灵感？只要具备换算思维，你随时随地可以换算出和别人不一样的结果，这就是人和人之间差别巨大的根源所在。

1.7.3　两个报童的竞争

某一个地区，有两个报童在卖同一份报纸，两个人是竞争对手。第一个报童很勤奋，每天沿街叫卖，嗓子也很响亮。可每天卖出的报纸并不是很多，而且还有减少的趋势。第二个报童肯用脑子：除了沿街叫卖，他还坚持每天去一些固定场合，一去之后就给大家分发报纸，过一会儿再来收钱。而且到哪一家，都要把门外的垃圾顺手带走，很讨人喜欢，就这样，地方越跑越熟，报纸卖出去的也就越来越多。

第二个报童的做法，大有深意，值得仔细思考。

第一，在一个固定的地区，对同一份报纸，读者客户是有限的。买了我的就不会买他的。我先将报纸发出去，这个拿到报纸的人，肯定不会再去买别人的报纸了。等于我先占领了市场，我发得越多他的市场就越小。这对竞争对手的利润和信心都构成了打击。第二，报纸这个东西不像别的消费品有复杂的决策过程，随机性购买多。一般不会因为质量问题而退货。而且钱数不多，大家也不会不给钱。今天没有零钱，明天也会给，文化人嘛，大多不会为难小孩子。第三，即使有人看了报，退报不给钱，也没有什么关系。一来总会有积压的报纸。二来他已经看过了报纸，肯定不会再买同一份了，将来还是自己的潜在客户。第四，如此这般坚持最多一个月，结果可以预见，另一个报童坚持不下去，迟早会退出，就只剩下他一家独大了！

1.7.4 月收入 10 万元的烤串档口

在上海的威海路，一位快 50 岁的下岗工人经营着一个不到两平方米的羊肉串档口，猜猜看，他一个月的利润是多少？

10 万元！

为什么投资不到 300 元的档口能够产生如此高额的回报？需要说明的是，这里没有任何祖传秘方，更不可能做过任何所谓的广告。那么，他都做了什么？让我们来看看这个档口里究竟都发生了什么。

档口的位置处于市中心的十字路口，来往的流动人群很多，形成了第一个市场。在档口周围 1km 的范围内，聚集着数十家 KTV 等娱乐场所，这些娱乐客人形成了第二个市场。周边住宅小区的居民和写字楼职员组成的固定人群则形成了第三个市场。当同时面对这三个市场的时候，哪一个才是摊主最适合的顾客？换句话说，他要瞄准哪个市场才能得到最多的钱？

请你来思考一下，看你能不能琢磨出其中的奥妙？你会选择哪一个市场？

如果把第一个市场作为档口的话，那么营业时间就应该定在 7：00~22：00。因为这一时间段的人流量最大。从消费群的组成来看，他们是上下班途中充饥，逛街时解馋的人群。他们一般单次购买量有限，但人次较多。

如果把第二个市场作为档口的话，营业时间就应该定在 22：00~4：00。因为在这一时间段人们才会从 KTV 和娱乐场所出来。从消费群的组成来看，他们是腹中饥饿出来充饥解馋的人群，一般会成群结队，单次购买量大，人次也较多（他们是三组人中对钱最没概念的，尤其是刚刚喝完几瓶价格不菲的洋酒）。

如果把第三个市场作为档口的话，那么营业时间就应该定在 17：00~21：00。因为这是下班时间和散步纳凉的高峰期。从消费群的组成来看，他们是下班之后稍许充饥和临时解馋的人群。他们单次购买量有限，人次也较少。

然后计算一下劳动成本，运作第一个市场需要每天工作 15 小时，运作第二个市场需要每天工作 6 小时，运作第三个市场需要每天工作 4 小时。

从投入的时间和消费金额进行换算，那就不难看出从谁身上才能赢得最大的利润回报。这个摊点的老板虽然从没经过关于营销理论的培训，但强烈的赚钱欲望使他在进行观察和换算后，选择了第二个档口。这是投入产出比最高的档口，于是，他每晚工作 6 小时，就可在月底将 10 万元存进自己的银行账户！如果不懂得换算，绝大多数人会选择第一个档口，每天工作时间最长，15 小时，但每小时产生的收入却是三个档口中最少的。第三个档口虽然每天工作时间只有 4 小时，但每小时收入却高于第一个档口，白天还可以做其他事情，什么都不耽误。

一个小小的羊肉串档口的经营选择证明了一个事实，在寻找正确市场的同时，永远会有很多错误的档口在干扰你的决策。但只有经过投入产出比的换算，才能做出正确的决定和选择，当然，钱也会在那儿等着你。

1.8　送礼思维

我要分享给你的送礼思维，这绝对是公开的秘密，但是只有少数人知晓其中的精髓。人性有一个特点，如果一件事情，不知道其中的理由和动机，就不会去执行，即使给你九阴真经，在你眼里也只不过是一本残破的旧书而已，你连翻看第二遍的兴趣都没有。送礼思维就是换算思维的一种变换形式，如果你能够理解透彻，就是一本武功速成的九阴真经。

1.8.1　会送礼比做高利贷还赚钱

只有懂得换算思维的人才能深刻领悟送礼即是投资的艺术，送礼要比赚钱有深度多了，不细细研究，根本就看不到其间的玄机。

你缺的，这个世界上都有。你缺少的资源都在别人那里，那些资源可以不为你所有，但可以为你所用。

缺钱的人，缺的不是钱，而是缺赚钱的能力和思维。不在乎你缺少什么，关键是谁拥有你所缺少的，把你缺的资源，通过换算思维去换回来或者低成本买回来。

领悟送礼精髓的人，无论做什么事，都习惯性靠送礼解决，无论他当时是否有钱，是否有学历。

现在社会上那些大发其财的老板、董事长都是些什么来头？有几个北大清华的？初中生领导博士生下属再正常不过了。但仔细分析一下他们，除了那部分世袭的，创业的第一代中，基本没有太高的学历，有也是后天"补"上去的，无一例外，他们都是有社会生存智慧的人。这难道不能说明问题？

为什么有的人飞黄腾达，有的人穷困潦倒？在这个世界上，到处都是有才华的"穷人"。他们才高八斗、学富五车，甚至有着上天入地的本领，但为何最后却落了个穷困潦倒、一事无成的下场呢？而许多并没有什么才华的人却能功成名就、春风得意？都是两个肩膀扛着一个脑袋，为什么我们的人生竟会如此不同？

社会并非绝对公平的，社会这所大学也不会等待你成长！它可不会像你在学校里那样教会你一些东西。在江湖和社会上摸爬滚打的特点是没有教科书，没有理论，凡事靠悟性、靠榜样。

厦门远华案的主角赖昌星说，"不怕领导讲原则，就怕领导没爱好"，这就是老社会的悟性，知道怎么对症下药。无论这个社会如何复杂，总是万变不离其宗。有一条最基本，那就是请客和送礼，所谓搞定对象就是让他欠自己人情，欠了人情，下面就好办了。

这是所有政客、富豪，凡是你所知道的成功人士的不传之秘，就是送礼。中国目前的亿万富豪10个人中有10个都懂得这门艺术，都在用这个手段，唯一的差别就是尺度、底线的问题。

送礼的本质是"换"。获取秘密的方法很简单：会换算。换算思维的本质，一是会算，二是会换。如果你本身有资源，以资源换资源。自己本身有核心秘密，以秘密换秘密。

如果以上两点都没有，懂得花钱，知道怎么购买秘密；懂得送礼，知道怎么换取秘密。人与人交往的本质其实就是利益交换。如果你不懂利益交换原则，总想着免费获得东西，凡是好处都自己独吞，那么即使有惊世的才华也只能沦为无用的白纸！

专业的问题找专业的人解决！一般我找前辈咨询问题，咨询的方式是：先往他支付宝汇 88 元钱！只是咨询 10 分钟，如果我先准备好我的问题，一般在 10 分钟内就会获得我原来需要自己去摸索几个月、几年也不一定能搞明白的问题，最关键的是思路和方向。

做任何事情、接触任何一个新的领域都是同样的方法：

第一，找成功的同行，研究他的广告、案例！

第二，找一个实战教练，用送礼思维搞定。

学会花钱，花钱是最简单的！比如你想找人合作，很简单，跟他分好钱，甚至把利润的大头给对方，对方自然很卖命地为你工作！成功的秘籍是找已经做到的人教你！凭什么？凭什么对方要帮你？你能够为对方提供些什么呢？给他钱？为他赚钱？如果你都不能提供，那就成为他的客户，花钱买他的时间。

人与人之间互动、人与人之间合作，成交别人、影响别人背后的秘密到底是什么？同样一件事，同样的方法，两个不同的人，得到不一样的结果！没有不赚钱的项目，只有不赚钱的人！这是永恒的真理！

请谨记：高人是拿来使用的，不是拿来崇拜的，更不是拿来顶礼膜拜的。

你跟每个人之间的关系就是一个情感账户，你们的每一次接触都是在往账户里面存钱或者取钱。如果账户里面没有钱或者已经取光了，就要注意了。尤其是跟比你厉害的人打交道一定要多存钱。这个就看你对换算思维的理解程度或者情商的高低了。放心！这种存钱回报很高的！

《靠送礼起步，送礼送成千万》的故事：

有一个在北京雅宝路做得很大的老乡，他只有初中文化，后来混熟了，在酒桌上透露他起家的秘密，他说就是花钱，送礼。

在他一无所有的时候，每天在雅宝路中国银行排队取号，你有过银行排队办理业务的体验吧，无论你是谁，无论多急，也要取号排队办理。他先和银行保安混熟了，每天进银行每隔十几分钟取一个号，看到物流同行进来就给对方一个号，让对方先办理，这样他认识了不少人，一来二去混熟了，他一个月接的单子比别人干一年的单子还多，他的第一桶金是从雅宝路中国银行的排队窗口得来的。

在银行取号给别人提供方便期间，他也认识了雅宝路周边其他行业的人，就连雅宝路各个档口门前收停车费的那些看车的都成了他的朋友，他每次遇到那些看车人，都会塞给对方两盒烟，现在他到雅宝路任何一个路段，都不用交纳一分钱的停车费。他的最大收获是认识了几家规模比较大的物流公司的出纳和办公室文员，间接给他很多信息和情报，了解到很多物流大老板的喜好和活动。他的绝招就是给各种各样的雅宝路物流行业的老手送礼，已经练到了花 1，就能赚 3、赚 10 的绝招。偶尔，也有花十万元却没有回报的时候，不赚钱就换个老手继续送，最后他成了老大。

他说也遇到过很多铁公鸡，钱也烧了，礼也送了，却没有任何收益。这样就练就了一个本领，应该给谁花钱，应该给谁送礼，凭感觉他就能猜个八九不离十。一般而言，越是舍得花钱的朋友，赚钱的速度越快，越是斤斤计较，要求又太多的人，越是啥也得不到！学历低不是赚钱的秘密，赚钱永远是思维模式、思考方式的集中反应，也和运气没有多大关联。没有人可以靠运气安然无恙地行走江湖多年。

你如果想要结识某位高手，就直接给他礼物，精神礼物和物质礼物都行，现在有微信就更好了，直接给红包，看到对方的文章有价值，直接打赏，多少不重要，但对方会对你印象深刻，你说是吗？

只要具备送礼思维，你可以获得贵人、高人相助，做什么事情都会节省你的时间成本。因为自己摸索是最贵的，会浪费你宝贵的时间，时间才是你的生命！钱不是。而你通过用钱，可以最大限度地节约你的时间，别人 10 年做出的事情，因为敢于花钱买时间、买经验，买技能，你可以 1 年做到！从而你省下了 9 年的时间，可以创造更大的价值！

这个秘密其实不需要太多人知道，纵使知道了，你也不一定能领会。纵使领会了，你也不一定能做出来。除非——你真的有一点赌性，有千金散尽还复来的气魄！

1.8.2 要给就提前给，要送就提前送

无论你做什么行业，都不可能单打独斗，会需要很多人的帮助。别人帮助我们了，记得要学会埋单，学会为价值埋单。也许你只付出了 1000 元，却认识了一个能够帮助你的朋友，这个朋友既然能在这一次帮你，也能在下一次帮你，学会感恩和埋单，尤其是当你因为他而赚到钱的时候，一定要分钱。这就是提前分钱，提前给小费的原理。

1.8.3 真相：收礼的都是给送礼的打工

社会现实告诉我们一个荒谬定律：如果你穷，你得比不穷的人花更多的钱，才能活下去。同样的社会框架决定了活在社会底层的人需要掌握更大的能力与采取更多的行动，高层的人往往只靠自己的思维就能实现目标！

工作拼命，拿钱不多，地位不高，受伤不少，前无出路，后无靠山，前途迷茫，目标缺失的这一类人，基本上都不懂得送礼思维，如果明白这其中的真谛，哪怕刚开始能力差一些，出来混还是大有希望的，因为只要他掌握了这一独门绝技，就迟早能够迎来命运的转机。

如果一个人没有很好的家世背景，也无须悲观，更不要羡慕收礼的人。如果真正弄懂了换算思维和格局思维，你就能明白一个道理：那些高层的都是给送礼的人打工的，只是大多数人认识不到而已。这句话价值十万元！能领悟这句话的人必定能够创造出数百万元、数千万元的财富。

在社会混久了，慢慢地也就懂了人情是怎么回事，送礼是怎么回事，其实"礼"就是 502 胶水，能把两个原本不相干的人粘到一起，如果对方比你高出很多，送礼就能把这个差距缩小，并且让对方给你打工。

举个例子你就明白了：某行业老大同时带两个人出来喝酒。下属 A，在席间滔滔不绝。说跟随老大，学到了很多知识，财富自由了，老婆孩子都有了，向老大敬酒表示感谢。老大微微点头，说要再接再厉。下属 B，比 A 晚半年进入公司，他说跟随老大时间不长，长了很多见识，准备了个小礼物，不值钱，送给老大，老大不要，B 悄悄对老大说，这个礼品是为嫂子准备的。老大只好收下。回家后老大打开礼包看到一款手表与一个 LV 包，加感谢信一封。自然，以后老大出来喝酒都会喊 B 过来。每次饭局 B 都找个借口中途离席，把单买了，老大给他报销，他都不要。为了不再让 B 破费，后来老大再喊 B 吃饭时直接先把单买了。

一年后，老大开辟新区域市场，把 B 带在身边一起开拓那个市场，年收入在 300 万元以上。B 给老大送礼的钱不足 10 万元，他只是坚持用一年的时间给老大送礼，不断追随老大，只用一年就赚到 300 万元。他还主动将每年收入的 70% 归老大。A 还在公司，年收入 20 万元左右，不及 B 的 1/10，但好像很知足，比同行打工的收入还高一点儿。B 年收入 300 万元，又拿出 70% 给老大，剩下 90 万元，第二年 B 的收入突破 500 万元，他成了老大最器重、最信任的人，老大的资源免费供他使用。老大做行业，做市场，花了 10 年的功夫，才做到了年赚千万元。

现在他通过老大赚到的钱比自己摸索 10 年赚到的还多。实际上是老大在给 B 打工。

你现在明白这层意思了吗？

你只要弄懂"谁在给谁分钱"就懂了，这才是真正的核心！

做项目用心的人不可怕，送礼用心的人才可怕。做项目用心，是养活自己；送礼用心，是为了空手套白狼，四两拨千斤。但不要真的以为靠你的小算盘就能玩空手道，对方比你道行高多了，不然你也不会用到对方，送礼的格局，就是做人的格局！

1.9　被误解的免费思维会害你一辈子

那些看似精明的小女人，为了省一点儿，逛遍了整条街，甚至去很远的某个市场，用一整天的时间，来买一双鞋，一件衣服！每次看中的，都贵，每次看不中的，都便宜，最后，要极其精明的，才会买到所谓的性价比最高的东西！其实，你花去的时间和精力，都是最昂贵的！

有些男人和这些算计的女人没什么区别，整天在网上搜索那些能够免费得到的东西，自己还在沾沾自喜，他不知道的是，他的这种行为，让他这辈子都赚不到钱，道理是明摆着的，只是没有人告诉他而已。他把自己培养成了看似精明，喜好占便宜的八婆。

因为想要免费，他浪费了昂贵的时间（生命的真正构成），浪费了好心情，因为想要少花钱，他浪费了一次次的机会，错过了一次次的成长，少了许多见识和人生体验。气质不会变好，只会越来越差，信心不会越来越足，只会越来越斤斤计较。你培养了你自己，你的投资决定你的品质。

我曾经尝试过多次和某一领域的牛人联系，留言一直不回复，我直接打红包，马上回音："请你吃饭，我请客，你开口就行，知道你很忙，我买你的午饭时间。"如果你不想花钱，那你也可以帮助他完成一些他关心的事情，付出你的时间和精力帮助你的教练做一些事情。这样你就和那些直接骚扰教练、免费咨询的人不一样了。

互联网上免费的东西太多了，导致很多人有免费的思维。错误地理解免费思维，会在错误的路上走得更久，免费思维是给那些买家用的，买家下载，卖家上传。作为卖家，你不是寻找免费的东西，你是提供免费东西的人，你是免费的制造者，给予买家免费的东西来贡献价值，筛选出一部分为价值埋单的人群，这是高质量的人群，这样你才能赚到钱，而且还不累。

而那些喜好占便宜的低端人群，为了寻找自己想要的答案，浪费大量的时间。时间就是财富，浪费自己的时间，等于慢性自杀，浪费别人的时间，等于谋财害命。既不想付费，又没完没了地请教问题，像不像是在乞讨？

做营销最重要的事情之一，就是过滤客户。不懂得过滤客户，你做营销的效率永远都高不到哪里去，那要如何过滤客户呢？其实答案很简单，列出你的合格客户标准，只与合格的客户对话，这是高效能做营销、做销售的起点！后面我会提供给你一个漏斗思维模式，你就能过滤客户，并且再也不会担心客户拒绝你。

山不在高，有仙则名，水不在深，有龙则灵，客不在多，精准则成。

好的客户认同你喜欢你，不介意你卖高价，只有差的客户才会只看价格，一提价他就走，这样的客户就应该把他过滤掉，根本不必惋惜。而很多人看不透这一点，他们是求着客户买他的产品，不对！你应该主动过滤那些质量差的客户，选择最好的、最喜欢你的客户来服务！

不是说我有多势利，这是网络创业圈子的游戏规则（潜规则），如果你连这个都不懂，估计在网络上会很难吃得开。所以，当你向一个某一方面比你厉害的人请教时，记得要提供你的价值，否则人家就算帮你也会有所保留。而你提供价值最简单的方法就是花一点点钱。

1.10　打破平衡：赢家永远是先付出

事实上真正的赚钱秘密，就是永远不要免费咨询别人问题，永远不要让自己的合作伙伴吃亏。

对商家来说，你不给我钱我就不给你价值。对客户来说，我没感受到价值就不愿意付钱。对老板来说，你先干好活儿了我就会给你工资。对员工来说，你先给我钱了，我才会干活。夫妻之间闹别扭，你不道歉我就不说话，双方"冷战"，可如果这两人都不愿意先出招，这棋就没法下了，总得有人先付出，但大家都怕付出了没有回报，这种平衡如何打破？谁先付出谁就是赢家。

运用刚才讲过的换算思维，你就会明白为什么中国古语讲吃亏就是福，一个人要赢得另一个人的好感很容易，那就是要学着吃亏。这个世界上没有人喜欢爱占便宜的人，但所有人都喜欢爱吃亏的人。你想着吃亏的时候，就会赢得别人；如果有一天，你幸运地遇到那个懂得以更大的吃亏方式来回报你的人，就是你赢得的朋友，同时随之而来的还有财富和声誉。

人不怕不聪明，就怕太聪明。聪明一过头就太会算计，便会盲目，便会不知天高地厚、忘乎所以，总想算计别人，这个时候看似很聪明的人其实就已经等于半个"傻子"了！如果学会吃点儿亏，好处利益分给别人，让每个人的心理得到平衡，这样大家肯定会通力合作，协助你顺利成功。大凡成功的"牛人"无一例外都懂得这一点。他们大多是一掷千金，让跟随自己的人得到实惠，从而死心塌地、赴汤蹈火。

我再和你分享一句价值连城的话，"随时随地捐，不是有了钱才捐，而是捐了才会更有钱"，如果你思考明白这句话，你会越来越富有，毫无悬念地变得富有。

你与人分享越多，你也就拥有越多，更多的将喷涌而出。从井中取水，以后会有更多新鲜的水涌入井内，如果不从井中取水将井关起来，变成个吝啬鬼，不久泉源的功能便破坏掉了，逐渐地，泉源将会枯竭，被堵塞，井中的水将是死水，将会变臭、变脏，流动的水是新鲜的。

你如果在想我本身就没什么钱，我捐出去不是失去我的钱了吗？事实上，当你失去越多，就会有更多新鲜的水从那个你以前从来不知道的泉源流出来。宇宙是圆的，你的付出总会有你意想不到的回报给你！这是我的能力无法解释的宇宙定律。

1.11 财富流动的本质规律

（1）金钱是被吸引来的，如何吸引呢？其实跟宇宙能量守恒定律有关。首先，世界上的一切都由能量和信息构成，人、动物、植物、万事万物，包括金钱也是能量，我这篇文章也是传递正能量，你请别人吃一顿饭也是能量，所有买到的东西也是能量，而只要是能量就必须守恒，也就是说：

付出，你就会收获，因为能量会回流给你，以保持能量的守恒。

索取，你就有代价，因为能量从你流出去，以保持能量的守恒。

比如那些坑蒙拐骗的生意人，他们真的占到便宜了吗？

比如，我去年在楼下买了 5 元的西瓜，但回家放电子秤称发现只值 3.75 元。但我吃亏了吗？卖家占到便宜了吗？

实际上他欠我的 1.25 元，必然以某种未知方式回流给我，也许不是直接从他那里，但必然回流给我。卖家必然失去某种东西以保持能量守恒。如果失去的是金钱还不要紧，万一失去健康、机会、友谊、快乐呢？他至少会失去很多我这样的老顾客，更大的失误是今后他做不了大事业，世界 500 强企业据说没有任何一家公司刻意占客户便宜的。

基于上述原因，在现实生活中我根本不担心吃亏，或者谁占我的便宜，我很开心有人来占我便宜。小偷必然失去某些东西，自私者必然失去某些东西，乐于付出者必然得到某些东西，总的来讲我认为：

付出，才有收获；

索取，就有代价。

古人说："舍得，有舍才有得，有得必有失。"

爱默生有句名言："能为一样东西付出的最大代价，就是索取！"

过去我搞不懂为什么索取会付出代价？后来才知道，这是能量守恒在起作用。

因此近半年，我把大量精力集中在一个问题：如何快速大量帮助别人？

帮助别人占据我的主导思想，我坚信只要大量贡献我的能量，能量最终就会回流给我，从而实现能量守恒。

（2）如果想要有钱，你就得有价值，价值就是客户的解决方案；而同质化竞争必须有最佳的解决方案，而最佳的解决方案表现在营销上就是最牛的购买理由。

为什么呢？因为客户在根本没有看到产品的时候，买的是你通过文案、话术等展现出来的购买理由，而不是你的产品本身，所以你就能理解为什么好的产品卖不掉，而垃圾的产品却买得很火，这就是营销能力的差别。

可能有的人觉得，购买理由是吧？这个我知道，但细节决定成败，你展示的购买理由，不能是你一相情愿的购买理由，而是客户自己的购买理由才行。

每个人买东西本来就有购买的理由，所以你必须100%走进对方的世界找到他的购买理由（多数人给的是自己的理由），然后通过恰当的文字、图片、视频等方式展现出来就OK，而其他方法只是辅助你展示购买理由的工具罢了，切勿本末倒置。

1.12　舍得之道

任何营销的真谛，其实是在这个过程中，尽自己最大的能力去帮助别人，感受到这一过程的快乐，而不是一味地说服对方掏钱。智慧在于传播，不在于传播给了谁。客户在于传递价值，不在于结果是否成交。

这个世界上最顶尖的商业模式，就是没有模式。寺庙，无需任何的赢利模式，只需要在门口摆一个功德箱，钱自然源源不断。不是因为想赚钱才去盖寺庙的，而是为了度化众生。你越无私为众生，众生收到你的价值后，更加愿意追随你、接近你，因为接近你对于他来说有好处，所以反而越能成全你。所以佛欲度众生，反被众生度。

佛祖算是最高境界的舍吧。把佛法毫无保留地分享给世界，他做这件事情的意义根本不是为了赚钱，但是这个世界上多少人给香火钱，让寺庙拥有更多的钱建更多的寺庙。最后佛祖穿的是什么衣服，是金袈裟！

前面讲到的赔钱式的营销模式，跟舍得式的营销模式，一模一样。也就是说，小舍小得，大舍大得，不舍不得。

这个世界上，任何产品，都有他的市场需求，都有他的客户。你前期提供了免费的产品，或者贡献了免费的高价值的东西给你的客户。因为有了前期的信任，你的客户对于你后期收费的产品和东西，非常容易接受。

这个世界上，很多成功的人，不是为了赚很多钱才去干事业的，而是干了有意义的事情，钱和人都跟着向他跑来了而已。

一个内心有价值的人，和别人谈话的过程中，就是给予价值。一个内心什么都没有的人，其实自己本身就是一个没价值的人。所以谈到营销的第一种境界，其实就是给予，能够给予，其实是一种能力。不是每一个人都有这种能力的。所以舍得，舍掉前端利润的人，自然有那个格局看得懂后端的收获，才能避开更多的竞争，赚到更多的钱。

1.13　能量

众所周知，所有合作的前提是要成功，就是四个字，利他共赢。

你一定要先想，怎么样去帮到别人。我们都知道，钱不是万能的，但没有钱是万万不能的，所以我经常讲一句话，没有能力，只有能量。这个世界上到处都是有才华的穷人。虽然现实，却是真理。

其实，金钱是一种能量，各位记住哦。接下来，我们要知道三句话：第一句，十万元到一百万元是一座山，很多老板做了十年，都没有存到一百万元现金。回想你创业的时候，你存到一百万元都那么难。第二句，一百万元到一千万元是一张纸。那张纸就是股权分钱的方案。第三句，一千万元到一亿元是一口气。这三句话很重要。十万元到一百万元是一座山，一百万元到一千万元是一张纸，一千万元到一亿元是一口气。

看一个人的底盘，你不要看他的房和车，看他身边的人。请记住，看一个人的底盘，要看他什么？身边的人。我举个例子，一位 70 岁老头旁边站着一个美女，你会不会觉得他很有钱。因为他这把年纪，除了钱或者权之外也不会有什么。看一个人的底盘，就看他身边的人。

1.14 果农理论

进入对方的世界，瞄准对方的终极目标和梦想，一步一步地带着他实现，只要走到中途一定会有很多很多的人员购买。

进入对方的世界非常非常重要，否则你瞄准的那个山头不是人家想要的那就没用了，然后你要一步一步分解成公式，别人觉得很合理的，你不需要向他证明，他自己就觉得，嗯，这个东西行。OK？非常简单。有的人说，哎，世界上很多人很势利，我帮他走了好远好远但他不购买，我感觉很痛苦，完全没有必要有这种痛苦，我告诉你另外一个理论，你会感觉非常舒服——果农理论。

果农理论是这么说的：有一个果农他的果园里有很多苹果树，他发现每一个苹果树上都有 20% 的苹果是红的，80% 的苹果是绿的，那么他会不会搬一个板凳往那儿一坐，等到所有的苹果都变红了才开始采摘呢？不会。他会把第一个树上 20% 的红苹果摘下来，然后到第二棵树上去摘 20%，第三棵……等他摘完满园的红苹果再回到第一棵果树继续摘，摘完之后再继续摘……最后所有的苹果都红了。客户也一样，100 个人成了你的潜在客户，然后不断地让过程推进推进，今天有两个决定了，明天又有两个决定了，后天又有两个决定了，然后你还要让这些已经决定了的人，去反过来影响那些没有做出决定的人，你和他们分享成功的案例，你看那个家长前两天买了我们的产品，我给你看段录像，他现在跟孩子的关系太棒了，这些人成功了又反过来去影响其他人，让红苹果去影响青苹果。很简单，这样的话总有青苹果进入你的营销，总有红苹果从你的营销中走出来，最终你不用着急，你坐在那里也不用担心，我不担心谁会购买，我就知道总有人会购买。我们要坚定这样一个信念，今天不购买并不代表永远不购买，迟早有一天会购买。

你的目标不是在某一天必须成交，你的目标是让人进入你的营销系统，让他不断地往前走，如果能够走，他一定会成熟，就像苹果一样。

1.15 我是一切的根源！唯有用心，方能卓越！

我现在的生活、我的家庭、我的收入、我的朋友、我的团队，这一切的现状都是一个结果，而原因就是——我自己。

同样的国家，同样的政策，同样的改革开放，有人成为亿万富翁，但是有人却沦落到街头要饭，到底是谁不一样？是自己不一样。同样的公司、同样的制度、同样的产品、同样的价格，有人成为销售冠军，有人却成为卖不掉产品被市场淘汰的销售员，是谁不一样？是自己不一样。同样的学校、同样的老师、同样的课本，有人考上大学成为第一名，有人却考不上大学被学校退学，是谁不一样？当然是自己不一样。

在这个世界上没人可以保障你，企业、公司、国家、政府，就连你的父母都保障不了你，那谁才能保障你？记住，只有客户才能保障你。有客户有保障，有客户有饭吃，有客户有收入，一家公司如果没有客户就连董事长都要下岗。如果你认为做销售没有保障的话，其实你会更加没有保障。因为你不擅长创造客户，你不擅长创造收入，其实销售是世界上最有保障的工作。

当你有销售这个能力能够创造客户时，你能帮助客户提供价值，你能够满足客户的需求，解决客户的问题，你就能够把话说出去，把钱收回来。那为什么你没有这个能力？那是因为过去你做销售根本就没用心，你没用心去研究销售、学习销售，你没用心去服务客户，你没用心去做，所以你就没这个能力。

如果你没有意识到自己的问题，没有改变自己的思维，还是抱着过去的想法，用过去的方法，那只能得到过去的结果。

比如，一个不懂得销售、不会成交的人，他再怎么换公司也是增加不了收入的。一个不会游泳的人，他再怎么换游泳池也是不会游泳的。

所以一切问题的根源就是自己，为什么我还没有赚到钱，那是因为我还不具备赚钱的能力。所以必须要先改变自己，认识自己。所有的最终原因都是因为自己不够用心。

三个工人在建筑工地上砌墙，有人问他们在做什么？第一个工人气愤地说：
"你没看到，我正在砌墙吗？"第二个人认真地回答："我在建一栋大楼。"第三个人快乐地回应:"我在建一座美丽的城市。"十年以后,第一个工人还在砌墙,第二个工人成为了建筑工地的管理者,第三个工人则成了这个城市的领导者。

同样的一件事,有人感觉枯燥乏味,有人却能以快乐的心情面对。这就是用心和不用心的差别。

为什么很多销售人员工作十年,十年如一日,人生不如意,还只是一个普通销售员,还抱怨公司不给机会。因为他做事根本就没有用心,天天在公司混吃混喝。有很多销售人员做完销售之后就以为万事大吉了,没有了后期的服务,结果客户要退货,这就是不用心。有的销售人员成交之后还一直关心客户,服务客户,这样客户再帮他转介绍,业绩越来越好,这就是用心。所以员工为什么还是员工,因为还没有上升到老板的境界。

所以记住:企业聘请你的目的是帮助企业创造业绩!你能够成功是因为你能够帮助别人创造价值!

所以做任何事情都要用心,工作需要用心,交朋友需要用心,谈恋爱需要用心,你用不用心,对方是能感觉到的,心在哪里,你的成果就在哪里。

但凡有成就之人,都是一个懂得用心的人!

要做到和对方和谐相处,只要能够做到用心,而不用心计就行了。

那用心和用心计有什么区别呢?用心,是不怕被对方识破。而用心计,不仅害怕被对方识破,而且一旦被对方识破,你今后就是真心待他,他也会认为你是在对他用心计。用心,可以让对方信任你一辈子。用心计,只能让对方相信你一阵子。用心,是带着情与爱来思考问题,是尽可能以善意与诚意来处理事情。用心计,则是用瞒与骗的方式来耍花招,是用说起来、做起来很好听、很好看的方式,来包藏、隐藏自己并不美丽并不美好的思想与行为。心与心总是相通的,心计与心计总是相克的。

想要让客户心悦诚服,销售员必须要知道,客户要的并不是一次性地解决问题,而是需要一个完整的问题解决方案,不只是一种产品或服务,是长久持续地帮助客户解决问题,提供价值。因为销售员比客户要掌握更多的信息、经验和相关知识,所以更有优势提供解决方案。如果你能够做到想客户所想,急客户所急,需客户所需,你还怕业绩做不好吗?

所以销售员应该站在客户的角度上去思考:我还能为客户做什么?我还能提供什么价值?我还能如何帮助客户?

就算你不能提供长久的服务,但是因为你用心,你抓住了客户的内心,客户变成了你的粉丝，变成了你的朋友，你在客户的心目中是专家、是老师、是知己，你要知道，每一个客户的背后都有无数客户，因为你的用心，客户感觉到了你的用心，客户才会愿意帮你转介绍。

如果你没有这种思想，你只是为了销售而销售，那客户也会为了埋单而埋单，那你们之间就往往只能算一笔买卖，一买一卖，交易之后就没有交集。所以用心比任何技巧和方法都更重要。唯有用心，方能卓越。

很多喜欢玩心计的人，以为玩心计能显示自己的聪明与高明，其实，那是最大的愚蠢与糊涂。在任何情况下都用心，那才是最高最大的智慧。

所以夫妻之间要用心，朋友之间要用心，销售也要对客户用心，你真心为客户着想，你站在客户的角度去考虑问题，客户是能够感受到的。

用心，是对每个细节极尽苛刻地自我要求。小到文章图片，大到经营管理，追问下自己：用尽全力了吗？是不是做到最好了？还能再好一点儿吗？但凡有成就的人都是重视细节的人。大由小起，看一个人能不能做大事，就看他能不能把小事做好，小事就是大事的反应，一件事就是所有事，天大的事情都是由无数个小细节组成的。

在细节上没有倾心、苛刻般的要求，只有两种情况：一是没有用心，二是不懂细节。不懂，可以学。但是，不懂的核心还是缺少用心，至少是缺少用心的动机。

哪里还能不能做得更好一点儿，哪里还能不能更完美一点儿，哪里还能不能提供服务？多一点儿用心，是用感情做好每件小事。但凡将心注入，无不倾注感情，只有源自内心的爱，才有情感的事。想想工作，我们写一段文字，倾注了自己的感情吗？我们的一个作品，表达了内心的风格和烙印了吗？想想面对客户，你真的倾注了自己的感情了吗？我们完成一件工作，是不是想尽一切办法做到自己最大潜能了呢？有时候，我们被电影、小说、故事、情节，深深地触动了内心，甚至潸然泪下，为什么？是因为它震撼了我们的心灵，是因为它唤醒了我们尘封的记忆，因为在背后有导演、有编剧、有演员，是他们的用心才创作出伟大的作品。

所以，用真心换取信任。最好的销售就是用心，得人心者得天下，得客户心者得黄金。你的世界，是由你创造出来的。你的一切，都是你创造出来的。你心在哪儿，成就就在哪儿。

1.16　思维拓展

所有的财富奇迹都来自于思维的拓展，我给你举个例子你就知道了。记住这句话：所有的财富奇迹都来自于思维的拓展。

我有一个学员是卖豆芽的，为什么举他的例子呢？因为太形象了。各位，他是卖豆芽的，为啥呢，因为卖豆芽他卖一元，别人卖九角，他卖九角别人卖八角，看到没有？几维的？一维的，一维的只能打价格战。

我们看任何东西是不是一样需要，时间加空间，加上视野，这就是说角度，看东西的角度决定了我们所在的立场是仰视的还是俯视的，所以你看，原来卖豆芽的，别人卖一元，我卖九角，是不是一维的竞争，所以他不想干了。

我跟他说，请问你来这里是干吗的，上课我就给了他这样一个理念；人家买豆芽是为了什么？买豆芽是为了炒豆芽吃吧。那炒菜这个人，难道一餐只能吃一种豆芽吗，难道一次买10斤豆芽，吃上一个月半个月吗？显然业绩想好起来很难吧。

卖豆芽只能在菜市场卖，这由空间决定，所以他是一个卖豆芽的角度，听懂了吗？所以他站在一维的角度上很难竞争过别人。当然，如果他同样是卖豆芽，他把豆芽卖到全国的所有菜市场，空间他也可以挣到一些钱，但问题是只有他一个人，怎么办？

变化，怎么变？维度的变化。从一维变成二维，从二维变成三维，怎么做呢？我告诉他，因为人家买豆芽肯定是煮菜的，那煮菜的人肯定不能只吃豆芽，同意吗？所以我跟他说，你不是卖豆芽的，你卖的是绿色有机食品，角度变了吗？原来卖豆芽，现在变成是绿色有机食品的供应商，听懂了吗？

那么绿色有机食品供应商显然不能只卖豆芽吧，所以我让他增加品种，让他去别人那里采购黄瓜、土豆、香菇、蘑菇、豆腐，有没有听懂？然后他把这些豆芽什么的七七八八，所有的产品都做成一个小包装，有没有看到过超市里的包装食品？蔬菜有没有包装的？各位，现在把它包装出来之后呢，请问一下可以放在哪里卖？

我可以放在超市，可以放在酒店，可以放在餐馆，可以继续在菜市场卖，听懂了吗？空间有没有变化？空间变了，因为有了多个空间，是不是？时间呢？现在一车拉出去，与之前只卖豆芽花的时间是一样的，但是别人买豆芽的时候，就不单单只买豆芽了，其他的东西都会顺便买一点儿，业绩有没有提升？几个月后他告诉我，他说老师我现在不卖豆芽了，我现在卖豆腐送豆芽，所以卖豆芽的竞争对手全部被我灭掉了，狠不狠，有没有听懂？业绩提升 200 多倍。

只有维度转变了，才能突破，你要想办法把很多点变成线，再变成面，最后形成天罗地网，听完这课程之后呢，想法可能只是这一个点，做法可能是一条线，方法可能是一个面，系统就是一个体，工具就是一个框了，听懂了吗？

所以怎样才能使学习最有效果？不能一直站在你那个角度去想事情。如果你站在原来的角度能看清楚早就看清楚了，根本不用来学习，跟着老师学习能迅速打开你的思维，有没有？

很多事情你认为很困难很困难的，别人认为太简单了，这叫当局者迷。为什么框架不一样，维度不一样，想进一步提升自己的思维，进入系统课程比较全面。所以我现在给你一个框，让你的思维从仰视变成俯视，这个时候你就站在老师这个角度来思考。你来理解系统课程就变得很容易了，大家同意吗？

我们最大的问题就是我想帮你，但不知道你的手在哪里，亿万富翁不是存在银行里，而是产生在人的思想里，你必须要知道将来要得到的是什么。你必须知道现在拥有的是什么，再讲个例子你就知道了。

我有一个学生，她是做律师的，大家觉得做律师怎么收费？有问题找我咨询，咨询 1 小时多少钱，打一次官司多少钱，大家同意吗？所以时间上，只能在有事儿的时候找我，没事儿的时候不会找我。空间上，只能在法庭上赚钱或者帮别人咨询的时候挣钱，同意吗？

她的角度是她只是个律师，所以她就没办法做大了，上完我的系统课程之后，思维在转变，她就组建了团队。各位，有没有见过律师组建销售团队的，维度在转变，组建团队之后，她邀请所有的企业老板来免费听她的法律讲座。

她是律师，她老公也是律师，让她老公来讲解法律服务的好处以及她老公之前打过的一些官司，告诉大家如何反败为胜，同时教大家如何规避法律的风险，两三个小时下来，大家是不是对她老公的专业能力很信任？我相信大家都有可能出现一些法律问题，大家同意吗？

包括你的公司签合同，怎样防止合同欺诈，要不要找一个法务所来审查一下。如果找一个律师养着，那就太贵了，大家同意吗？如果有一个第三方顾问为你服务，大家觉得好不好，那大家要不要请我这个律师做顾问，请我做顾问一年要收多少钱。

所有律师我都帮你过滤一下，无论在这一年之内，你有什么样的法律风险，我都免费帮你解决，各位，这个时候是事前收费，还没有开始打官司，我就把钱收到了。过去我在法庭上收钱，现在我在酒店里就可以收钱了。

过去我是个律师，现在呢，变成了法律咨询顾问。因为除了我的专业性很强之外，我的背后还有一个团队，各种各样的律师都有，经济法、刑事法、民事诉讼法，什么样的东西都有。这样一个团队为你服务是不是能确保你无后顾之忧。大家要不要加入我们的会员，成为我们的服务伙伴。

1.17　换位思考的思维

换位思考：必须 100%站在对方的角度，走进对方的世界，深入了解对方的内心对话。（对方最关心的事情）

为什么要换位思考呢？之前说了赚钱要多付出，主动帮助更多的人，但是你如何知道别人需要什么呢？这就要求你换位思考，如果你付出的内容和方式不对，就算你付出得再多，也照样无济于事，说不定还会起反作用。

不管是哪个行业的生意，客户之所以购买，核心都是基于两点：

（1）你有客户想要的好处；

（2）客户认为你值得信任。

问题是，你怎么知道客户想要的好处是什么？你怎么知道客户在哪种情况下会信任你呢？唯一的办法就是换位思考。如果你正在面临竞争，你就要比对手换位思考得更彻底，比你的对手更了解顾客的需求。

在生活的各个层面也是一样，你想获得爱情，先要思考爱人想要什么，你想获得友情，先要思考朋友想要什么。想要获得子女、学生的尊敬，先要思考子女、学生想要什么……任何领域的原理都是一样的。

现在可以检验一下你的换位思考能力，在需要安静的环境中，你是否自觉保持安静？如果晚上家人已经睡了，你到家开门是否尽量不发出声音？你半夜起来上厕所，是否会放轻脚步和不大声冲水？当别人帮你忙后，你是否发自内心地感激和给予回报？你是否常与亲人、朋友、同学等主动联系……

如果你仔细回答上述问题，你就知道了，换位思考有多重要，而换位思考的最高境界是实现"一体"，跟对方感同身受、合二为一。虽然这不是一下子就能实现的，但是作为渴望成就事业的你，必须持续向这方面靠拢，否则你不了解对方想要什么，就不可能满足他们的需求。

不管是营销也好，日常生活也好，之所以你用的技巧会有效，就是因为暗合了对方的人性，你电脑中的所有教程，你听过的所有课，以及你自创的技巧，如果有效的话，那么一定是换位思考的结果。

1.18　网络规则

你付出什么样的价格就只能得到相对应的服务，不是说我有多势利，这是网络创业圈子的游戏规则，如果你连这个都不懂，估计做网络创业会很难吃得开。

你可能不知道，所有最赚钱的核心只掌握在少数人手中，你永远不会免费得到，要么你花钱购买，要么你花时间去摸索，但时间的成本是最大的，富人是用钱买时间，穷人是用时间换钱，所以往往靠自己摸索付出的代价也是最大的。

当你向一个某一方面比你厉害的人请教时，记得要提供你的价值，否则人家就算帮你也会有所保留，而你提供价值最简单的方法就是花一点点钱。

那种进来发广告，说骗子、忽悠、传销的人本来就不是我想要的客户，因为你要知道你只要涉及销售就肯定有人不接受你，不喜欢你，无论你做什么，都会有人拒绝你，这是社会规律也是事实，所以我也根本不需要伤心。

爱你的人始终会更爱你，恨你的人始终会更恨你，你所做的销售不可能满足所有人，当然也就不可能所有的人都会成为你的客户，只要你传播的信息面足够广，只要在这当中寻找出和你同频的客户产生合作就已经足够了。

因为中国什么都不多，就是人足够多，多你一个不多，少你一个不少，我跟微信好友的沟通从来不磨叽，就是三言两语，尽量简短化，不会解释太多，给我发红包进群的朋友应该有深刻体会，两三句话解决问题。

我才没空跟那些被免费思维坑害的、满脑袋猜疑的人浪费时间,我们都是自动成交。让对方求你成交的,你只需要找到这些人,服务这些人,你也在进步,你同时也在帮助对方进步,放弃一些,才能得到更多,因为以后还有更多高质量的 A 级客户需要你服务,大家同喜好,同频率,大家都轻松。

1.19　商道赚钱的根本原因

你之所以能赚到钱,是因为你:为客户解决更多的痛点,激发更多的尖叫点,创造更多的差异化,满足更多的需求,提供更多的价值,为客户节省更多的钱财,为客户赚取更多的钱财,为客户描绘并实现更好的蓝图,顺应更多的人性。

第2章
商业智慧

2.1　创业

优秀创业者的两大特质：

（1）强烈的成功欲望。

（2）一颗渡人之心（你能成功最大的原因是无数人希望你能成功。别人为什么希望你能成功，因为别人能从你的成功之中获得好处。最重要的是老板要有一颗度人之心，你的起心动念愿意去成就一批人，你愿意成就多少人，就有多少人愿意成就你）。

现在较好的创业方法是：加入一个好的大的平台，有优秀的企业家，他们的思想都很开放，胸怀都很大，他们愿意去制定一个创业的分配机制，你加入这个平台之后你也是老板，只不过是小老板，但在一个平台上创业，你的成功概率可能会比自己创业高好几倍。

创业核心还是在于老板个人的素质。

2.1.1　人脉就是钱脉？

别扯了，没能力人脉就是负担，如果还是靠请人吃饭陪酒、送礼等方式做事，那拉倒吧。

关系多多少少谁都有，问题是能不能用得起来，并且没有副作用才是本事。

关系今天可以给我用，明天可以给他用，后天也可以给别人，可归根结底都是人家给的，想给谁给谁，领导的心态就是像给小费似的。

6 年前，给深圳某领导打电话要个工程，种种理由推脱。2015 年，同样的领导给他孩子事业设计商业模式后进展有效果，这时就可以平等地交流，说到底还是得有硬本事。

今年给某地方社区书记设计商业模式落地产生效果后，社区的资源就可以为我所用。

社区还需要商业模式？

政绩就是业绩，老百姓服务到位，福利到位，不升官？在不太商业化的前提下，满足党政路线，创富、创收只有创新商业模式！

2.1.2 最好的方式就是干掉竞争对手，如何干掉？

举例：一杯咖啡卖 28 元，成本是 2 元，卖一杯赚 26 元。也就是说免费送给 13 个人，其中一个人再多买一杯就是保本，两个人多买一杯就开始赚钱，换句话说我免费送给 13 个人，引来 13 个客户，成交率达到 16% 以上就能赚钱。

只要成交率能确定，你就可以大面积送。竞争对手是卖咖啡，你是送咖啡馆，竞争对手不被你干掉才怪。

当初我们的成交率几乎达到 100%，也就是我用免费咖啡引来 100 个人，就能成交 90% 人以上，免费肯定是最有杀伤力的武器，可是盲目免费甚至烧钱就是死路一条。

有一句这样的话："做得好不如说得好，说得好不如算得好"，这里所说的"算"，不是算计客户算计员工，是把产出比算出来，把拨比率算出来，把成交率算出来，一切都是算出来的，要不然怎么叫顶层设计呢。

好比盖商业大楼，都是精算，不能有丝毫错误。如果盖房子都不用精算，仅仅靠拍脑子凭感觉盖起来，那么创业 100% 都能成功。

所有创业的人时间成本是最大的。

所有老板都要有领袖的思维，你什么事儿都自己干就一定会倒闭，不是你的公司倒闭，就是你的身体倒闭，不然就是你的精神倒闭，再不然就是你的家庭倒闭，绝对的。

2.2　老板的能力

人跟动物最大的区别是什么？动物世界里是谁强壮谁说了算，人类世界里呢？是谁学会使用工具谁说了算，所以请您记住一句话，一个老板最最重要的能力就是学会使用别人能力的能力。

经营企业就是经营人，把人搞懂了，那事情就搞懂了，大家觉得做企业的目的是什么呢，做企业的目的是不是赚更多的钱？

那么你觉得是钱比较重要还是人比较重要？有人说，我有钱了就会有人，各位，有钱不一定会有人，大家同意吗？

但是有人呢？有人一定会有钱。

所以我们要开始研究一下人。

企业里面都有哪些人？对，企业里面有三种人。第一种人叫作老板，第二种人叫作员工，第三种人叫作客户。

企业为什么做不大？企业之所以做不大的原因在于，员工刚来的时候是能力很强还是能力一般？

可能原来只是一个菜鸟，被我招入公司之后，不断地培养，培养得越来越厉害，越来越厉害之后，有一天他就怎么样？

他就跑了，跑他同行那里去或者自己另立门户，请问一下我是不是培养了很多竞争对手？

还有一个原因，大家觉得开发新客户容易还是维护老客户容易？

维护老客户很容易，开发新客户很难，我花了很多心血，去把这个新客户开发过来，结果呢，他只买了一次，这辈子老死不相往来。

结果我就没有办法再卖东西给他了，请问一下，我的公司可能开发了无数的新客户，也损失了无数的老客户，是不是？

所以我无法让我的客户一直跟着我，我也无法让我的员工一直跟着我，所以我的企业做来做去永远都那么大。

我的企业怎样才会变得更大？

这个员工从菜鸟跟我一直成为我公司的左膀右臂，随着加入我公司的人越多，我公司就越大。

一个客户跟着我之后，这辈子都跟着我买，而且，他给我介绍更多的客户，那么我公司的客户跟员工就会越来越多，这样子我自然而然就会赚到很多的钱，同意这点吗？

人性是什么样的？人性是自私的，你同意这点吗？员工为什么离开你，说白了，就是你给他的还不够。

有人说为什么我的员工经常会跑掉呢，说白一点儿，如果他自己去创业，一年最多能赚到100万元，但是在我这里我只能给他50万元，请问他走不走？

他不走对不起他父母对吧？也对不起他自己，也对不起他的妻儿老小，对不对？

如果说他出去最多能够赚100万元，但是在我这里我也能够轻轻松松给他100万元，甚至给他200万元，他走不走，他就不走了吧，对不对？

所以为什么你们的员工会跑掉，就是给的还不够。这时候你说他没良心，请问你说这样的话有没有用？

所以我们要研究一下员工为什么跟随我们，说白了，员工之所以愿意跟我，就是因为他用他的能力来换钱，到别人那里换不到更多，到我这里可以换到更多而已，那客户为什么跟着你？

简单说吧，你花10元到我这里可以买到100元的东西，花10元在别人那里最多只能买到10元的东西，你会把钱给谁？

你花10元可以买到100元的东西，你绝对不会因为跟他有仇而不要100元的东西，对吧？

你花10元只能买到10元的东西，你绝对不会因为他是你的亲戚给他面子，对吧？所以客户之所以不把钱给你，是因为你给他的好处还不够多。

所以，客户跟着你，是为了物美价廉，员工跟着你是为了名利双收，说白了这些人之所以跟在你身边就是来占你的便宜的。

有没有害怕被别人占便宜的？有没有害怕被别人利用的？

连垃圾都有利用的价值啊，所以说不要怕被人利用，理解没有，记住，行走江湖的每一步都是筹码的延伸。

你的人生有很多东西不如愿，一个主要原因就是你手上的筹码不够。

最简单的例子，夫妻之间谁说话比较大声？你有没有发现谁赚的钱多谁说话的声音就比较大？

你之所以无法让员工继续跟你是因为你手上的筹码不够，你之所以无法让客户跟你，是因为你手上的筹码不够。

所以，人生要让自己变得更有筹码。

大家一定要注意，做老板有三件事情很重要，第一件事情，要用好身边不如你的人，我说过一句话：一个老板如果连身边不如自己的人都用不好，那你还有什么资格用比你更厉害的人。第二件事情，你要让身边不如你的人变得更强。第三件事情，让更厉害的人为你所用。但是为什么很多公司一直无法做大？

举个例子，我们公司要做大，就要招进更多的员工，我们老板就要对外做招聘广告，说，加入我的公司好啊，可以吃香的喝辣的。

所以，请问一下新员工进来之后跟老板交流得多，还是跟老员工交流得多？假如我是新员工，我来了之后就问老员工，听我们公司的老板说我们公司很好啊，吃香的喝辣的，三年买车五年买房有没有这回事啊？

然后老员工会说，甭提了，老板说话不算话，我还有三个月工资没有拿到呢，然后这个新员工第一时间就跑掉了对不对，所以我们老板不断地在招人，我们的老员工不断地在撵人。

所以听好，一个公司最大的客户是内部的员工，老板让员工吃亏，员工一定会让客户吃亏，客户最后会让老板吃亏。

所以老板只有照顾好员工，员工才能照顾好客户，客户才能照顾好公司！所以从今天开始要干吗？一句话，让你身边的那些老员工先富起来，听懂我什么意思吗？但是很多人说我公司的业绩都是我做。那几个笨笨的我把钱分给他？

再举个例子吧，假设这两个人呆头呆脑的、傻傻的，但是跟着我三五年富得流油。

然后我对外招聘，请问一下有没有很多人进来，为什么？

他说那么笨的人跟着老板都能活得那么好，我的能力比他强，进去一定可以活得更好，这样子就会来更多的人对吗？

能够成就你的人就是你现在身边的人，所以你一定要把身边的这些人给服务好，否则你天天都在骑驴找马，就永远都无法把事业做大，这是核心的关键。

所以从今天开始，你要把员工或者代理商当成最大的客户来服务，你满足他的需求，他才能满足你的需求。

2.3　会分钱才能赚钱

绝大多数人在研究怎么赚钱，其实你应该要思考如何分钱。因为只有把钱给分好了，才有更多人帮你把钱给收回来，才有更多人替你赚钱！

举个例子，一个公司业绩不好是因为什么？很多人以为公司业绩不好，是因为销售技巧不行或者说销售的培训不够或者是销售的人员数量太少。

各位，这样的思维只是点的思维。苹果手机需不需要很优秀的业务员来卖。随便找一个卖菜的阿姨也可以卖掉苹果手机对不对？

为什么很多老板想去找很会说话的业务员来卖东西呢？因为它的产品不会说话，所以他想找会说话的人。

所以听好，一个公司业绩不好，表面上是因为销售技巧不好，其背后的本质可能是因为产品不够好。

如果产品好的话，可能客户自己就买了，根本就不需要卖，大家同意这点吗？

如果你能够从一个点思考变成两个点思考，那你就已经有二维的思考了。当然产品是谁造出来的，显然是人才嘛，所以很多人说我公司没有人才，公司里面没有人才是因为什么？身边没有人才只有两个原因，一是真的没有人才，二是使用人才的人不是人才。您是哪一种？

我有一个学员，他是开餐饮店的，他规定他的厨师长，每个月要出一道新菜，厨师长说没有办法，我已经江郎才尽了。

没有办法，他学完我们的课程之后回去做了一下机制调整，出一道新菜加一百分，一百分到年底可以兑换 100 元人民币。

这个制度宣布完的当天晚上，你知道发生了什么事情吗？

厨师长一夜不睡出了五十几道新菜。所以你公司表面上没有人才，是因为缺乏能够激发人成为人才的机制，大家同意这点吗？

一句话，你的事业无法做大，就是因为你还没把人搞透，这就是你最致命的死穴。

老板为什么搞得很忙，又搞得很累，因为舍不得把自己手头的工作交给别人做，对别人不放心，还有一点，找不到更合适的人为自己干，为什么找不到合适的人为自己干？

因为给的钱太少嘛，所以只能自己干，大家同意这点吗，所以一个人境界不够，他就会舍不得，舍不得就得不到。你同意这点吗？

员工是否把公司当成家，取决于他在公司得到了什么，他在公司得到的好处维持生计都吃紧，怎么可能把公司当家？如果一个家庭不能给一个人带来什么好处，他连家都不会在乎，更何况公司呢？如果员工在你这儿拿到了足够多的好处，而且这个好处在别的地方拿不到，他自然就把公司的事儿当成自己的事儿了。

所以，老板要舍得为人才埋单，敢于给他们分钱，不懂得把一部分利分给员工，那公司的事儿就是你老板一个人的事儿，你就得凡事亲力亲为，累死你。

2.4　互联网思维的本质是什么

互联网思维的本质是什么？就是一切以用户为核心的思维。

其他思维都是在这个思维下扩展出来的，如专注、极致、口碑、快速迭代等。如果你真的做到了一切以用户为核心，自然就容易专注，专注就容易极致，极致当然就有口碑。

运用了互联网思维的企业，往往具有以下特征：

（1）先有用户，后有产品。也就是先找到用户，然后根据用户的需求，针对性地开发产品。只要有大量的用户，随便卖什么都有人买，只是一个概率的问题。所以用户是最关键的，产品虽然也重要，但是没有用户那么重要。因为产品到处都是，只要你有用户，别人的产品就可以为你所用。

（2）先有用户，后有客户。传统的运营方式是，直接向客户销售，买了产品就是客户。传统企业没有用户一说，只要你没有买产品，你就跟企业没有关系。而互联网思维是先免费，或者低价获得用户，然后再从用户中产生客户。比如 QQ 有几亿用户，买会员、黄钻、绿钻等服务的客户，都是从免费用户里产生的。百度搜索有海量的用户，在百度做广告的客户，通常也是来自百度的用户。

（3）经营用户，顺便销售。所谓经营用户，就是在用户消费之前，先给用户贡献价值，帮助用户解决问题，等用户对你有了信任，自然就容易购买你的产品，这比直接销售容易多了。

比如我们一直使用 QQ，时间久了就对 QQ 有了信任，然后很多人主动开通会员、黄钻、绿钻等服务，腾讯虽然没有业务员做推销，但是每天赚的却是天文数字。

（4）持续改进，感动客户。传统企业一个产品开发出来，可能要一直卖好多年，升级的速度通常比较慢。

互联网思维的企业，时刻都在研究用户需求，不断发布升级版的产品，更好地满足用户需求。

比如说苹果手机、小米手机，就是不断地升级新版本。比如，各种客户端软件，经常升级新版本，让功能更多，或者使体验更好。

综上所述，你搞懂互联网思维了吗？就是一切以用户为核心的思维。

2.5　需求

商业的起点是满足人的需求，大部分商人在做项目时没有真正地认识到这个问题的严重性。

我们来看一下小米手机的案例：大部分手机生产厂家把手机生产出来后，都去寻找客户，研究如何把手机卖出去，你看雷军第一步做的是什么？他不是去搞研发，不是去办厂，他只是召集了一批智囊团做调查、做互动、研究客户的需求。先确定客户需要什么样的手机，需要什么样的功能、什么样的形状、什么样的配置。第二步做什么？第二步才是做软文营销、做传播造势、做预售。第二步的功能就是我们讲的获得价值的认可、获得公共认知。第三步才是生产产品。根据客户的需求来定制产品和先有产品去寻找客户，这是两个不同的概念。

他们的区别在哪里？当你根据客户的需求来定制产品的时候，客户会自动出现，这句话的意思是，你所有的产品都是围绕着客户需求去做，你就知道怎么去开发客户。有没有明白？其实在定制这款产品的时候销售的通路已经打开，我们要做的只是成交的策略而已。

所以现在你大体知道了作为一个商人什么是你真正应该关注的点，但是我需要提醒的是不要以为你知道了这个概念就可以一招半式闯江湖了，你只是比别人多了一点儿正确的思维习惯而已。因为项目能否成功的因素，往往不是满足客户的需求就可以了。

这仅仅是一个基础中的基础而已，举个简单的例子：比如你想开一个比较大的早餐店，那要准备做什么呢？首先，你要把大家喜欢吃的早餐的需求写下来。第一步喜欢什么样的产品，他要求干净的、要求特色的。其次，开早餐店人聚集的是哪儿经过的人多，如早晨锻炼经过的人多、外地打工者聚集得多等。最后，一般消费水平是什么样的，高层消费、白领消费还是底层消费，当你把它列出来以后思路就会很清晰了。

很多人是这样，在网上找各种加盟店，觉得有特色或者自己觉得不错就开业了。如果这早餐店的客户没有这种需求的时候我们就会想尽办法拉他进来消费，做广告、发传单、优惠活动等，运气好的可能会成功，运气不好的呢？但是当你按照需求来开发产品的时候，只要你没有选错就不用再考虑客源和成交的问题。听懂我在说什么吗？

商业是什么？就是你认为有价值的东西大家也认为有价值，大家才和你进行价值交换。实际上商业也有另外一句话，叫作大家认为"有价值"，说穿了商业就是把大家公认的这种价值变成你自己的商业通路。

产品是怎样出来的，产品是根据客户的需求定制出来的。

举例说明：马云发现很多企业家在交流时没有一个中间的通道，于是阿里巴巴出来了，是因为发现了需求。有人发现坐车时打车比较麻烦，而且还有出租车司机找不到客户，他们接触不到更多的客户信息，于是优步打车软件就出现了。所以商业的起点就是所有的一切都围绕着满足客户的需求，你要看客户需要什么。

所有商人在服务时一定是传送价值的，需求代表你要付出什么样的价值。什么叫需求代表价值，他的需求越强烈，价值就越高。那么商业应该怎样解决竞争呢？就是更多地满足客户的需求，也叫"多重价值"，记下来很重要。

你将客户引导到哪里客户就有多大需求。你把它引导到课堂上学演讲，他就知道这个价值 500 元。你给他引导到学完课程可以买到劳斯莱斯，他就可以支付给你 50 万元，这种需求是一样的吗？有没有去学演讲花了几十万元的？太多太多的案例了。所以你看需求可以分为表层需求，还有一种是激发和引导型的需求。

一个女人把雅诗兰黛放在她面前，你问问她的需求，她有没有认识到雅诗兰黛。她的认识无非就是抹上去以后脸变得白一点儿。这是她的需求，但是你通过引导，可以把她引导成什么样？谁谁谁不注重化妆，老公在外面包小三；谁谁谁通过化妆变得更加美丽，老公每天围着她转；谁谁谁不注重化妆，最后夫妻对簿公堂。各位你有没有注意到，这个简简单单的问题，原来雅诗兰黛500元也不要，现在这套5000元，甚至5万元也感觉超值了对吗？产品没有发生任何变化，只有一个地方发生了变化，哪个地方发生了变化？是她的需求，被我引导激发得更多，而且更加强烈。

写下来：产品的价值，最终是由商人引导决定的。什么叫商人引导决定呢？就是你引导到哪里它的价值就在哪里。所以你会引导它的价值就高，你不会引导他的价值就低。一瓶雅诗兰黛卖500元，你引导完了卖5000元，产品没有发生任何变化。成本没有增加，价格却有可能变成十倍甚至一百倍。

商人要赚策略和智慧的钱，而不应该赚产品本身的钱。然而我们大多数企业家赚的是什么钱，赚的就是产品本身的钱，并不懂得激发需求，所以一定要搞清楚这叫商业的基本逻辑。

所以说商品的价值全靠你引导激发。因为表层的需求是很少的，即使在表层的需求通过引导也依然可以将它的价值放大。有没有明白？能引导的产品太多太多了，只是你不知道而已。产品的步骤第一个就是引导，引导之后干什么。第二步叫做教育，什么叫教育？就是你把这种思想传输给顾客。第三个叫获得认可。第四个叫价值交换。所有的商业行为第一步一定是以引导作为开始的。

各位记下来：是软件决定硬件，什么是软件？你的思维就是软件。什么是硬件？看得见摸得着的就叫硬件，是软件决定你使用什么样的硬件。

所以说我们很多企业家，是从产品的角度去寻找客户，而不是从客户的需求去定制产品。各位，人的需求有太多没有被满足。很多人做企业他们寻找的商机错误在哪里呢？他们的需求都有两大类，第一类被称为表层需求又称为基本需求，也叫看得见的需求，很多企业家就喜欢找基本需求。各位，学习了财富系统后你要记住越多人做的行业越不好做，越是看得见的行业就越不要去碰。

大路上是没有黄金的，最容易做的事情风险也是最大的，因为竞争多。最难做的事情也是最容易的，因为别人连想都不敢想。

不容易被发现的需求叫微妙需求。企业家选择项目要选微妙需求，你找到一种别人不容易发现的需求，找到了就可以作为商机来分析。

以此类推，商机是非常多的，有些人讲遍地是商机是什么意思？换句话说就是遍地是需求。

2.6　一句超级经典的营销秘诀

这句秘籍就是：营销很简单，只要你有对方想要的东西，就会引起反应。

为什么我说这句话是秘籍呢？首先，这句话里的"对方想要的东西"是什么呢？就是客户想要的产品服务。但是，客户买的产品服务本身吗？NO，客户买的是你通过营销传递的印象。

一旦你展现出产品服务很好的印象，客户就买了，哪怕事实上产品服务很烂；你展现出不好的印象，客户就不会买，哪怕你的产品服务好到天上也没用，是不是这样？

营销主要环节：

第一步，建立数据库。

建立数据库得先去推广吧？

推广的时候不管用哪种方式，文章也好，视频也好，电子书也好，被客户看到的时候，客户心里都会产生一个印象，就是他会判断你有没有他想要的解决方案，对不对？

只有他觉得你可能有他想要的解决方案，他才会顺着你提供的方式跟踪过来，然后进入你的数据库对吧？可是如果这些推广媒介展现的印象不对，那么他就不会进入你的数据库了，所以收集名单这一步就失败了。

假定你在论坛发帖子，潜在客户首先看到的是帖子标题，如果标题给他的印象是没有他想要的，客户连帖子都不会点击打开，所以连看你的正文的机会都没有。比如，你卖的是减肥产品，假设你的帖子标题是"想长高吃哪些蔬菜食物好？"，那么你呈现的是有增高解决方案的印象，那么想减肥的人通常都不会打开来看，是不是这样？

第二步，培养信任。

假设客户进入你的名单，你得贡献价值吧？推送文章也好，送赠品也好，讲免费课也好，不管哪种方式，只要你传递的印象不好，就注定了客户不会进入第三步进行购买。

比如，你推送的内容很垃圾，或者不相关，或者尽是广告等，这些印象都对成交不利。

第三步，成交产品。

成交的时候一般是文案和话术，在现实中成交就靠口才。

文案也好，口才也好，话术也好，销售员穿的服装以及肢体语言等，无不给客户留下某种印象，如果你给他的印象确实产品服务很好，也值得信赖，成交就是自然而然的事情，反之则不然。

第四步，重复成交。

这步跟成交时差不多，也是印象，就不重复说明了。由此可见营销是一种印象传递。包括项目的包装，比如品牌名、口号、商标、产品包装、服务等，全部是印象传递。

思维延伸：

传递优秀男人的印象，女的就会爱上你，哪怕你很一般；

传递厉害合作伙伴的印象，别人就与你合作，哪怕你不咋的；

传递值得交往的印象，别人就与你做朋友，哪怕事实上很奸诈。

总结：营销很简单，只要你有对方想要的东西——印象，就会引起反应！

其实，我经常通过默念这句话来感悟营销；每当我做营销的时候，我就会问自己，我有没有对方想要的东西？对方想要的印象是什么？我怎么把这种印象传递出去呢？

2.7　一流的销售员

一流的销售人员花 80% 的时间去建立信赖感，最后只需要 20% 的时间就能成交。三流的销售人员花 20% 的时间建立信赖感，所以最后他用 80% 的力气去成交，但也很难成交。客户为什么会买你的产品？是因为信赖你，所有的竞争到最后都是人际关系的竞争。同样的产品、同样的价位、同样的服务、同样的公司，最后你到底要跟谁买？如果你有 2 个可以选择的话，谁跟你关系好你跟谁买。所以销售就是在交朋友，最高明的销售策略，就是把客户变成朋友。因为把客户变成朋友了，你就不需要用销售技巧了。对朋友卖东西是很自然的，跟朋友买东西也是很正常的事情。

记住：你卖的不是产品，你卖的不是服务，你卖的不是合作项目，你卖的是解决方案。记住一句话，你卖的是客户问题的解决方案，每一个产品都是解决别人问题的方案。

为什么客户要买眼镜，因为他要解决他视力不良的问题。为什么客户要买衣服，因为他要解决到很多场所没自信的问题。为什么他要买房子，因为他要解决丈母娘不喜欢他的问题。为什么他要买车，是因为他要解决谈生意没有交通工具或者体面形象不够的问题。为什么他愿意加入你的事业成为你的加盟商代理商，因为他要解决现在事业不好做的问题。每个人都为解决现在他自己遇到的问题而要买一个解决方案，你的产品就是解决方案各位同意吗？所以客户购买的核心秘密就是，客户买的是问题的解决方案。

我现在要讲一个销售的核心思维，到现在还不懂什么叫销售的人，努力十年还没办法月收入超过 5 万元的人，只要你学会这个思维，哪怕今天什么都没学会，只听懂这个观念就已经够了。

那具体是什么意思呢？当你见到客户，你要在他身上找一个伤口，找一个软弱的伤口，你用手摸，摸到之后你就拿一把刀往他的伤口上插进去，你问客户什么感觉，客户说有一点儿疼，有一点儿疼不行，你再拿着刀转一下，现在有什么感觉，很疼很疼，还是不行，你再把刀拔出来，你拿一把盐往他的伤口上使劲按。哇好痛。先生，我这里有解药你有没有兴趣，一盒 8000 元你要几盒，各位听懂了吗？

所以如果我只是插一刀，后面的动作不做，就问他要不要买，可能他感觉还没那么严重可能就不买了。所以这也就是为什么很多客户经常会对你说，以后再买我考虑考虑。用这种鬼话来骗你牵着你的鼻子走，原因就是因为不够痛。

所以我要让他一痛再痛，让他痛得不得了，他才想要立刻就买嘛，所以你要记住，以后再买这句话，根本就没有以后那回事儿，你现在搞不定他，以后也轮不到你。

但是知道了这一点还是不够，当你这么说的时候，客户还是不接受，为什么客户不接受？记住一句话，客户不相信你讲的话，客户只相信他自己讲的话，也就是说客户不相信你，客户只相信他自己，你讲的话在客户眼里就是老王卖瓜自卖自夸。所以如果你想讲什么话，你不要讲，你只需要引导客户让他自己说出来。

现在大多数销售人员很会说，客户见多了听多了，所以现在的客户已经不相信了。很会说是什么？很会说是很会说故事，而不是很会说产品。客户相信什么？客户相信的是，能够真正站在他的角度关心他健康的销售人员。所以要怎么做呢？

记住永远不要把问题说给客户听，要用发问的方式引导客户让他自己说出来。

2.8　引留时代

以前是"引流时代"，现在是"引留时代"。

传统的"引流"是引过来的客户就流失掉，这就是传统"引流"的痛苦之处。

而现在是"引留"时代，是引过来的客户100%锁定，并且持续留住10年，锁定就得从初期开发市场的时候着手，务必要有这种认识和战略布局。

换句话来说，开拓市场与锁定终端必须双管齐下，同步进行，两手都得硬，不能一高一低，一硬一软，一紧一松。否则会造成目前市场的短命现象，开发快、萎缩也快，灭亡可能是一夜之间的事。

也就是说，当下创业方式如果开拓市场、维护市场、锁定终端不能齐头并进，没有把锁定终端布局在开发初期就别创业了，因为可能会是昙花一现。要做到这点不仅要重视战术，更要重视战略布局。

90%的人只知道做流量，因为做流量太容易知道啦。而只有10%的人，才能够真正懂得如何做留量。因此，只有10%的人能够赚到钱。

那么怎样才能留住客户？

第一，革命性地降低客户购买成本。

客户不关心企业成本是多少，只关心自己的购买成本是多少，前提是产品本身没问题才行，我们常用的操作方式是要么平进平出，要么免费。

第二，有多种盈利模式。

把传统行业变成引留的行业，然后在其他地方盈利，具体操作方式已经在微信公众号公开。

比如，冰箱、珠宝、鸭脖、麻辣香锅、幼儿教育，包括我们现在运营的幽兰果缘，把别人赚钱的水果行业变成了我们引留的行业，而且成交一个客户就最少留住 3 年，所以在水果行业目前唯独我们敢说，最少在 3 年内，这个月我们有多少客户下个月只增不减，这不是盲目自信而是已落地的结果，然后把大量的客户在我们平台留住最少 3 年时，能做的事太多了，比如，现在我们的合作平台是做旅游的，那么我们做数据采集就把旅游客户资源给这个旅游平台，想买保险的客户就导入保险平台，想买奢侈品的客户就导入奢侈品平台，因为量大团购。

第三，打造钢丝。

第四，股权分配机制与激励的设计，有了团结向上的团队才能更好地对外服务。

总结：想持续赚钱就必须长期留住客户，所以想创业就必须在留住客户和长期锁定客户上下功夫，当然如果产品本身是有问题的那还是算了，没有一个客户愿意持续为有问题的产品或服务埋单的。

"绑架产品"的特点是把同行赚钱的产品变成我们"绑架"客户的产品，商业模式的创新就是盈利模式的变化，以前是卖企业本身的产品赚钱，现在企业本身的产品变成了"引留"的产品，目的是锁定客户并在其他领域赚钱。

营销时代的方式就是"卖"，想尽办法卖产品，商业模式的时代是"送"。

也就是让产品好卖，而不是仅仅考虑如何把产品卖好。

2.9　用户价值最大化

例如，360、小米、QQ，他们都是通过一个极致的产品吸引用户，然而赚大钱的都是靠其他的产品，而很多购买其他产品的用户正好是通过前端的极致产品吸引过来的，如很多买小米电视的用户基本上是已经购买过小米手机的用户，简单地说就是用户的价值最大化。很多人在花 100 元吸引来的用户身上只赚了

10元，但是他们却能在花100元吸引来的用户身上赚取1000元甚至更多。

例如，一家咖啡店。引进一些北欧的产品，如一些北欧很有特色品牌的杯子、餐具、家具、水晶饰品，甚至是手表、包包等。把这些产品直接陈列在咖啡馆里面，用户看到喜欢的可以直接下单购买。

所以，有些人本来是进来喝杯咖啡的，结果出来的时候花费了上万元，因为一边喝咖啡一般看这些北欧的产品，越看越喜欢，最后直接买了。即使你第一次看不上任何产品，也没关系，因为这里的咖啡和餐点吸引着你，来的次数多了，最后还是会产生购买。

这就是把空间最大化，把用户价值最大化，因为一个喝咖啡的用户一定还有另外的需求，围绕着这些用户的需求，你给他们提供对应的产品满足他们。

所以，到这里你说他是开咖啡馆的好像不对啊，因为他卖商品赚的钱比卖咖啡赚得多啊，但是你说他是卖商品的，好像也不对啊，他店里面卖的明明是咖啡和餐点。那么，到这里就结束了吗？如果说到这里，那仅仅是线下的一种玩法，而且不能达到店铺关门了还能赚钱，所以还有一个线上的结合。那么，他们是如何把线上和线下完美结合的呢？

他们在线上搞了一个公众号，然后不定期分享一些北欧的生活，各种各样的北欧文化，为你输送各种各样的北欧干货，通过这些干货不断转化用户购买产品，同时建立一个线上的微店，上面卖什么呢？卖居及家具，沙发，潮品，一些音响，耳塞数码，杯子盘子，咖啡豆咖啡杯，甚至是包包和袜子都有，甚至还有保健品等太多了，完全一个北欧控的风格。但是如果把这些产品都放在实体店不太现实，所以，线上就是一个完美的平台。所以，他们不仅线下赚钱，还把线下流量导入线上，结合"公众号＋商城"的模式继续赚钱。所以，你可能看到他的生意并不是很火爆，但是他却能轻松赚几百万元。

所以，你会发现，他们的咖啡店不仅仅是咖啡店，也是一个品牌的代购店，同时也是一个品牌的展示店，还是一个品牌的专卖店，甚至还是一些北欧文化的社群店。这就是用一种平台思维做一个咖啡店，用一种平台思维经营一个实体店。把门店变成一个流量的入口，就像很多人烧广告费获取用户，而他们就是烧实体店获取用户，一般来说用户在实体店消费完以后就结束了，但是，他们的玩法竟是让你在实体店消费完以后，回家坐在沙发上继续消费，365天每一天都有可能卖给你产品，而后端的产品全部都是净利润，不需要花费一分钱做广告吸引用户。

所以他们这种就是一种经营用户的思维，用极致的产品来吸引用户，再结合其他的产品满足用户其他的消费需求，在有限的空间里做到营收最大化。

2.10 有智慧地善待员工

小明早上买包子，包子五角一个，他准备买四个，于是拿了 2 元给老板娘。老板娘让小伙计拿包子，小伙计动作不是很麻利，老板娘很生气，劈头盖脸给他一顿骂，还说要扣他工钱之类的。小伙计满脸通红，但是他一声没吭，默默地抬起头看了小明一眼，给他的袋子里夹了 6 个包子。

故事虽小，但很能说明问题，老板要善待你的员工。但是如何善待员工？这就需要智慧了！

人的需求分为 2 个层面，一是生理需求，二是心理需求。生理需求就是有形的东西，金钱、物质等。心理需求是无形的东西，包括被爱、被尊重、被认可、被赞美、被重视等。在这两个需求里面，心理需求虽然无形，但是力量却更大。

有些老板以为员工给你打工，你给他发工资，就是被你买断了，其实不是，钱只是他想得到的一部分，他还能继续待在你公司一定还有更大的需求。当员工在一个公司不能被重视、被认可的时候，工资是很难留住他的。

老板对员工的不重视，会直接影响员工的战斗力，甚至会起反作用。因为他在这个组织中会失去存在感，时间长了一定心中有气，他明里不敢顶撞你，但这些气他一定会找个出口发泄出去，把坏情绪传递给客户，动摇军心，使劲浪费原材料，损坏公司设备等。

所以，有智慧的老板除了给员工开工资，更要照顾到员工的心理需求，这个成本接近于零，一本万利。

2.11　最本质的引流思维

我总结了三个引流的本质思维：

（1）客户在哪里，就去哪里推广。不管你卖什么，潜在客户肯定在某个角落，一定是这样的，对吧？只要先想出潜在客户所在的位置，然后主动去接触就可以了。当你找到了潜在客户聚集地，剩下的就是想办法接触他们。

（2）客户需要什么，你就展示什么。你该怎么接触潜在客户呢？肯定不是上去直接卖东西，而是先送见面礼，什么意思呢？就是：先免费分享一部分价值，吸引潜在客户关注你，最好能收集潜在客户的联系方式。

（3）平台限制什么，你就绕过什么。可能有人会说，确实很受启发，先找出潜在客户的聚集地，然后需要什么就先分享什么。

可是大部分平台不允许发广告，发出去就被删了，甚至号都被封了，怎么办呢？

其实很简单，既然不允许发广告，不发就行了啊。

你需要转换思路，虽然不允许发广告，但是没有说不准分享价值，对吧？相反，多数平台巴不得你分享，比如百度知道，如果用户都不去提问和回答了，这个平台就没法存在了，是这样吧？

因此关键的转变就是：把发广告变成分享价值！！！

以分享价值的方式，不但潜在客户喜欢，信息还不容易被删，因此我建议，推广也要抱着一颗帮助用户的心，在无私分享的过程中，悄无声息地实现推广。

具体做法：深入分析用户的痛点，针对性设计免费赠品，先为用户解决一部分问题，在赠品中留下你的联系方式，然后到处去推广这个赠品，把有意向的人拉进你的营销流程，后面的营销就很容易做了。

2.12　如何减少生意的竞争

做生意就要找项目，但找的时候发现好像什么项目都已经有人在做了，似乎找不到没有竞争的产品。

如果是以产品本身来讲，确实很难找到没有竞争的项目，但是如果你透彻理解了本文的思路，就有机会使你的生意的竞争降到最低点，甚至完全没有竞争。

核心思路就三个字：差异化。

差异化的重点是什么呢？重点是面向客户的需求。同样一个产品，也许有多个潜在的功能，别的商家强调这个功能，你就可以强调其他功能，从而在消费者的大脑中形成差异化的定位。

下面举几个例子。

2.12.1　脑白金

"今年过节不收礼，收礼只收脑白金。"这句广告语你一定很熟悉，但是你从来没有想过为什么它卖得那么火，其实核心就是因为其市场的差异化非常独特。

脑白金是如何定位的呢？

当年脑白金诞生之前，所有的保健品都是主打保健功能，由于保健品厂家太多太多，竞争很激烈，所以市场不缺少保健品，假如脑白金当年也主打保健功能，多半不会火起来。

所以史玉柱给脑白金策划的差异化非常独特：送礼。

脑白金以送礼解决方案的差异化定位横空出世，年年畅销。为什么会这样呢？因为中国有 13 亿人，送礼的市场需求巨大，而此前大家往往都是送烟送酒，并不是大家乐于如此，而是实在没有更好的送礼解决方案，所以送礼是一个非常饥渴的市场。

那在脑白金问世之前有没有人卖保健品送礼呢？当然有，只不过比较少，那么为什么那么多人不知道买保健品来送礼呢？因为客户没有想起来这么个事儿，就差一个人来提醒，脑白金充当了这个角色，所以就火了。

2.12.2 羊肉

跟上一个案例类似，就是在网上卖羊肉。在网上卖羊肉的其实已经很多了，但是这个案例还是做到了一年几百万元的销量，思路跟脑白金一样。怎么一样呢？虽然是卖羊肉，但是却主打送礼市场，把羊肉当作了送礼解决方案，所以就非常独特，围绕这个定位经过一系列专业的运作，项目就火了。

2.12.3 国学机

国学机的火爆是最近几年的事。国学机是满足什么需求的呢？用来学习国学，学习传统文化的，其实大致就是音响和内存卡的组合，在内存卡里放上大量的国学、早教等资料而已，当然也加上了其他的一些功能。假设直接卖音响和内存卡，肯定不好卖，因为竞争太大了。但是主打国学这么一个概念，在当初就是一个空白领域，还没有人来满足需求，属于饥渴市场，因为这些年很多人开始重视老祖宗的智慧，热衷于传统文化的学习了，但是没有一个很好的解决方案，国学机一问世就火爆也就不足为奇了。毕竟，哪里有需求，哪里就有市场，这可是真理啊。

以上列举的全部是面向需求的差异化，没有面向需求的差异化没有意义。由于人的需求多种多样，即便是同一个产品，不同的客户也有各种规格的需求，所以差异化也有多种类型：

（1）市场差异化；

（2）产品差异化；

（3）价格差异化；

（4）服务差异化；

（5）包装差异化；

（6）渠道差异化；

（7）文案差异化。

以上几个案例的秘籍无一例外都是：差异化。

其实类似的案例有非常多，你可以多去观察总结一下，一旦想透彻差异化的思路，你的生意在一定程度上就没有了竞争——尽管最终也许还是有竞争，但是你面向的那种客户需求，却是相对没有那么大竞争的。

2.13　如何让产品或服务不销而销

很多商家为产品或服务的销售发愁，那么有没有一种方法，不用主动向潜在客户销售，而是让潜在客户主动来找我们购买呢？答案是有的，方法就是：体验营销。

体验营销的思路：就是想办法让潜在客户在付费之前，先部分体验产品或者服务的好处，然后发自内心得出一个结论，就是我们有能力帮他解决问题，从而主动找我们咨询和购买。

案例 1：周鸿祎给饲料公司的建议

大约半年前，我在朋友圈看了一篇文章，文章中周鸿祎给希望集团的建议，给我留下了非常深刻的印象。

当时好像周鸿祎在希望集团考察，希望集团的某个高官就问他，听说你有一个理论，说是互联网时代要想办法让用户先免费体验，作为你的杀毒软件这很容易做到，那么我们这些实体企业，尤其是饲料公司怎么进行免费体验呢？总不可能免费送饲料吧？

周鸿祎说，这很容易，比如你开发一款养殖 App，不管是不是你们的用户，都可以免费下载使用。

然后你们组织人马，每天编辑和分享养殖相关的内容，解决用户在养殖上的诸多困惑，久而久之用户有了很深的信任，自然就容易来买你的饲料，或者做你们的分销，而且这种方式容易引发口碑，比花 1 亿元打广告强多了。

案例 2：保安服务公司的营销妙计

国内有非常多的保安公司，虽然安排业务员到处跑业务，但是销售难度很大。

有一家保安公司很特别，他们先为潜在客户做一个安保检测，塑造一下价值，号称价值多少多少钱。不管潜在客户是小区，还是写字楼，都可以免费派人上门检测，检测什么呢？

例如：

哪些地方容易招小偷？

哪些地方有易燃易爆的隐患？

哪些地方的安全通道设计不合理？

哪些地方是安全的死角？

哪些位置需要配备安保人员？

......

在检测的过程中，顺便挖掘潜在的需求，检测完出具专业的检测报告，列出存在哪些问题、大致的解决思路等，同时推荐自己的服务，把服务转化成了客户问题的答案。

案例 3：美发店如何销售于无形

大部分理发店都是在理发过程中，直接向客户解说产品，客户抵触很大。

有一家理发店独辟蹊径，在理发座椅的前方装上电视，不断播放体验营销的视频，分析头发护理的各种痛点。

大部分时间分析问题，小部分时间分享如何解决，而解决方案就是理发店的产品。

也就是先激发用户需求，引导客户主动咨询，从而把销售隐藏于无形。

综上所述：多数产品或服务都可以这么操作，核心就是让用户先免费体验，体验完了用户自己得出结论，你能帮他解决问题，然后主动来找你咨询和购买，这样就比你主动高压销售，难度降低了 80%以上。

第 3 章
商 业 理 论

3.1 企业经营的本质

无论任何行业、产品、区域，经营的本质都是一样的。

一共就两句话：

第一句：经营企业就是经营人。

第二句：经营人就是经营印象。

第一句：经营企业就是经营人。

不管客户也好，员工也好，合作伙伴也好，其实都是人。要让客户买你的产品，要让员工努力工作，合作伙伴愿意与你合作，你都需要能够"成交"他们，如果你不能成交他们，客户不买就赚不到钱，员工不来上班或者来了不努力，你的企业就不能得到发展；如果成交不了合作伙伴，你的事业可能就做不大。

所以，本质上任何企业都是由人组成的，而人的本性又是相通的，任何人不管做什么，都是为了得到自己想要的好处和避免不想要的坏处，所以在成交不同的人时，虽然具体的技巧不一样，但是思路却是完全相同的。

那么如何来经营这些不同的人呢？这就是第二句要表达的意思。

第二句：经营人就是经营印象。

那么客户在什么情况下，愿意与我们成交呢？员工在什么情况下，才愿意来上班呢，或者来上班之后又愿意努力工作呢？合作伙伴在何种情况下，才愿意与公司合作呢？

真传一句话，假传万卷书——核心就是制造印象！

（1）只有给了客户产品服务值得购买的印象，才能成交。

（2）只有给了员工值得托付的印象，才能引进优秀人才，当员工来到你的企业后，又要让员工感受前途很光明，福利也不错，员工才会安心工作。

（3）只有当你在合作伙伴心中是值得合作的印象，他们才愿意与你合作。

只要印象不好，一切都成了空谈！

反过来，就算产品很一般，却让客户产生了好的印象，客户也照样购买。

就算公司的现状一般，但是你给了员工良好的感受，员工也愿意在你这儿上班。

就算公司不是很强大，但是企业给了合作方好的印象，也照样有很多人愿意与你合作。

要知道，客户买的不是产品服务本身，而是买你制造出来的印象。

这种情况在网络上最明显，淘宝购物也好，微信购物也好，产品服务都没看到就下单了，你买的是产品服务本身吗？不是。你买的是商家渲染的印象，这个印象就是价值包装实现的效果。骗子之所以能得逞，就是因为制造了值得信任的印象，而本来是好人却不受欢迎，则是无意间制造了不好的印象。

同样，招聘员工的时候，就算经过几轮面试，对公司还是了解很少，甚至有的公司向面试的人隐瞒实情，或者夸大公司的优势，这就是制造印象。当员工来上班以后，公司装修好点儿，办公桌椅舒适一点儿，卫生做好一点儿，工资、奖金、前途都包装好一点儿，这一切无不是在渲染印象，你说是吧？

而合作伙伴呢？也是一样的，印象不好他就不与你合作，就算暂时合作了，也会很快分道扬镳！

所以经营企业就是经营印象。

不仅如此，其他的利益方，比如投资人、供应商、渠道商、政府、社会大众等，也需要经营一个良好的印象，虽然具体到不同领域方法不同，但是核心思路是一致的，就是制造有他们想要的东西的印象：

让客户觉得，购买就能解决问题；

让员工觉得，来上班就能得到想要的；

让合作伙伴觉得，与你合作能实现他所希望的。

上边我一直没有提到产品服务，是我认为产品服务不重要吗？不是。而是既然企业是经营人，那么关键要把人经营好，产品服务自然就不是问题，因为再好的产品服务都是人设计出来的。

每个行业都在经营人，产品服务只是企业经营的道具！

特别提醒：不但经营企业，事实上人生的各个领域，也都是在经营人！

3.2　企业

经营企业就是经营人，把人搞懂了，企业就搞懂了。你的事业之所以还没法做大就是因为你还没有把人搞透。这就是你最致命的死穴。

企业里面就三件事：

第一，如何把钱赚回来？

第二，如何分好钱？

第三，如何把钱给收回来？

绝大多数人在考虑如何赚钱，其实你更应该考虑如何分钱。因为只有把钱给分好了，才有更多人去帮你把钱给收回来，才有更多人去替你赚钱。

企业三脚架（经营企业的核心命脉）：

天（客户）：我们的客户是企业的天，因为客户是我们的衣食父母。客户分为内部的客户（员工）和外部的客户，外部的客户是真正的客户。只有服务好内部的客户才有可能服务好外部的客户。

地（产品）：产品如果能接地气的话，只要一出来别人就买了。

人（团队）：企业的人和是我们的团队。

企业如何才能变大？就是员工从菜鸟开始跟我，一直成为我公司的左膀右臂，随着加入我公司的人越多，我公司就越大。一个客户跟我买之后，这辈子都跟着我买，而且他给我介绍了更多的客户。那么我公司的客户和员工就会越来越多，这样子我自然会赚到更多的钱。

一个公司表面上业绩不好，表面上是因为销售技巧不好，其背后本质可能是因为产品不够好。如果产品好的话，可能客户自己就买了，根本不需要卖。（例：苹果手机不需要销售人员技巧多好，客户自然会来抢购，原因就是产品好。）

你公司表面上没有人才只有两个原因：①真的没有人才；②使用人才的人不是人才（你公司缺乏能够激发人成为人才的机制）。

员工为什么会跟随我？说白了就是员工用他的能力来跟我换钱。到别人那里换不到更多，到我这里可以换到更多而已。

客户为什么跟着我？简单说就是客户花 10 元可以在我这里买到 100 元的东西，在别人那儿只能买到 20 元的东西，所以会来我这里买。所以客户为什么会不跟我买？就是因为我给他的好处还不够多。

员工为什么会离开你？就是因为你给他的还不够。要么钱没给到位，要么心里受委屈了。

你之所以没能让员工继续跟着你，就是因为你手上的筹码还不够。你之所以没能让客户继续跟着你，也是因为你手上的筹码不够。所以人生要让自己变得更有筹码（价值）。

我们的员工之所以很容易离开就是因为员工付出的太少了，所以如果要让员工跟随你，就要让员工多付出。

老板要做好三件事：

第一，用好身边不如你的人。

第二，让身边不如你的人变得更强。

第三，让更厉害的人为你所用。

老板为什么把自己搞得很忙很累？①因为舍不得把自己手头的工作交给别人做，对别人不放心。②找不到更合适的人为自己干（为什么找不到合适的人给自己干？因为给的钱太少，所以只能自己干）。

员工要的不是股份，而是分红。如果老板愿意拿出自己的股份分给员工，让员工享受公司经营的利润。那么有没有股权对员工来说并不重要，但是员工可以得到分红权，员工就会把公司当成自己的公司，那样老板就会很轻松。

一个公司最大的客户就是内部的员工。老板让员工吃亏，员工一定会让客户吃亏，客户最后会让老板吃亏。所以老板只有照顾好员工，员工才能照顾好客户，客户才能照顾好公司。总之一句话，就是让你身边的那些老员工先富起来（榜样模式，老员工先富起来才能激励新员工）。

能够成就你的人，就是现在你身边的人。从今天开始，你要把员工当成最大的客户来服务。你满足他的需求，他才能满足你的需求。

企业未来的竞争不再是一个企业和一个企业的竞争，而是一个企业参与组建的一条产业价值链和另一个企业参与组建的另一条产业价值链的竞争。

判断一家公司的优劣，我只看它是否有定价权，如果你有本事提价还不丢失客户，那就是好企业。

没有应收账款的企业，没有售后服务的企业，那才是好企业。

企业要想做强做大，有两个关键点：①模式；②机制。

模式是对外的，机制是对内的。有一个好的机制，可以把笨人变得聪明。把懒人变得勤劳。一个腐朽的机制可以把好人变坏，把品德高尚的人变得道德败坏，这就是机制的力量。所以说不合理的机制，执行力越强，企业倒得越快。而机制的重点就是股权激励。

一个好的商业模式一定要有一套合理化的股份制的激励制度在里面。如何通过股份制的改造，支撑你的商业模式，这个就是我们的重中之重。所有的战略都需要人去执行，所有的执行力都要有人的积极性，他凭什么这么干？人的素质提高是因为法制越来越健全。

（1）不好的制度能够让天使有机会做坏事，时间久了天使养成了做坏事的习惯，最后天使都变成了魔鬼。

任何企业文化都建立在法制的基础上。

（2）好的制度让魔鬼没有机会做坏事，时间久了，魔鬼就养成了不做坏事的习惯，最后魔鬼变成了天使。成大业者要抛开七情六欲直击事物的根本（把应该说的话说清楚，把应该做的事做清楚）。

一个好的管理系统，94%靠系统来做事，6%靠人来做事。

企业分钱到底分谁的钱？

分的是通过增加人数，团队将"蛋糕"做大，增值部分的钱。不是以减少老板的利润来分给员工，而是用明天的利润来激励今天的员工。不是以增加企业的成本来挽留员工，而是用社会的财富来激励自己的员工，在资本市场上面去拿。

人有没有用对只有一个标准，就是人才的资产负债理论。就是看他是一个公司的资产还是负债，看他是帮你赚钱的还是帮你亏钱的。

优秀的领导都是以结果为导向。

3.3 商业

经商的最高原则就是共赢，最差的就是你输我也输。

商业的本质是为社会创造价值的同时创造财富。如果只是为了个人的财富而没有为社会创造价值，那将是一种掠夺行为。

人与人交往的本质其实就是利益交换（物质利益+情感利益）。

所有的生意都来自于信息的不对称，你给别人想要的，你才能拿到自己想要的。

麻烦越大，蕴含的商业机会就越大。判断任何一个项目商业价值的高低有两个非常重要的指标：

（1）它增长的空间是不是足够大；

（2）它的复制成本是越来越高还是越来越低，还是不变。

商机的发现：

（1）未被解决的问题；

（2）未被满足的需求；

（3）未被重视的尊严（国家政策就是趋势）。

一个人之所以能成交，是因为可以挖掘客户的需求。商业的起点是满足人的需求。所有商人在服务时，一定是在传输价值的。需求代表着你要付出什么样的价值。他的需求越强烈，价值就越高。

商业应该怎么解决竞争呢？就是更多地满足客户的需求，也叫多重价值。多重价值就是你所提供的价值的点一定比别人的多。

竞争优势的基础来自于3个方面：

（1）总成本领先；

（2）差异化优势（产品，技术，设计包装，概念，营销方法）；

（3）聚焦策略。

最重要的是，你要寻找到和你的竞争对手相比你有哪个板比别人长一点点，然后你把你有限的资源用在把你的长板做得比别人更长更卓越上，然后你通过这个长板取得阶段性的胜利，积累资本后再去做新的长板。

市场经济，就是信用经济。商业社会，就是信用社会。产品不重要，信任才重要。功能不值钱，信任才值钱。

什么是战略？战略就是与众不同的定位。

目前竞争对手的战术再强，也不用担心，研究竞争对手的战略缺陷就行。

低成本战略：降低成本，用来创造更大的价值回馈给顾客。

什么叫格局？你愿意在多大范围内承担责任，这就是你的格局。要想做大事，先要有大的格局，有大的格局，天下资源才能为你所用。

你要提供更多的、独特的、别人没有的价值，顾客才会来，顾客才会心甘情愿地付你钱。

3.4　老板

老板只做两件事，一是战略，二是人才！战略决定企业可以做多大，人才决定企业可以走多快！企业 90% 的问题，都跟这两者有关！尤其是战略，更是重中之重，怎么强调战略的重要性都不过分！可惜的是老板们往往没有系统学习过战略设计以及战略布局的智慧，导致绝大部分老板都是"摸着石头过河"，试错型成长。

老板经营企业的核心是经营人、经营商业模式和经营商业趋势。而经营人的核心就是不断吸引明星团队和人才加入你的团队。不断通过你的演说、你的梦想、你的方式和你做人的感受来感召更多的明星人才加入你的团队。

古往今来，凡能成大业者都是最懂人的人。因为只有懂人的人，才能驾驭人。驾驭人的核心背后就是成就人，你能成就多少人，就能驾驭多少人。老板的能力不是自己做事，是驾驭能做事的人。老板能驾驭多少人，此生就能干多大的事情。小老板做事，大老板经营人才，也就是经营人心。

到此明了：驾驭人，核心就是成就人。老板要成就人，核心要解脱一个字——钱，钱是老板成就人的工具。老板就是用钱当工具。

老板在钱上解脱的三个通道：

（1）花钱（花钱的速度跟解脱的速度成正比。凡是不花钱、存钱的人，都是没有出息的人）（给自己花钱生成品位，给别人花钱生成境界）；

（2）解脱生死（今天你放不下钱，等你闭上眼睛那一天，你不想放下也得放下）；

（3）解脱子女（想让子女幸福，不是留钱给子女，而是给子女设计浩瀚的经历跟阅历，给子女找一个红尘高手做老师）。

凡是做大事的人讲究起心动念，凡是起心动念为众生好，正法、邪法皆可使用。

老板要进入驾驭人的核心，必须先穿透人的人性。此生能穿透多少人的人性，就能驾驭多少人。

老板怎么学习人性？

直接进入深深的红尘，拼命地体验。体验出人性的真善美丑恶，直接从内在长出驾驭人的智慧跟气质。

例：你没有经历过亲人和兄弟的背叛，怎么会体验到人性的丑恶？

例：你没有经历过生死，怎么会体验到人间的真爱？

到此觉醒：人要长大，犯错犯得越早越好。小破小立，大破大立，不破不立。

哪有一帆风顺就成为大人物的，一个都没有见过。

我们是做什么的？表面看起来是经营产品的，核心本质是经营人的，因为所有产品都是人卖出去的。所以小老板经营事，大老板经营人。

世界上有两种人：

第一种人：100 个人说你不好不坏，第二种人：95 个人说你是好人，5 个人说你是坏人。

第一种人就是普通人，第二种人就是领袖之才。

例：毛主席帮助人民解脱，得罪了地主。地主骂主席也正常，主席绝不纠结。如果主席纠结就不是主席了，他就无法闹革命。所以老板要明白一个事情，你只要为众生，得罪几个人正常。老板为公司拿下一个人，我不是看不惯你，我是为了三千人的命运而拿下你，很正常。所以你要骂我，我也接受。因为我要做老板，否则我无法为三千人负责任。

老板的政策就是团结 95% 的员工，老板的政策只要对 95% 的人有利，决策就是对的，无须纠结。所以老板做决策就思考一个问题，这个决策对 95% 的人是有利还是无利，只要对 95% 的人有利，这个决策就是对的。

经营企业就是经营人，经营人就是经营人的动力，所以管理就是让人产生动力。

我们用分配机制来满足人的物质需求，我们用企业的愿景来满足人的灵魂需求。

员工跟着老板图什么？钞票和前途。什么样的老板能给员工钞票和前途？老板必须是一个干大事的人并且愿意成就员工。也就是必须把做大事的感觉，销售给所有员工，你能卖给多少人，就能领导多少人。

老板在员工面前要大量塑造企业未来的愿景、战略目标，并且不断地分享未来的愿景，战略目标跟员工的一体性。

梦想不是用来达成的，梦想是用来滋养我们身心飞翔的。人的悲哀在于：人活着目标已经达成。人的最大悲哀在于：人活着没有梦想，如同行尸走肉。

所有追求自我成功的人，都会走向毁灭。唯有起心动念成就员工的老板，才能成就大业。

老板要把做大事的感觉销售给员工必须具备一个能力，就是塑造价值。

这个世界，胆小的跟着胆大的，胆大的跟着胆大包天的，胆大包天的跟着胸怀大志的领袖之才。

老板学气质学能量比学技巧方法更重要。

老板不在于你说的话能不能实现，而在于你说的话别人信不信，只要信就能实现。

老板如何让员工相信？那就是当我们跟别人说话的时候，一定要有确定、一定的感觉。

员工为何没有异心？卖的不是老板本身，卖的是老板给员工的那种信心。

老板最大的悲哀就是没有威信。老板应该变成神人。

克服恐惧建立自信的根本在于：越恐惧的事越要立刻做。

老板不要以"忙"为荣，而要以"空"为荣。

人成功分两种：

（1）小成功追求自我成功；

（2）大成功帮助员工成功。

所有追求自我成功的老板都会走向毁灭。所有起心动念成就员工的老板定会成就大业。

老板如何让员工对你产生忠诚度信任感？老板必须像太阳一样起心动念照耀员工。也就是说我起心动念从骨子里想成就你，员工立刻心定，把心定在事业上，定在你的公司，定在老板身上，产生信任感和忠诚度。

企业就是老板的道场，老板的修炼就是通过事业这个平台，度三千人，三千人获救感恩，反过来把老板托起，老板直接变成精神领袖。

老板对员工什么都可以变，唯有成就员工的心不能变，唯有此心不变，此生必成大业。

钱是老板达成目标的工具。放下钱，才能潇洒地使用钱。钱是困住人一生最大的一个核心点。凡是钱上无法突破的，此生都潇洒不起来。

存钱就代表你的潜意识对自己没有信心，潜意识立刻告诉自己，你是个对未来没有信心的人，你才会存钱。所以存钱会销毁一个人自我的强大。你的自我会被存钱所销毁，销毁后你的智慧能量立刻消失屏蔽。

老板节俭是老板最大的失德。老板最大的道德就是自己花钱，再给员工花钱。

人生觉悟两大法门：

（1）浩瀚的经历阅历；

（2）高人指点。

凡是高人都喜欢跟高手结交。大人物不喜欢跟普通人在一起，他一定跟高人结交。交朋友永远交比他更优秀的人。普通人才会交比他差的人。天下所有成果最好的人都是我的师父。

3.5 客户

做营销最重要的事情之一，就是过滤客户。不懂得过滤客户，你做营销的效率永远都高不到哪里去。那要如何过滤客户呢？列出你合格客户的标准，只与合格的客户对话，这是高效能做营销、销售的起点。

想尽一切办法吸引客户，留住客户，成交客户，保留客户的联系方式，维护客户，引导客户转介绍。

吸引来的人分为：客户、上下游、衍生的行业、产品周边的商户、类似的商户。

留住客户最好的方式是把他变成你的合伙人。

无时无刻想着裂变，想着把你的客户变成你的推广、业务员、合作伙伴。

我们之所以和客户之间没有纽带，是因为我们不知道我们的鱼塘在哪个地方。

鱼塘：看哪些行业的目标人群和我的行业的人群是一样的，就可以开始跨行业合作。

客户的五大价值：

（1）转介绍；

（2）客户见证；

（3）渠道加盟伙伴；

（4）为了解竞争对手等信息而进行的市场调查；

（5）终身消费。

客户数据库是企业最重要的资产。产品只是从中"提现"的手段。无论是谁的产品，无论是哪个商家，只要是客户愿意付费的，就都可以实行"拿来主义"，为自己"提现"。

你将客户带到哪里，客户就有多大的价值。你把他带到一年能赚 1 千万元，他就会想象，他对价值的认可就在这里。所以我们一定要先进行引导，所以客户有没有需求，是根据客户的产品定制的需求。

好产品不是你说了算，是客户认可它，满足客户的需求，客户觉得可以，不管这种需求是被你引导出来的，还是他原本就有的，这才是真正意义上的好产品。

先把客户的需求写下来，你就知道如何定位客户。当你根据客户来开发产品，定制产品的时候，客户就会自动出现。

客户开发是一个漏斗思维：只要是准客户就先让他进来，进来以后进行筛选。

例：先卖 200 元的首发产品，再卖 2000 元的产品，再卖 2 万元的产品。

专攻别人的客户源头，利用别人铺好的通道，就直接打下去。

例：卖汽车座套的和那些跟搞汽车音响的合作，把他们已经在全国铺好的通道拿过来就可以变成现成的。

产品是怎么出来的？产品是根据客户的需求定制出来的。

3.6 品牌

品牌事实上就是一连串的记忆，这一连串记忆是由你的产品、你的销售方式和你的广告传播所组成。一个消费者，看到一则电视广告，形成了一次记忆。到终端，看到包装漂亮的产品，又形成了一次记忆。使用之后觉得满意，再形成一次记忆。一连串的记忆，形成一个印象，这就是品牌。

成功的品牌往往用高于产品本身的情感唤起大众那颗贫乏的心，使大众在艰辛的人生旅途中感受到温暖，所以一瓶水可以卖快乐，一瓶酒可以卖友情，一盒化妆品可以卖美梦，一辆轿车可以卖乐趣。一块砖头冰冷冷的，没有情感。天下的砖头大致都一样，并没有本质的区别，卖不出特别的价钱。但如果我告诉你，这块砖头将是你们家房子的一部分，将给你们家带来温暖，将和你一起见证和感受你们全家的快乐和欢笑。那么这块砖头是不是因为有温度、有灵性、有感情而变得有意义了呢？

什么叫品牌？就是你在客户的脑海里等于什么字眼。比如，淘宝＝网上购物，姚明＝中国篮球，李小龙＝中国功夫。

什么是好品牌？就是当我们说起这个品类的时候，就想到这个品牌。

建立品牌：获取心智资源，建立认知的过程。

品牌不是来自于产品本身，而是来自于另一部分，就是顾客心理。品牌运作的核心是获得消费者或者顾客认知的一项工作，所以品牌的竞争不是产品之间的竞争，它是获得认知的较量。在品牌世界没有真相，只有消费者的认知。

我们要在消费者心目中建立一个在某一个队列里是最前的位置，这样消费者愿意支付产品的价格比较高。

品牌＝品质×传播的速度。

在品牌时代，占领思想比占领市场更重要。

品牌代表的东西越多，心智就越容易模糊。因此要提出简单、持续、一致性的战略，因为心智疲于应付，厌恶混乱。

你今天所做的品牌，如果不能简单有效地占领认知，你推出再好的东西，一旦进入品类就会被淹没，因为客户无法记住你，你就没有未来。

心智资源是品牌的关键，定位心智资源的空间越大，未来的品牌价值和营业额越高。

如何成功打造一个品牌？

（1）努力成为一类新品种的第一名；

（2）创造一个与众不同的印象，而这个印象是竞争对手没有的；

（3）大量使用公共关系。

品牌之所以有价值，只有一个原因，就是占据了它的品类。

没有特色的品牌就是最弱的品牌。

一个品牌成功的关键就是它一定是这个品类的代表。

品牌的创新等于复制加改良。

例：你怎么做出好的宣传单？答案就是去看好的宣传单。

你怎么做出好的广告？答案就是去看人家好的广告加以改良。

3.7　选人

选人第一步：安全（人的立场一致，忠诚于公司的人）。

选人要选喜欢我们的人，表现为喜欢公司文化、喜欢团队、喜欢老板（员工只有喜欢公司，他才会产生忠诚度、执行力，跟所有外在条件没有任何关系）。

先找喜欢我们的人，再从中找我们喜欢的人（世上只有一种爱情能长久，那就是相亲相爱的爱情）。

老板必须成为员工想成为的人，这样老板就会立刻产生领导力。

员工为什么跟随你？因为员工看到你就看到了自己的未来。

选人第二步：意愿、血性、决心。

无路可退的人，执行力就比较大；

欲望比较大的人，执行力就比较大。

老板想重点培养几个人，就把他们带到上海最好的商场，直接让他体验穿名牌，体验完毕之后立刻就会产生欲望和动力。

老板必须提升品位，带着团队体验生活，生活品位一提升，欲望一建立，动力一增加，所有一切都会解决。

选人第三步：积极的心态。

普通人看什么都是负面，成功的人看什么都是正面，大成者直接将负面转化成正面。

3.8　广告

做广告宣传的最高境界就是让人自然而然地接收到了信息，但别人还不知道那是广告。好的营销，成交都在无形之中，让客户不知不觉地将潜意识和产品连接起来，只要客户想拿到那个好处，就会想到那个产品。在客户潜意识的大门敞开之时，广告就都进去了，而他还没有察觉！

为什么香飘飘奶茶的销量会远远超过优乐美奶茶？这两个品牌的广告，你一定都见过，并且见过的次数应该不相上下（无数次），比就比谁能让消费者的认知反应程度更深！

反应的最高层次——我有印象！

香飘飘的广告上所承载的印象，无非就是向消费者表明：香飘飘就是销量最大的奶茶。

谁能让更多的人记住你的广告，取决于谁能清晰地传递印象。

凡是没有植入印象的广告，就是没有灵魂的广告。

如果你希望你的客户能在瞬间对你有意愿，你会把他们带到哪一种认知反应程度？必须带到第4种程度——印象。

因为不管是知道，还是听说过，还是看到过，都不足以唤醒消费者的记忆，不足以扯动他的意愿，唯有他有印象，才是启动关系发生的关键性铺垫。

印象在营销上已经不是策略，更不是手段了，它必须上升到战略地位。

确切地讲，人靠印象行销自我，企业靠印象伫立人心，城市靠印象闻名于世，网站靠印象锁定访客。

所有成功的广告，只做两件事：①传递印象；②牵动销售。

最后的结论是，谁能驾驭印象，直接决定谁能打开市场。谁能打造印象，谁将在市场上走得更远、更长久。

3.9　管理制度

管理靠的是制度，公司必须先讲制度后讲人情。

制度是好的，坏人也会变成好人。制度是坏的，好人也会变成坏人。

经营企业就是经营人，没有人的更替就没有企业的持续增长。老板欲成大业，要在不同时期，使用不同人才，不能被情所困，用完对得起即可，无须纠结。

过河要不要拆桥？如果桥能用，就不拆。如果桥不能用，就要拆了重建，否则你的员工们如何过河。老板拆桥不是为自己，是为 3000 名员工的前途跟未来。（老板要不同时期使用不同的人才）

老板无须在意细节，细节是员工做的，你只要把机制、环境、平台搭好了，员工自然努力，细节自然做好了。

例：你公司厕所不干净，不是哪个员工的问题，是你公司的制度文化以及领导的问题。只要把这几个问题搞定了，厕所自然干净，员工自然显现执行力。所以老板永远抓核心，抓大放小。

3.10　分配机制

一个国家跟一个企业，最大的改革就是分配的改革。

一个成熟的老板思考问题，直接从分配入手。分配问题一解决，所有问题都迎刃而解。

例：别人都不跟你合作，下属为什么离职，执行力低下，研发不出产品，质量不合格，所有的问题都是因为分配问题，把这个问题一解决，你会发现所有问题都会自动水到渠成地解决。

员工为什么没有像老板那样努力？因为员工是替老板干，老板是替自己干。

老板最大的经营智慧就是设计一套分配机制，将所有员工变成一个立场。

从员工替老板干，转变为员工替自己干。

股份制分配。必须找合伙人，凡是老板必须从个人企业变成一个合伙人企业，否则你的竞争力太弱。人家是高手一大把，你没有高手，你的竞争力就太弱。股份制是必然，而不是偶然。我们无须研究要不要股份制，而是要研究如何股份制。

具体在企业如何操作：有计划地、有步骤地一个一个通过竞争让人才入股，只有通过竞争，入股才会珍惜。入股必须出钱，只有出钱才能证明他对公司对老板有信心。

一伙人理论：人没有绝对的好，绝对的坏，只有立场不同。

老板最大的智慧，就是通过一套分配机制，将所有优秀员工变成跟自己一个立场，为我所用。

成为股东的三大条件：

（1）立场一致，绝对忠诚（具体在企业表现为：跟老板一条心，成为老板的心腹知己）。

（2）有胸怀，懂得分名分利，有容人之量（具体在企业表现为：能凝聚人的人是人才，可以入伙。不能凝聚人的人不是人才，不能入伙）。

（3）成果显著，独当一面（具体在企业里表现为：你交给他一件事儿，他就能赚钱。能赚钱的可以入伙，不能赚钱就不能入伙）。

总结：当不具备以上三个条件的员工成为股东时，会形成公司发展的严重障碍。

3.11　节约承包机制

节约承包机制：想让员工对公司操心，就得发生关系。

让员工操心公司事务，用心对待公司，为公司节约减少成本，这是每一个老板想解决的事，但是很多朋友落不了地。

如何才能解决这类问题？

核心点：让员工承包公司内部事务，只要能够为公司节省，就将节省下来的钱与公司分成。

只要这件事跟员工有关系，能让员工有钱分，就会拉动、引爆员工想为自己多赚钱，为公司操心，顺带为公司省钱！

案例1：锅炉车间关于节约火炉用煤机制

以前，某锅炉车间操作工上班就像完成任务一样，总是每隔一段时间把一堆煤铲进火炉，从来不想办法节约用煤。

自从机制改革后，不仅企业用煤成本下降了，而且锅炉工的积极性和责任心也增加了很多。

具体机制改革操作：

在保证公司正常生产和员工用水的情况下，节约下来的钱与公司6：4分成。若不能保障公司正常生产和员工用水，每发生一次就处罚50元。

锅炉工跟企业签订承包机制合同后的节约措施是：

改变加煤方法，做到少加、勤加，使煤充分燃烧。

浴室水箱早晨用不了，浪费很多，每天都会控制水位。

做到每天检查是否漏气漏水，如果有则及时报修，达到节约用煤。

让机修工帮忙做好大锅炉用节煤工具。

自发向有经验的师傅学习。

……

经过一个月的努力，共节约煤钱2921元，锅炉间操作工分到了1750元，更增加了煤工的积极性，见人就说老板和公司成就了他！

案例2：

某企业销售业务经理每年的招待费用为60万元，而且销售经理还抱怨太少，坐车、住宾馆费用不够用，老板通过机制改革后实行承包，依然以60万元承包给他，从此抱怨没了，后来发现他出差时总是找小宾馆、小饭店了。

现在招聘普遍出现的现状是，因为独生子女多，相对来说见识也多，所以选择也多，导致企业在很多招聘网上花了大量的时间、精力、资金，却没什么效果。

那么如何有效地解决招人的问题呢？

解决方案：

设立人才引荐机制，通过设定"伯乐奖"让员工自主推荐、自主帮公司招人，然后根据所招人在职情况给予相关的"伯乐奖"。

（1）只要员工推荐一个员工来，该员工在职满 3 个月，直接奖励推荐人 200 元。

（2）伯乐奖按梯级递进法进行奖励：推荐一个人在职满 3 个月奖励 200 元，推荐两个人在职满 3 个月奖励 300 元，推荐三个人在职满 3 个月奖励 400 元，推荐 4 个人以上（含 4 个人）在职满 3 个月奖励 500 元。

（3）培养人机制奖

A 招来 B，B 在职满 3 个月后评一次优秀员工，给 A 奖励 400 元。

B 1 个人满半年给 A 奖励 400 元。

B 2 个人满半年给 A 奖励 600 元。

B 3 个人满半年给 A 奖励 800 元。

B 4 个人以上满半年给 A 奖励 1000 元。

B 成为主管 A 可以拿 1200 元，B 成为经理 A 可以拿 2000 元，以此类推。

（拿了 3 个月的伯乐奖，就不能拿 6 个月的，只能拿一次。想拿得多 A 跟 B 就要共同成长。）

（4）谁缺人谁招，哪个团队缺人就哪个团队招人。

如财务部门招会计，要招多少，明确职责，将招人计划书递给上级，经上级审核后开始招人，招进来的人根据该人进公司的时间长短贡献给予伯乐奖励。

（5）若 A 在职，伯乐奖可以直接领取或者等待 B 升级。

（6）若 A 离职，直接领取伯乐奖，或者转卖给其他同事。

企业内部培养人才已经是必须承担的成本，机制改革是唯一能提炼一伙人的最佳通道！

老娘舅餐饮集团就用这个机制，2 年的时间员工从 2000 人增至 6000 人，员工流失率从 36% 降低到 8%，分店从 48 家增加至 120 家，营业额从 2.8 亿元增长至 7.7 亿元。

3.12　团队激励机制

两种人才介绍机制：

第一种：

谁介绍人到公司，介绍一个月，面试合格，就可以拿到 500 元。如果你介绍的人到公司成为经理了，再奖励你 500 元。如果成为总监了，再奖励你 1000 元。

第二种：

凡招聘一名新员工，只要新员工工作每满一个月就奖励老员工 80 元，每月 14 日，吧台领取 80 元，如果新员工工作满一年，老员工就领取 960 元，以此类推。

后勤奖励机制：

每来一个客户，给后勤奖励 10 元。

销售员工资：低底薪高提成。

销售人员冠军奖机制：

例：假设每个业务员的提成是 2%。那么你们这个月去比赛，谁的业绩卖到团队中的第一名，就可以拿所有人业绩的 1%。

餐馆对员工的激励机制：

例：假设现在每天营业额是 3000 元。那么每天超出 3000 元的部分，把超额部分的 50% 利润分给员工。厨师长拿超额部分中的 50%，洗碗和洗菜的各分 25%。

幼儿园对员工的激励机制：

例：假设幼儿园现在每月亏损，那么只要规定这个月如果少亏或者不亏，我就把少亏部分的 50% 分给大家，比如原本亏 5 万元，这个月变成没有亏损，那么就分 2.5 万元给员工。再下个月，如果大家的业绩超过零，赚钱部分的 50% 都分给大家，比如赚了 10 万元，那么就分 5 万元给大家。再下个月，赚了超过 10 万元的部分，那么就分 50% 给大家。

按揭激励机制：

在我的公司，条件是：至少待够 1 年，是经理级别以上，或者连续 2 个月收入都能够拿到 1 万元以上的，就可以向公司申请，公司给他免息贷款 10 万元，买车或买房。签一份协议，我贷款给他之后，他 5 年之内都要在我的公司干活儿，如果干完 5 年后他离开，这 10 万元不用还。如果干完 4 年他离开，还 2 万元。如果干完 1 年他离开，还 8 万元。那员工从公司贷款 10 万元的条件是，接下来的 3 年之内，必须要完成 500 万元的业绩（500 万元的业绩×2%的提成刚好＝10 万元），如果完成了 500 万元业绩，10 万元不用还，完成 400 万元还我 2 万元，完成 250 万元那就还我 5 万元。

3.13　定位

什么叫定位？定位就是抢占客户心智资源，让你的产品在预期顾客的心智中实现区隔。

定位：差异化，不同（给客户一个买我们产品的理由，好处）。

不能区隔对手的品牌只能叫产品，一旦你不能聚焦在你的特长上或没有特性，就是最弱的品牌，如果区隔不开，就是雷同。

产品要好卖，核心的焦点就是：①定位；②卖点。

与竞争对手区隔定位的 4 大策略公式：①确认自己要在哪一个领域成为品牌；②找到同行业的主导品牌；③分析竞争对手的优点与核心优势；④分享优点背后的缺点，然后给予代替。

口号定位是唯一可以加固心智定位的，口号是企业宣传的核心竞争力，你的企业在宣传的时候如果没有个好口号，你的钱可能就浪费了，好的口号可以立刻提升品牌的价值，也是企业参与竞争的软武器。

为什么定位理论如此厉害？因为他的根本不在于抓渠道，抓商场，抓行销，它最厉害的武器是定位，抓的是消费者的心。

品牌只是定位的载体，一个没有定位的品牌，充其量只是短暂的知名度而已，当你停止广告的时候，那个有着知名度的品牌瞬间就会灰飞烟灭了，一个有定位的品牌，才是有生命、有灵魂的品牌。

如果你 100%和你的对手一样，消费者瞬间就把你忘掉。可是虽然你 99%和对手一样，但是当你有一点和对手不一样并且被消费者知道的时候，消费者就会高价买那一点，同时顺便把剩下的 99% 和对手一样的也一并高价买走。

3.14 产品好才是根基

我们首先来解码一下客户购买产品时的大脑运作模式：在他买产品时并不知道这个产品好还是不好，什么时候知道？用过了才知道。真正决定客户掏钱的不是你的产品真的好，而是客户相信这个产品好。如果你的产品好，但客户不相信，他也不会购买。如果你的产品不好，但是客户相信好，他也会购买。所以，决定客户是否购买的不是产品本身，而是客户是否相信。

当然并不是说产品不重要，客户购买了以后，能否兑现好处是产品要解决的。如果客户在使用过程中发现产品的好处兑现不了，信任感也不会长久的。但那是另一个话题了，单就客户购买的一瞬间来说，是由信念决定的。

我们在购买产品时，理性分析只占很小的一部分，大部分就是一种感觉。这家产品好，还是那家产品好，你也不知道，只是哪个更有感觉就选择哪个。老板们在做自己的产品时也是一样，一定要想办法让客户找到感觉，比如让他感觉占便宜，或者让他进到你店里感觉很舒服，或者让客户很喜欢你的包装，或者让你的广告语能够打动他，当你能拉出客户感觉的时候，他选择的天平就会瞬间向你倾斜。

我们做生意就是做的成交，成交的是产品。一切的出发点都是让客户如何买我们的产品，如何让客户觉得我们的产品好。同样的产品卖出不同来，卖出更高价来。

站在客户的角度，把客户能感觉到的点做好，把客户的痛点做好。

产品好才是根基，产品不好一切都是零，品牌要以产品为根基。要卖产品的好处，引导客户找到你产品带来的好处。

营销的功夫说到底还是在产品打造上。

产品看谁包装得好，看谁价值塑造得好。谁包装得好，谁价值塑造得好，那么钱最终就会流向谁。

客户凭什么给你掏钱？不是你的产品有多好，不是你给客户带来的价值有多大，也不是你和客户说你的产品有多好，而是客户相信你的产品有多好。客户肯付多少钱，不是你的产品值多少钱，而是他相信你的产品值多少钱。所以，你要拿出足够的证据让客户相信，你能证明出一倍的感觉，他就肯多出一倍的价钱。证明出十倍的感觉，他就肯出十倍的钱。如果你只能证明出一半的感觉，那客户就把价砍到一半。

3.15　产品——核心竞争力

要想着把产品不断迭代升级，产品有杀伤力自然能吸引人才。

顾客对你的要求越来越高了，需要更多的产品价值，才能够满足顾客，才能够牢牢地抓住顾客，这需要我们提供更多独特的价值。

（1）产品的独特价值：整合其他行业的价值，进入这个行业，整合起来，变成独特的，别人没有的，我们称为独特价值。

（2）产品的包装价值：顾客对产品的功能达到一定程度就已经够了，他需要的是美观。所以你一定要做出全世界最美的产品才会是最畅销的产品。

（3）产品的服务价值：顾客有时候买你的产品，不是买你的功能，是买你的服务。所以你会发现，你提供的服务直接决定顾客买不买。同质化时代，服务是最大的差异化。

例：所有的机械厂家都不注重服务，而我公司提出"24 小时到达服务"。如果 24 小时内员工没有给你维修，每多一个小时罚款 1000 元。我把这条签到协议里面去，自从提出这个服务以后，我公司的机械是全中国卖得最好的。

（4）产品的名字：一个产品的名字取得好与坏直接决定一个产品能不能卖得好。

①名字越简单越好。因为简单才容易传播，名字复杂了就不利于传播。

②名字要高贵。因为在顾客的印象中，高贵等于高质。

（5）产品的功能：产品的功能是产品的基础。

好产品如何产生？

①找到市场上的空白点。

②能够满足客户的需求，能够解决客户的困难，能够实现客户的梦想。

③能够提供专业的能力。

④能够提供非常受欢迎的个性优势。

不论是做实体生意，还是做销售卖产品，首先考虑的不应该是如何引流的问题，而是先要考虑如何打造核心竞争力的问题，比如，我的产品可以给客户带来哪些竞争对手不能满足的功能，我的服务可以给客户带来什么不同的超值体验，我能给客户带来哪些附加的高性价比回馈等，只有解决了核心竞争力，接下来的引流是最简单的。否则，没有核心竞争力，客户来了不能很好地锁定，那么引流得越多，死得越快！这也是做生意能不能稳定持久的根本原因！

免费是为了吸引用户，用户来了，钱也就跟着来了。

想赚钱就必须先赚用户，想赚用户就必须先吸引用户，想吸引用户就必须给用户好处（价值），所以，当你想赚钱的时候，你首要先考虑的是我能给予用户什么样的好处（价值）。

有的人说越傻越赚钱，越精越赚不到钱，这里所说的傻并不是二百五头脑那种，而是表面看起来很傻的行为，但却是大智若愚。

而大智若愚的人往往成了赚大钱的人，有很多人搞不明白看似这么傻的行为怎么就成了赚大钱的高手呢？

其实大智若愚的背后是悟透了人性的结果，大智若愚的行为往往是让用户占便宜的行为，有的人把产品亏本卖竟赚了大钱，有的人把产品利润提得高高的却亏得一塌糊涂，到底是谁违背了商业的规律，打破了商人的赚钱法则。

如何创造优势（核心竞争力）？

①尝试着帮助别人解决问题；

②把焦点聚焦在你能的、你会的、你所拥有的事情上；

③发挥杠杆的力量（站在巨人的肩膀上，马上成功）。

塑造产品价值的方法：

（1）标杆法则：拿高价产品做标杆，提升产品品牌，并反衬后续产品价格优惠。

例：亚狮龙把镇店之宝标价 1080 元，把其他裤子标价 300~400 元。

例：金店门口放了一尊大金佛，上面报价 200 万元，你会感觉很贵。结果你走到店里面一看，哇，这个金手镯才卖 2 万元，那个金项链才卖 3 万元，你就会感觉很便宜。

（2）对比法则：对比可以快速塑造产品价值。

例：亚狮龙男装曾经用这个方法和雨果博斯进行对比，说我是精致绣花，他是普通绣花，我卖238元，他卖2600元，比他便宜将近90%。

（3）好评法则：客户评论有利于建立信赖感，是塑造模仿非常有效的一个方法。

例：给亚狮龙的全5分好评加20字以上的好评内容，可以获得20元代金券。

（4）道具法则：借助道具可以强化产品特性。

例：亚狮龙为了凸显自己的产品面料很柔软，是怎么通过图片塑造的？让小孩睡在棉花上，然后为了证明它亲肤是让一个男模躺在草坪上。

例：我能证明一条裤子是好裤子，我可以把它放在法拉利汽车上面。

（5）气氛法则：热销的气氛有助于提升销量。

例：微商晒发货单，一箱子全都是发货单的图片，造成销量很好的感觉。

（6）认证法则：获得相关权威的认证，可以提升公信力。

（7）媒体法则：借助媒体的力量，提升品牌公信力。

例：台湾士林夜市的很多摊位前都放了一台电视，循环播放电视台采访他们的专题片。

（8）退货法则：退货也是竞争力。

例：美国有个卖鞋的网站叫ZPOSS，他将当时的承诺30天退货改成承诺365天退货，结果退货率由10%直接增长到25%，但是他还能挣钱。因为他这样做省了很多广告费，更多人知道了，买货的人更多、更放心了。但更主要的是他把商品的价格给涨上去了，原来一双鞋卖60美元，现在直接改成了90美元。那么他的价格涨了多少？50%！可以弥补他增长的退货损失。

（9）领袖法则：运用多种手段突出领袖地位，可以提升成交率。

例：如果顾客在你的网站上面看到感觉你可能是行业的第一名的时候，顾客会优先来投资你的公司，所以一定要凸显你的领袖地位。

比如，亚发毛巾的网页的一张图片，写着各种优点。"品质优，服务好，实力强，口碑好，案例多，市场大，易操作，投资小"，到处都在强调他公司的领导地位，容易让别人去相信它。

（10）赠品法则：赠品可以快速放大价值，提升成交比例。

例：网上卖男鞋的，把以前的送皮带改成送金色的手表，其实成本并没有增加，结果他的转化率由 3%直接跳到了 7%，所以一个好的赠品对提高产品成交率有很大的帮助。

例：网上卖增高鞋的，按积分把送的赠品分成三种不同档次的剃须刀。一元等于一积分。

(11) 明星法则：明星代言，可以快速提升品牌形象。

(12) 实体法则：展示实体店及工厂，有助于提升公司形象。

(13) 包装法则：好包装可以快速提升产品品牌形象。

例：小米手机为了凸显包装盒的质量比较结实，拍了张 2 个人踩在上面的照片，以证明包装的抗压性。

(14) 情感法则：好的客服形象及幽默的语言，有助于加强亲和力。

例：亚狮龙给很多女客服拍了很漂亮的照片，放在他的网页里面，然后告诉顾客，你看服务你的全是美女。那么这是什么目的呢？就是好的客服形象及幽默的语言有助于加强亲和力。

(15) 故事法则：品牌故事有利于提升品牌历史形象。

故事是非常好的进入客户心智、内心情感世界的一条捷径，所以一定要给你的产品讲一个故事。

(16) 特殊展示法则：用特殊方法展示产品独特的卖点。

例：找一辆 2 吨重的汽车压过抱枕的图片，通过这张图片证明这个抱枕的质量很好。

(17) 见证法则：顾客见证最容易让客户相信。

3.16　卖点

什么是卖点？卖点就是在你产品的众多亮点当中唯一一个让客户决定是否购买的，是否对我有用的点。

客户为什么向你购买？客户买的是你能让他得到的想象当中的一个期许、幻想、蓝图。

找卖点的方法：我的竞争对手所不具备的利益和好处中有哪一个是我的目标顾客当下最想要的，我找一个，这一个就是我的卖点。

找卖点的时候，千万别傻乎乎地死盯在产品身上找，找不明白。你要盯在顾客心里找，你只要说出顾客最想要的，他今天不买，明天不买，后天也会买。因为他不买，就会永远纠结。

好的卖点必须要在 30 秒到 1 分钟之间打动顾客，让他对你发生浓厚的兴趣，只有做到这一点之后，他才愿意帮你留下更多的时间，让你慢慢地成交他。

例：好记星的卖点是迅速提高孩子的英语成绩，让孩子的英语考高分，卖点就支撑价格。电子词典这品类已经被等同于几百块钱的东西了，所以我们要创造一个全新的品类。好记星卖的是英语学习机，好记星开创了英语学习机这个品类，所以一起步就是这个品类的第一名。

同一个项目或产品，给予不同的概念、故事、卖点，它可以卖出不同的价值来。

产品的三重价值：

（1）功能价值（产品带给顾客的使用价值）（卖功能价值就是卖产品本身）。

（2）有形价值（品牌，LOGO，VI 形象，包装设计，服务）（卖有形价值就是卖体验，顾客买的是感觉）。

（3）附加价值（卖附加价值就是卖故事，故事就是被能说会道的人编出来的）。

例：桶装洗澡水

卖功能价值：可以把身体洗干净，10 元一桶。

卖有形价值：可以保健美容，100 元一桶。

卖附加价值：历史的故事，1 万元一桶。

3.17　抢占心智（建立品牌）

如何抢占心智？

3.17.1　用规模抢占心智

在顾客的心智里规模最大的永远都是最好的。

如：吃饭，一个店排队，一个店没人，你去哪一个？答案：排队的店。

到此明了，你的规模越大越能抢占顾客的心智。

具体操作：在媒体的宣传上不断出现规模大的印象。

如：你的员工数量多，厂房规模大，营业额数字多，缴税多。

3.17.2 速度抢占心智

顾客认为速度快的就是好的。

具体操作：在整个营销策略上不断强调我们速度有多快。

如：员工增长速度，营业额增长速度，分公司发展速度，速度导致人才聚集，资源聚集，顾客聚集。

先营销造势，再讲产品，抢占了他的心智再讲产品。

3.17.3 权威抢占心智

如果你没有规模也没有速度怎么办？你直接告诉顾客你就是行业领袖，如果你的行业已经有领袖，顾客也知道，你就再细分领域称王。

如：做门的，行业领袖级品牌，加智能门业领袖级品牌，红木门行业领袖级品牌。

最愚蠢的营销方法：中国门业二十大品牌，别人要先看前面 19 家才找你。

3.17.4 傍大款策略抢占心智

顾客认为跟大款在一起的就是大款，跟人物在一起的就是人物。

如：麦当劳在哪里，肯德基就开在哪里。肯德基开在哪里，真功夫就开在哪里，还傍了卡通的李小龙。顾客认为大款身边的也是大款。

3.17.5 用证据来抢占心智

三大证据直接抢占顾客心智：视频、图片、文字。

和大领导合影，重大公司活动合影，宣传片，说服力强的文字语言，找到一个懂品牌战略和有媒体资源的人，通过媒体不断传播你公司的正面形象。

3.18 营销的核心是传递印象

网络赚钱的核心：①找问题；②找答案；③对接问题和答案。而营销就是对接问题和答案的工具（只是工具而已，别被工具束缚），而对接的过程，其实就是传递印象的过程。

为什么对接就是印象传递呢？客户买的不是产品本身，而是营销活动传递的印象，你的产品或者服务再好，只要印象不够好，你就卖不掉；反之，就算产品服务一般甚至很差，只要印象足够好，也照样能卖掉，这就是骗子屡屡得逞的原因，因为骗子制造的印象起了作用。

其实你可以想一想，我们每个人在购买的时候，我们的决策是否100%是理性的？比如身体不舒服的时候，我们去买点药，是否真的知道买的药好不好？好在哪里？不好在哪里？药品的成分是什么？功能是什么？其实通常都不知道，我们往往只是凭借医生或者医院的权威印象来判断是否有问题。

又比如，在淘宝天猫上买东西，还没看到东西就买了，购买决定是怎样做出的？其实就是靠印象，基本上商家怎么说，我们就怎么相信，只要产品的描述、主图以及话术等传递的印象挺好，我们就买了。好多人倾向于购买销量高、好评多的产品，但是很多都是刷出来的，其实就是为了产生好的印象。

包括现实生活也一样，我们在与人相处的时候，就是一个印象的传递过程。

比如男女交往，男追女，就是把自己营销出去，最终女的会不会答应，全靠男士给了她什么印象。

那男的肯定要使出浑身解数，展现自己的优秀之处，他会不会主动向她说：我没钱，也没有地位，而且晚上睡觉打呼噜，还有暴力倾向……男人会不会讲这些？恐怕都说吃香的喝辣的，享受荣华富贵，结果呢？很多女士婚后大失所望，说怎么变化这么大？其实不是他变了，他本来就那样，只是她被包装的印象"成交"了。

假设你在某个场合遇到一个人，这个人是否值得交往？你会不会把这个人里里外外都了解一遍，才决定交往与否？肯定不会的。一般都是看这个人穿得如何？言行举止怎么样？然后总体什么样一种感觉、一种印象，你凭借这些决定要不要互换一下名片、电话号码。如果这个人给你的印象不好，你根本不会花时间在他身上；反过来，如果对方各方面高大上，但是谁知道其真面目是善还是恶呢？

对于网络赚钱而言，你给客户留下的印象从客户第一次接触到你的信息时就起作用了，而不是客户进入网站才开始。假设客户第一次看到你的宣传视频、媒体新闻，或者从老客户那里听说等，客户对你的情感倾向就有了，如果这些信息体现的都是对客户有好处的、积极正面的，客户就会进一步关注你的公司和产品，反之你根本就没有机会，就算后续环节做得再好，也一点儿用都没有，反之亦然。而且印象体现在营销的每个细节，可能一个细节没有做好，生意就做不成。

3.19　营销思维

（1）一个小蛋糕店生意很不景气，于是想要做宣传，但又租不起市区广告牌，就租下城门口一个广告牌。租下广告牌后，该店马上贴出招租启事："广告位招租，全年 128 万元！"天价招牌的冲击力十足，渐渐全城都知道这个十字路口有个贵得离谱的广告位。一个月后，蛋糕广告登了上去，全城人都知道有一家"实力很强"的蛋糕店，市场迅速打开。

营销讲究的就是差异性，如何能让客户短时间内记住你，只要客户对你有印象，在他选择的时候你就占了上风。其实客户购买时很难判断哪个产品更好，只是对哪个印象深就会选择哪个。

营销的差异性一旦做出来，即便花很少的钱也能达到很好的效果。像这家蛋糕店老板就很有智慧，本来价格很低的广告位，让他做出了轰动性效果。而很多人却不懂这些，广告投入了不少资金，但是没有做出差异性，扔到一大堆广告里，显现不出来，甚至还给别人当了绿叶。

所以，好的营销就是想办法花很少的钱，却能在短期内让大家都知道你！

（2）营销分成两种境界。第一种境界，是"发现需求，满足需求"，就是找到客户的需求，这个很重要。如果你都不知道客户想要什么，客户就很难埋单。然而客户要什么，不是你觉得他该要什么，而是他背后的隐秘需求，这些需求可能他自己都没觉察。当你找到客户深层次需求的时候，客户是很容易埋单的，甚至你卖给他的是什么产品都不重要了。第二种境界，是"创造需求，满足需求"，或者说是引领需求，也就是本来客户没有需求，但是你能通过营销让他产生需求。不是他需要什么，你就卖他什么，而是你有什么，就让他需要什么。

发现别人需求的能力，就是你的营销能力。当你知道别人想要什么的时候，就可以把你的产品打造并包装成他想要的样子，销售就很简单了！

（3）所有的营销一定是营销在客户的大脑，客户的大脑就是主战场。所有的销售都是一个思维模式的变化，客户不管是国内的还是国外的，他做决策是大脑做决策，所以我们要思考怎么去销售一种思维模式，怎么把一种理念植入到别人的脑海里面。

营销思想不是简单信息的传递，信息是有频率的，一定要让客户产生同频共振，让他产生共鸣才是你做营销的基础。营销，是要影响观念，影响别人的思想，把观念植入进去。这样你就锁定了这个客户，他就会自我完成销售，购买时就会指定你。

（4）老李常年喝10元一两的茶叶。最近楼下新开了家茶店，每次老李去买茶叶，老板都送他半两好茶。老李将好茶攒着待客。一天闲来无事，老李自己泡了壶好茶慢慢品尝，觉得味道还不错，一来二去竟喝上瘾了。喝完免费好茶，老李再也不愿喝10元一两的茶叶了。以后再去茶店，他就开始买这种好茶，然而不管他买多贵的茶叶，老板总要送他一点儿更好的。于是半年下来，老李花在茶叶上的钱竟是原来的十几倍！

销售就是发现需求并满足需求？错了，销售是创造需求并满足需求！一个人需求什么，其实他自己也不确定，很多时候没看到就没有需求，看到了就有需求了。就像我们出去旅游，导游带你购物之前你没有什么需求，但是导游把你带到购物的框架以后，你自然就产生了需求，对号入座，这个可以用在哪里，哪个可以给谁带。

这个故事中的茶店老板就是创造需求的营销高手。从而让他的客户老李多花了十几倍的价钱。所以，在做销售的时候不要掉到客户的框架里，那样就会很被动，要学会把客户带进自己的框架，没有需求也要创造需求。真正的营销高手不是跟随客户的需求，而是引领客户的需求！

（5）全世界各行业的领袖人物之所以能成为领袖，无一不是在靠心法影响人，靠心法持续不断地聚拢人心，这些心法最终都必须用语言呈现出来，才能引发众生产生共鸣，引导广大消费者产生迷恋。

例：宗教领袖佛祖说了什么笼络了亿万人心？普度众生！也就是说，"普度众生"就是佛祖的营销心法，因为这招心法，引起全世界 17 亿人产生跟随，产生信仰。

产品之所以没有成交，最直接的原因就是你不懂得语言表达。不会表达广告，不会表达文案，不会成交式沟通。如果站在战略的高度而言的话，就是你没有有效地向市场描绘并传达你产业的灵魂和血肉。

表达是为了语句优雅吗？是为了内容精彩吗？

表达是为了让人成交，为了让人行动。

有些诗情画意的广告，看起来似乎很容易牵动人的眼球，但很难扯动访客的钱包。终极原因就是没有表达出触发人们产生购买的语言，这些就是一般文人的表达风格。

人的天性，消费者的渴求与内心诉求，倘若这个根本点没有触摸到，纵使你学富五车，也表达不出营销心法的实际杀伤力。正如武林江湖上的剑客一样，如果没有内功心法，自然舞不出致人要害的招式，营销大师和普通文艺人的根本差别也在于此。

你记住一点：不管表达出来的语言多么的力透纸背，最终都比不了力透人心。

谁要想能释放出强大的营销心法，就必须对人性了如指掌，洞察见底。

营销心法的内核——人性洞察力；

营销心法的体现——语言表达力。

（6）什么是营销？营销的本质是：吸引顾客和保留顾客，最终达到成交顾客，锁定顾客和裂变顾客。营销就是价值的魔术，如果你懂得如何创造价值，如何组合价值，如何在不断的连环中不断地产生新的价值，你的营销就非常成功。

（7）把别人的粉丝变成自己的粉丝。把别人的客户变成自己的客户，而不是去开发新的客户。

（8）一定要获得可以跟客户长期、持续保持关系的联系方式。

（9）信任就是货币（钱）。互动产生信任，信任产生购买。

（10）让消费者体验到或者部分体验到产品所能带来的价值。

（11）世界上最简单、最轻松的赚钱方式就是——追销。

（12）要让客户最轻松、最简单、最快速地帮你传播。

（13）即便是广告，也要让消费者获得价值。

（14）把一切有价值的东西变成"抓潜"主张。

（15）我们营销的核心是永远不要为了产品而卖产品，要卖解决方案，给予他的身份感的东西等。因为人做一件事一定有愿望与想要的结果，而你帮他把他这个结果完成，那么他就选择你。

（16）"被动吸引"比"主动推销"成交率至少高 5 倍。

（17）凡事都有背后的规律。弄懂了这些摸不到的规律，就能够出神入化。营销背后，也有一套自然规律，也就是营销领域最高的道。营销的前端要学会舍弃，营销的后端才是得到，而后端得到的是前端的 10 倍以上。

（18）花 90%的心思去想着帮助别人，建立信任，用 10%的时间用来成交。

3.20　营销地图

（1）第一步，抓潜：抓取潜在客户的行动或过程，重点在抓。每个人购买你的产品和服务的背后，都有一个理想的画面，都有一个梦想，有一个蓝图，他并不是孤立地想购买你的产品和服务，他需要的是实现自己的梦想和蓝图，但是他自己的梦想和蓝图需要很多步骤，需要很多相关的产品来互相帮助，才能实现他的整个梦想。

如果你成交了，但没有抓住客户的名单或者姓名、电话号码的时候，他的梦想你是无能为力的，除非你下一次再花一次钱，再把他们"抓"出来，但是没有必要，他就在你的门口，"为什么不把他的姓名和电话号码留下来呢？"所以"抓潜"一定要抓住才叫"抓潜"，否则没有用。

不管你是多厉害的成交高手，如果没有"抓潜"这一环，即使你本来可以成交相当大的比例。但现在，一半甚至更多的客户都会流失掉，所以你需要去抓住这些人的名单，这是最重要的环节。

（2）第二步，追销：成交之后对客户的进一步销售。有了抓潜，有了成交，但是客户在第一次购买你的产品时，他想检验一下你能不能帮他实现梦想，所以他的购买过程是"小心翼翼"的，他希望采取一个保险的步骤。

他的购买力没有达到最大化，当然他的梦想也只是刚刚开始，这时候如果你没有继续追踪他，继续给他提供产品或服务，继续给他销售的机会，那么你就白白地把钱丢进了水里。

没有追销，你的成功是有限的，而且追销比"抓潜""成交"的成本要低很多。所以从现在开始，你必须要学会追销，如果你成交之后就忘记了追销，就再也不跟他们联络了，这是一个巨大、巨大的失败，你必须要做"追销"。

追销是一个不断帮助客户，不断给客户创造价值的过程。

（3）第三步，前端营销和后端营销。在这里我把"成交"和"成交"之前的营销过程，叫作"前端营销"；把"成交"和"成交"之后的过程，称作"后端营销"；前端营销是一种投资，是为了在后端营销中实现利润。

在一个正常的业务流程中，你的90%甚至更高的利润都在后端，所以当你放弃"追销"，当你抓不到对方的姓名和电话号码的时候，你就把90%的利润白白地扔进了水里。不止这样，你还让客户的梦想无法达成，因为客户希望实现自己的梦想，但是你只给了他一步，你没有继续为他创造价值。

我刚才跟你阐述的"前端营销""后端营销"，这是从营销人、从我们"卖方"的角度出发的。为了"成交"你需要"抓潜"，你需要到别人"鱼塘"里通过某种方式，把潜在的客户拉到我的"成交"机制里进行。

然后你要继续跟踪，不断地提供价值，不断地创造价值，最后形成你自己的"鱼塘"，你自己的"鱼塘"是将来别人借力的一个桥梁，别人可以在你的桥梁上借力，这是从营销人的角度看营销。

我刚才给你列出的这个顺序，是从"我"的角度去思考"怎么实现利润的"，但是如果没有给别人创造价值，你的利润是无法实现的。所以我们现在看看一个典型的消费者是怎么思考的？

一个陌生人，他从来没有听说过你，他对你没有任何的信任，因为他是别人"鱼塘"里的"鱼"，你通过塘主，把这个信任转嫁到你的身上。接着你为他提供一个价值，而且不需要他购买，是免费的，所以你可以要求他做出一个反应。

起初他对你的信任很少，但是因为你提供的价值有足够的诱惑力，足够的吸引力，所以他就顺应了你要他采取的"行动"，也许是打个电话，也许是填一个姓名和邮件，这样他就响应了你"抓潜"的主张。

当他得到了你免费送给他的东西，他就从最初的"没有听说过你"，对你没有一点点的信任，变成了对你有了一定的信任。他觉得你给他的东西虽然是免费的，但是很有价值，所以在他的心目中，他认为你是能够帮助他的，你是能够给他创造价值的，而且你没有马上要求"回报"。

当他的名单（姓名、邮件等）进入你"抓潜"的数据库时，你不要马上"扑"上去就要成交，就要购买，相反你要继续给他提供价值，不要求回报。也许你为他提供了免费的 DVD、免费的录音、免费的报告，这时候你仍然不需要他付钱，如果他愿意给你电话号码，你也可以给他发短信。

这时候，他对你有了些信任，他知道你是"真家伙"，也愿意给你更多的信息，与此同时，他得到你价值的馈赠之后，他会去消化、去理解，如果发现确实像你说的一样，或者更好的话，那他对你就会更信任。

你要不断地为他提供新的、有价值的免费资料，如公开课，各种各样的方式，让他不断地体验："和你工作，和你交往是一个什么样的结果，什么样的状态……"直到有一天，他对你的信任已经达到一个稳定的阶段，这时候你再给他一个成交主张，希望他购买某种产品，并提供零风险承诺，这样"成交"就变成了一种必然的结果。

在这里我想说清楚，千万不要怕给予，千万不要自私，正因为消费者有一个需要实现的梦想和蓝图，所以他才会找到你，你要不求回报地向他证明，让他觉得你是值得信赖、值得交往的，只有这样通过他对你信任的加深，你才能"成交"成功。

要思考"怎么给予"，不要老想"怎么说服别人去购买"，那是一件很难的事，但是当你不断给予的时候，成交就会变得非常容易。

我再给大家描绘一个蓝图。假如你的整个抓潜机制不断地有新人进来，随着你的推进，在这个过程中，他离他的理想越来越近，同时他和你的成交距离也就越来越小。

你要不停地帮助你的潜在客户，不管你有 100 人还是 10000 人，随着他们对你的信任的加深，到一定时机，只要你给他们一个成交主张，就有一部分人成交，给他一次就有一部分成交，这样"成交"就非常轻松。

在这个过程中，信任是成交的"第一货币"，没有信任绝对不能成交。所以"如何把一个陌生人跟你之间的信任关系，由 0 变成 100"，这是你整个营销过程所必须解决的问题。

没有信任，就没有成交，而"信任"是需要不断建立的一个过程。你首先借别人"鱼塘"里"塘主和鱼"之间的关系，然后把这个信任慢慢地放大，最后就会像刚才所说的，给他一次购买的机会，就有一部分人成交，同时新的"抓潜"继续在循环进行，这就是你的营销，非常简单。

所以从现在开始，你要有数据库，要有"抓潜"，要创造一个不断地给予价值的渠道。你说得再好，不如让别人去体验结果。我可以发明最好的台词、最好的电话脚本去说服别人购买，但是如果我先让他们体验到结果，如一次 30 分钟的电话咨询，让他们体验到了我的价值，这比我说什么都有用。

你要思考，"怎么能够帮助客户预先体验到结果？怎么才能够让他在付钱之前，就能体验到或部分体验到结果？"

这样你的成交就变成了一种自然的过程，当你做了一段时间后，在你的"抓潜"系统里，总会有一群人不停地进来，然后经过一个全自动的模式，不断地给予、不断地给予，最终会有一批人不断地成交、不断地成交，所以只要你的"抓潜"系统在不停地运转，你的"成交"就会不停地进行。

当然成交之后，你的赚钱系统并不能就此停止，因为客户购买了你的产品，对你的信任达到了一定的程度，但并不代表他的梦想一次就实现了，他还有很多没有实现的梦想，你要继续跟踪他，并且不断给他提供免费的资讯、教育、产品或体验。

他的第一次购买经历必须是积极的，他花了一块钱，必须得到比一块钱多得多的价值，只有这样，他对你的信任才能有进一步的提高，这样也为你下一步的成交奠定了一个夯实的基础。

前一次的成交必须是积极的、好的经历，这是下一步成交必不可少的环节，所以你的每一次成交，最重要的是，要给别人创造你所承诺的价值，让他对你的信任有进一步的提高，让他觉得你的产品和服务与他想象的一样，甚至比他想象的更好。

记住，当你第一次成交的时候，你不要一下子赚"死"，你应该只赚你该赚的 1%，这样在后面，你就可以不断地去创造新的产品，不断地为客户提供新的服务，给他持续提供成交的机会。

你不要考虑"说什么"，"说什么"在一定程度上有用，但更重要的是"给什么"。

很多人在销售的过程中总考虑"怎么按脚本、台词说"，当然这是很重要，但是如果你的角度不对，就不会有后续追销的机会，所以你必须让潜在客户和你的交往变得快乐、变得满足，只有这样你才能不断地打造与他成交的机会。

这是我们从消费者、客户的角度来看营销。从自己"卖方"的角度看很重要，但更重要的是，需要进入消费者的状态，你需要生活在他的世界里。

客户是一个陌生人，从来没有听说过你，但是你怎样在很短的时间内，能让他意识到你的价值，让他相信你确实能够帮助他，确实能够为他创造价值呢？就是靠给予，不断地给予。

只要你不断地提供"价值"，总有一天客户会意识到你的价值。也许是因为你持续地提供服务给他，也许是他自己不能忍受这种挣扎的状况，这种痛苦的加剧……总有一天，他会成交，因为这建立在一种贡献价值的基础上。

还有一个，因为你整体利润的 90% 在"后端"，所以你的营销目的不是在"前端"。你的营销目的是让大量的潜在客户从"前端"进来，然后通过一系列的手段进行筛选、过滤，最后留下一批属于你的后端客户，这些客户是你的未来，是你的利润所在。

如果有一群人成交了一次就"走"了，不必惋惜，可能是他的梦想改变了，可能是他追求新的目标……只要你的"抓潜"机制还在运行，就会不断地有新客户进来。

你的目标是找到一群这样的客户——"你能够不断地跟踪，不断地创造价值"的客户群。他们的梦想很大，而且聚焦，他们持之以恒地去追求梦想，所以你可以不断地为他们创新，为他们提供更多的产品，更多的服务。

随着这批人梦想的不断实现，他们支付你的水平，回报你的能力会加大，你的销售难度会大大地降低，所以你的未来在"后端"，不是"前端"。

《营销地图》告诉你，从"成交"以后，横轴的颜色应该加重，前面浅后面黑。前面重要，但它只是手段，真正的目的在"后端"。

还有一点，因为你给这批后端客户创造了足够的价值，所以你会从他们的手里赚到很多钱，同时你们之间的信任关系也更加强烈，变得更加紧密。在这个过程中，你的快乐和满足感得到了放大。

赚钱只是一个手段，最终你帮助他们实现了一个梦想，那他当然愿意付钱给你。不只是钱，你所想要的一切，不管是金钱还是荣誉，都需要别人给予，别人之所以心甘情愿地给你钱、财富和荣誉，那是因为你给别人创造了价值，你给予了别人在任何别的地方，都无法得到的工具和手段。

所以"你需要 100% 地站到对方的角度去思考"。当我们从五千米高空看

《营销地图》时，就是这么回事。

3.21　资源整合

很多伟大的人物，并不是他的能力有多强，但是他就是能一次一次地达成目标，这是因为他是以结果为导向，为了达成这个目标，自己的能力不够，但是谁有这个能力他就整合谁作为资源，从而拿到成果。

95%的人用自己的能力给别人打工，5%的人整合别人的能力为自己打工，这就是普通人和成功者的区别。所以，老板之所以赚大钱，就是他具备使用能力人的能力。使用自己叫能力，使用别人才叫智慧！

什么叫资源？少数人拥有，而多数人需要的叫资源。

你要想办法去为客户创造更多的价值，就一定要想办法去整合更多的资源。

什么叫资源整合？①用对方的优点来配合自己不擅长的环节；②把你有的资源利益最大化；③善用彼此的资源来创造共同的利益。

21 世纪将是整合的时代，你一旦学会整合，就可以立刻达成目标，所以未来的成功一定是快速的成功。因为有一群比你更专业的人，你要把别人的优势拿出来，跟他们合作。

学会整合可以把 50 年的梦想用 5 年实现，不会整合的话 5 年的目标努力 50 年都未必能实现。

学会整合最大的优势是，当你不专业的时候，你的合作伙伴专业，你也可以赢。

整合法则：①我要的是什么？②我有什么？③我还缺什么？④谁手里有我缺的？⑤他为什么会把我缺的给我？

整合要告诉对方：①我能为你做什么，对你有什么好处？②你的资源能为我做什么，对你有什么好处？③我们在一起能做什么，对你有什么好处？如果你讲得清清楚楚，明明白白，他还不跟你合作，你可以放弃他，你也可以不放弃他，但最后他一定会放弃你。

整合的关键是给予，而不是索取。

量大是资源整合的关键，只有水深才有大鱼。只有你手里边有资源，你才可能调配和支配别人的资源。储备资源才是整合资源的核心。

在整合的过程当中，无论我们缺任何东西，都不重要，只要学会整合，立刻可以拥有，但是，只要缺一样，就算整合过来，也会一无所有，那就是，缺德，缺什么都不能缺德。

资源整合就是我有什么，我缺什么。把我有的资源利益最大化，把我缺的资源，用我有的资源去换或低成本买回来。

把我的资源与你共享，你多赚的钱分点儿给我。

把你的资源与我共享，我多赚的钱多分点儿给你。

资源整合最重要的观点是整合到比自己强的，而不是比自己弱的。

所有的资源都掌握在人的手里，要想整合人，最重要的是整合他的价值观，给他想要的东西。

什么是价值观？就是他认为重要或不重要的东西，他想要的东西，他所缺的东西。

如何进行资源整合？不在于你缺少什么，关键在于谁拥有你所缺少的，如何把缺少的整合回来。

如何把缺少的资源整合回来？给别人他想要的，他就给你你想要的。

资源整合，了解是前提，信任是关键，分钱才能够长久。

资源整合的起点一定不是自己，而是首先考虑到让对方受益，只有当对方受益的时候，人家才会愿意跟你持久地合作。

资源整合之前首先要善于发现自己的短板，然后你要找到你要整合的对象，了解他的长板和短板是什么，尤其要关注他的短板，你的工作就是帮对方补板，当你能帮他把短板补上的时候，他自然会给你一个红包。

资源整合的核心就是满足需求补短板，补短板一般情况下分两种：①帮他解决问题；②帮他创造价值。

资源整合的原理是扬长避短，取长补短。

3.22　杠杆借力

森林里的山上，有一只兔子在石桌上写论文。突然一只狼走过来，问：

"兔子，你在干吗?"兔子说:"我在写论文。"狼说:"你写啥论文我看下。""呼"直接抢过来，一看，标题:"兔子如何一天干掉三只狼"。看完，狼大笑:"兔子你说说，如何一天干掉三只狼，哈哈哈!"兔子说:"外面人多不方便。"狼就四处看了看，笑着说:"不然山洞里比较安静，进山洞，OK?"(狼打算进洞里直接把兔子干了!)兔子想了想说:"可以。"两个就一起进去。突然听到一声尖叫声。兔子又出来继续写论文。一会儿兔子拿着论文进去洞里，里面坐着一只老虎，拿着牙签在剔牙齿，丢了一块儿狼肉给兔子。手里拿着兔子的论文，"一只动物的能力大小、体型大小、智商、悟性高低并不重要，重要的是它背后的老板是谁!"

这个案例说明了一点:一个聪明的人，要懂得杠杆借力，才能够将自己的价值发挥到最大化。

兔子如果不懂得找老虎合作，估计一辈子就是贫穷。有了思维和格局的提升，后端无处不在。比你强大的人无处不在，他们就是你需要合作的对象，因此你会更强大。永远别怕被别人利用，好好提高你被利用的价值。像兔子一样，才能实现你的梦想!

对于很多人来说，总是去思考:我靠我的双手如何打天下。与其这样子想破脑袋，还不如换个思维，如何借别人的手帮你打天下。这个世界，你缺少的东西，永远在别人手上，已经有现成的了。你缺少钱，但是这个世界上总有那么一群人，手上捏着大把的钱，满世界找好的项目投资变现。

从现在开始，你们一定要记住，你们想要的一切，都必须通过跟别人合作得来，永远不要想自己去白手起家，作为一个创业者，你不要有个人英雄主义，不是说我能够让沙漠变成绿洲，我希望能够把别人的资源通过某种思想的组合将一座高楼大厦给盖起来，你的天才不是在于把沙漠变成绿洲，你的天才是把别人的资源有条不紊地集中起来，每一个人都能够得到他们想要的，但最终你得到你最想要的，这是一切一切的根本。所以这个世界上所有人的智慧，所有人的知识，所有人的技能，所有人的关系都可以为你所用，记住一点，所有人的东西都可以免费奉献给你，只要你有一个比他的现有想法更好的想法。

什么叫杠杆借力?借助别人不用的或闲置的力量，把它发挥到极致。

(1)借大力:就是借助一个有实力的个体来实现某一件事。

(2)借小力:就是借助众多小个体来共同完成某一件事。

(3)谁的客户是你的客户，那么你只要和他合作，就能获得他的客户。

我们在借力的时候，不仅仅思考如何通过借力于别人做更大的生意，也可以思考如何让别人来借力，从而获得更多的利润。

例：你有很多客户，那么你可以通过让别人借力，赚取分成，轻松地获得利润。

一个人有多大的能量是没有用的，一个人懂得借助多大的能量才有用。羡慕别人的成功是没有用的，懂得借力于别人的成功才是有用的。能够解决一个问题是没有用的，懂得借力于会解决问题的人才是有用的。

你的杠杆借力当然需要从对方的角度去为他创造价值，最终也必须要为你自己创造价值才行。

（1）无论你的梦想有多大，无论你的目标有多大，无论你想要的是什么，在这个世界上，你想要的一切有很多人已经做到并且拥有，你要做的是找到这群人，跟他们合作。

（2）无论你的梦想有多大，无论你的目标有多大，无论你想要的是什么，在这个世界上，你想要的一切，除了你想要之外，还有很多人也想要，你要做的是找到这群人，跟他们合作。

（3）在这个世界上，不管你的梦想是什么，一旦你实现梦想，一定有人可以从你的梦想中获益。你需要做的就是思考在你成功之后，哪些人会受益？将会如何受益？然后找到这些人，告诉他们，当你成功后，他们将如何从你这里获益，让他们主动帮助你成功。

（4）在这个世界上，有很多人都愿意帮助你，但他们不知道怎样帮你，为什么要帮你。你需要告诉他们理由，你需要向他们描绘你的蓝图，让他们知道"帮助你，其实就是帮助他们自己"，你成功了，他们也受益了。掌握了这种思维模式，你才能杠杆借力。

借力的黄金问题：①完成目标的过程中，我缺乏哪些资源？②谁有这些资源？③我能为帮助我的人提供什么价值并在帮助他实现价值的过程中实现我的目标？

例：我现在可以问大家，所有想创业的人有几个特点：①大家都想拥有自己的企业。②都想白手起家，从零开始把一个企业创造起来。其实这是最痛苦、最漫长的。

我的杠杆借力理念很简单，假如说你的企业就像一个果农一样，他种一棵果树，从最小的时候就准备土壤，浇水然后剪枝，最后养植成一棵树，这棵树怎么样？两年之后开始结果，但是这个果结出来之后，他不懂怎么防病虫害，果子长在很高的地方他够不到。

我很简单，我不去种树，我也不去养树，我就到果园里走一圈，我发现，农夫有很多上面的果子够不到，我说我有一个秘诀，那个果树上面的果子我能够把它弄下来，但我弄下来 10 个，我需要分 3 个，反正你也够不下来。

所以呢，我现在的商业模式就是，所有人的企业都可以成为我的企业，走到任何一个企业，我说你不需要投钱，我凭空给你创造一个新的利润中心，一分钱不投，如果投我来投，但我只有一个条件，我每帮你赚 100 万元不属于你的放到你的口袋里，你能不能拿出 30 万元来感谢我？没有人不愿意。

实际上这是一种思维模式，就是你要想怎么给别人创造价值，你不要去拥有它，其实拥有是一件很痛苦的事情，对吧？

我们现在经常做的案例，就是我花 3 个月时间帮他赚了 1000 万元、2000 万元，然后我分到 300 万元、600 万元，然后我走人了，他还要应付员工的事情，他还要缴税，他还要跟税务局的人喝酒，这跟我没关系，我的目的就是要让他在最短的时间里产生最大的利润。

例：我曾经跟很多流量高手探讨，人家说网站一切都在流量，大家知道我在中国从来不做流量，我认识的很多网络营销大师教我，他们说：我教你做这个东西（流量），免费。我说：我不想学。很多人觉得搞个网站没有流量，就相当于开个商店没有顾客，很多人，我敢保证你们在座的有 90% 的人认为开商店没有客户来是个问题，其实你们的问题不是没人来，是来了人你们不能成交，如果我网站来 100 个人，我就能成交 3 个，假如每一个卖出去 100 元，3 个就是 300 元，300 元 100 个 IP 现在我可以让任何人给我送，大概一个最多 5 角，所以我说你可以放心地去做你的流量，但如果我能够把你的流量变成更多的现金，最终我让你乖乖地给我送流量，很多人不相信，最后他们只能乖乖地给我送流量，因为很简单，他花了 100 元，往他的网站一倒，最后挣 100 元，结果没有什么利润，但是我这里花 100 元挣 300 元，我说你什么都不做，把你的流量导到我的网站，我给你 200 元。这个非常简单，所以不是流量的问题，是成交搞不定，所以你没有钱去买流量，对吧？你银行可能有 5 万元存款，为什么你不敢打广告，是因为你没信心，如果你有了信心不缺广告预算，如果一个来花 100 元给你变成 500 元，只要你的这个网站、你的营销人员、你的会议营销、你的各种成交的机制，能够把 100 元轻松地变成 500 元，你永远不缺广告预算，你有无穷的营销手段，所以呢，这就告诉你，你看到的所有问题，其实都不是问题的根本，这就是为什么很多人不相信营销能做出魔术的效果。确实是这样的，很多时候你要改变一下思维，就能够产生其他的效果。

有了杠杆借力，你们就知道，你现在永远不要愁没钱，永远不要想"我没有名单怎么办？""我的网站没有流量怎么办？"，这个世界上有流量的网站很多，关键是它不知道如何将流量转化为现金，如果你有一个想法把它变成现金，那个网站立刻就是你的！

你说"我没有产品怎么办？"，我和你说，这个世界上最多的就是发明家，很辛苦的发明家花五六年发明了一个很好的产品，结果证明是世界上最好的产品，结果把自己的积蓄拿出来一下子生产了 5000 个单位，最后总共只卖了 7 个单位，全部是他的亲戚购买了！（鼓掌）这个世界工厂到处都是，你到福建、你到东莞，到处都是，生产的产品卖不掉，然后你们到阿里巴巴上去查，这个世界根本就不存在能够卖掉而无法生产出来的产品。

所以营销赚钱，杠杆借力，你们要学会控制别人的，找到谁已经拥有这个资源，然后想办法去控制他的资源。

第4章
商 业 策 略

4.1　追求快乐，逃离痛苦

一天，齐白石在路上遇见一个卖白菜的小贩，他问小贩："这一车白菜卖多少钱？"菜贩回答说30元，齐白石又问："我用我这幅画的白菜，换你一车白菜，干不干？"菜贩急了，气愤地说："你这老头儿脑子有病吧，你当我是傻子吗？要拿你的假白菜换我的真白菜！"说完推起小车就走了。

在客户不知道产品价值之前，你的任何报价都是高的。报价格，对客户来说相当于带给他痛苦，因为他看到的是自己往出掏钱。报价值，对客户来说相当于带给他快乐，因为他看到的是自己拿到了什么好处。如果价值塑造不上去，你的任何报价客户都会说太贵了，一幅名画也卖不了一堆白菜的钱。

所以，在卖产品时一定要先拼命塑造产品价值，客户买的不是产品，而是产品给他带来的好处。你能让客户看到你产品的价值有多大，好处有多少，你的产品就能卖多少钱。当你的好处达到一定程度，多到一定程度时，客户甚至都不跟你计较价格了。

逃离痛苦，追求快乐的成交法则。

意思是直接告诉顾客你不买我的产品有什么痛苦，买我的产品有什么快乐。比如卖机器设备，不买就从电费、人工费、设备使用年限等角度换算出具体金额、数字告诉他，你会损失多少钱。买就告诉你从各数据论证你能多赚多少钱。

4.2　杂交策略

杂交思维：就是把别人已经成功的方法杂交过来变成自己的。

好产品不是你说了算，是客户认同它。满足客户的需求，客户觉得可以或者觉得很好，不管这种需求是被你引导出来的还是他原本就有的，这才是真正意义上的好产品。

很多人我的产品明明卖不出去他还说我的产品好。为什么没有人来买呢？因为这个好的定义是你给的，是你自己认为的。我们再讲深一点儿，掺入杂交思维，第一条杂交产品。

我来举一个最简单的案例。什么叫鸡尾酒，由两种或两种以上酒或饮料、果汁、汽水混合而成，就成了鸡尾酒。简单不，就是把别人的产品杂交过来成为一种新的产品。我们看看手机升级就更加清楚了，最早手机只有通话功能，接下来手机加音乐播放器，再接下来手机加音乐播放器加摄像头，再接下来手机加音乐播放器加摄像头加电脑。苹果手机整合了所有的杂交理念，一次一次地杂交，一次一次地升级，最后让诺基亚退出了市场。你卖自行车我也卖自行车，我卖自行车加 MP3 就卖得比你火。你卖台式液晶显示器，如果我在液晶显示器上加个摄像头就卖得比你好。你卖内裤，我卖内裤加自动消毒功能的就卖得比你的贵。或者说你卖内裤，我加个治疗健康之类的功能卖得就要比你的贵，大家看下微商就知道了。美国可以把我们的熊猫拿过去拍成功夫片，其实这也叫杂交。以上通通称为杂交，不只限于形态和功能，包含了很多概念性的东西，那么什么叫杂交？简单讲就是 A + B = C 或 A + B + C = D，B 和 C 可以是功能，可以是概念，也可以是别的东西，也就是产品的优点来杂交。所有产品的外形、所有的功能将产品进行重新组合，所有产品的功能加以叠加、交叉、融合，把产品和功能和概念进一步杂交，是一种新的杂交方法和理念，其实竞争是什么？所有的竞争力是满足客户的需求。

变换产品的外形、变换形态、赋予概念等，然后将这些功能、这些概念进行杂交，找到新的市场突破口。这其中的原理是什么？就是更多地满足客户的需求。

什么是创新？将别人的功能加以改良就是创新。

做市场就是做竞争对手。

竞争方法：把对手做得好的地方学过来，把对手做得不好的地方进行改进。

例：相比对手，我们的店面环境更干净，员工着装正规整洁，物品摆放整齐，灯光明亮。（只需要把竞争对手做得不好的地方做好，再把对手的优点学过来，把顾客关心的点做好。）

4.3　以终为始策略

以将来的销售额提成给供货商来换取所需货物。（即将来的报酬、利润提成、贸易互换等。）

（1）例如，卖鸡蛋。（先收费，后服务。）（以终为始的思维。）

例：你要卖鸡蛋给别人，可是没有本钱买母鸡，怎么办？

先找到有鸡蛋需求的人群，提出合作方案：只要先交 1 年的鸡蛋钱，本来一年要 500 元的费用我只收 300 元再用收到的钱买母鸡生产鸡蛋。（鸡蛋可以每天生产出来给顾客，母鸡还是你的。）

（2）例如，你想去登广告，可以让广告媒体先为我们提供 2000 万元的免费广告，我们让广告媒体拿走第一次客户购买后我们赚的钱。这样一来，我们得到了很多的关注，第一次有上百万的人来购买产品，同时我们同样也获得了 100% 的后端或重购机会，上百万人中有 50 万人保持着一次次的重复购买。（我们的后端利润甚至高达 10 倍。）

（3）例如，一个朋友曾经让一家软件公司提供给他价值 20 万元的企业用软件，作为交换，他把未来 18 个月销售额中的 3% 或 40 万元提成给这家公司。

（4）例如，你可以拿你卖的任何产品或服务做交易，也可以弥补你需要的任何东西。我就拿我的咨询课或代理的各类课程门票做过交易，换回的是昂贵小汽车、珠宝、我的办公设备和服务。

4.4 同心圆策略

例：我们为第一次来的潜在钱币投资者推荐一种风险极低的方法，让他们明白钱币投资和收集是否适合他们。让他们花 19 元买一种时髦的 2 币组合的"首发组合"，建立在资金完全能收回的基础上。第一年我们这样做了，将近 10 万人买了一个首发组合。我们在"使他们熟悉和信赖的"销售中确实没有赚到什么，但是你猜接下来发生了什么？这 10 万人中有 2 万人每人继续购买了5000 元的钱币，我们因此赚取其中的 20% 纯利润（销售额共有 1 亿元，总利润达到 2 千万元）。但是事情并没有就此停止，这 2 万人中有 5000 多人买了 2.5 万元的钱币（也就是多出了 1.25 亿元的销售额，额外的利润有 2500 万元了）。加上最后 5000 人中的 1000 人平均每人多买了 10 万元的，你算算吧！

例：顾客分类与管理。

将顾客分为四类：

（1）钻石客户；

（2）白金客户；

（3）黄金客户；

（4）铁客户。

操作：聚焦钻石、白金客户，提升维护黄金客户，砍掉铁客户。同样的产品，不同的客户就会有不同的利润，所以关键在于业务人员要懂得聚焦客户。

为什么要聚焦？

（1）高端客户对钱没感觉，对产品价值和服务超有感觉；低端客户对价值和服务没感觉，但对钱超有感觉，比命还重要。

（2）小客户转介绍小客户，大客户转介绍大客户。结果是要么越做越好，要么越做越差。

（3）顾客只有区别对待，你才有不同的利润。

4.5　使用客户见证，增加信赖感

（1）使用客户见证是最重要的，是用第三者来替你发言，而不是你本人来发言。你自己讲你产品有多好，别人会说你王婆卖瓜自卖自夸，还不如让客户来替你讲话。如果你善用这个方法的话，你的生意一定会节节高升。

第一个方法：让消费者替你现身说法。让客户来讲给你的潜在客户听。在你的潜在客户听完之后，会对你的信赖感大幅度提升。

第二个方法：照片。比如，你会看到有很多减肥成功者减肥后瘦身的样子跟减肥前的样子，有照片也比你讲话好多了。

第三个方法：统计数字。根据统计有多少客户知道我们的产品，有多少客户使用了产品之后达到99%的满意度。

第四个方法：客户名单。我们的客户有哪些人，拿出这些名单的时候，也会增加你在客户心目中的信赖感。

第五个方法：自己的从业资历。你在这个行业里面10年了还是8年了。在这个行业里面已经是专家了、是元老了、是资深了，这也会增加你的信赖感。

第六个方法：获得的声誉及资格。你曾经得到过什么荣誉，你曾经被什么协会被什么政府国家或大企业或什么企业单位表扬过，你获得了这个声誉或资格，也可以增加你的信赖感。

第七个方法：你在财务上的成就。比如，有人说他们年营业额达到多少，他们的年利润达到多少，他个人的财富达到多少，这些也可以增加他的信赖感。因为别人会用你的财富来衡量你这个人的能力。

第八个方法：你所拜访过的城市或国家的数目和经过。比如，三年来你到过60个不同的国家和城市，去演讲去访问，去会见行业中的权威人士。

第九个方法：你所服务过的客户总数。比如你所服务过的客户已经超过10万人次。你的客户总数，可以让市场上的潜在客户相信你是有能力来帮助他的。最后你可以使用大客户名单，如特朗普总统都喝我们的饮料，某某企业家都使用我们的产品。这个大客户名单如果是确实拥有的话，就可以迅速增加你在市场上的地位。

（2）观察了很多大师的成交秘诀，到最后发现，最本质的策略，最有用的策略，成交最厉害的策略，就是使用顾客见证。

因为我们说产品十句好，不如顾客说产品一句好。

人都是眼见为实，耳听为虚，我们自己鼓吹产品效果多么牛多么牛，这个效果最差。

所以，我们想要快速成交顾客，不论是朋友圈，还是写销售信，还是做电视广告，是一定要学会使用顾客见证的。

那么，什么叫渴望呢？就是顾客给我们的这个反馈一定是其他顾客非常想要得到的好处、利益。

比如说，在朋友圈发的顾客反馈，是这个顾客，通过使用这个策略，一个月多赚了 1000 元的反馈。

这样的反馈，其他顾客看起来兴趣就不大了。

但是，如果我们的顾客反馈是使用这个产品以后，他多赚了 2 万元、10 万元，这样的反馈别人就非常感兴趣了。

除此以外，我们想要激发顾客的购买欲望，我们发的顾客反馈一定要说得具体，只有具体才能真正打动人心。

但是我发现，人们在说话的时候，都喜欢说总结性的话。

这个人很好、这个产品非常不错、这个产品我非常满意、这个技巧非常有效果……这种总结性的话。

但是相反地，人们在购买产品的时候，却是产品说得越具体，就越能打动人购买。

比如，我们在收集顾客反馈的时候，顾客说使用完我们的产品后，效果很好，我们要记得收集的时候，让顾客说清楚到底具体是哪里好了，好到什么样具体的效果。

比如，使用老师的发朋友圈技巧，我现在业绩翻了两倍，这个月多赚了 2 万块钱。是不是别人看起来就更有想学习的欲望。

我们要主动引导顾客说，所以，我们回访顾客的时候，要主动问她，你说效果好，到底是哪里好，可以具体说说吗？这样引导顾客具体说到底哪里效果好，好到什么程度。

而不是说，我有办法帮你增加顾客，给你增加业绩，这样说不具体，不具体就很难激发顾客购买产品的欲望。

例：20 来位伙伴，2 天时间，裂变了近 2000 个粉丝。

还有一点非常重要，就是顾客的反馈越真实越好，所以如果我们要截图的话，一定要非常清晰，当然如果顾客不反感，可以不用打马赛克。

最好的就是小视频，给人家感觉非常真实可靠。

例：付款截图也是顾客见证的一种，但是没有顾客反馈效果好。

最差的就是刷产品，效果相对好的，就是付款截图，当然这个给代理看最好，效果最好的就是顾客反馈好评。

4.6 模仿定律

模仿定律：人的绝大部分社会行为是模仿。

模仿定律三大推论：

（1）潜意识推论：模仿是由潜意识来直接下达指令的。

（2）领袖推论：只要被认为是领袖，人们会自动模仿。

你为什么一定要是第一，因为人们只模仿第一名！只要被认为是领袖，人们会自动模仿！

（3）环境推论：制造模仿环境，人们就会自动模仿！你不需要去用很多的语言说服一个客户，让模仿环境搭配得好，人们的行为自动发生！所以环境对人们行为的诱导，非常直接干脆，而且还潜移默化。

例：我们的网页沟通话术，都要反复做什么？制造模仿语言。所以一个网页的呈现要说服客户，这个客户见证重不重要？见证一个够不够？大家记住，见证要多多益善，如果你的见证可以形成一种排山倒海的势头的话，那就更好了。这个势头越大，对客户的震撼力越大。

例：做商标注册的，要把做过的公司的案例，相对公司比较大的，排在第一排，中间差不多的，排第二排，最不起眼的排在第三排。所以人们一看，九芝堂，那是上市公司啊，药业非常知名的，放在第一排，的确是他的客户，结果他的网站吸引了很多大客户。

所以你找什么样的模仿对象，就要付诸什么样的模仿环境。你的小对象吸引来的就是小单。越是要单，就越是要制造大的模仿环境和气场。

例：有家面店生意排队。就是因为他有一面墙，那面墙上放的全是体育界、娱乐圈和政界的名人在那里吃饭的照片。当你看到很多明星在这个饭店吃饭的时候，自然感觉这家店不错。

总结：无论你卖什么东西，一定要在你可以跟客户沟通的视觉、听觉、感觉等上面给他制造一个又一个模仿环境，给他塑造一个又一个模仿对象，让成变得自动、自发。

4.7　零风险承诺

零风险承诺是一个非常强大的技术，同时它也代表着一种理念，一种哲学。因为有了零风险承诺，你才能向你的市场，向你的潜在客户非常自豪地宣布：我愿意为你的结果承担全部的责任。

我没有资格要你的钱，除非我确定能给你创造 10 倍的价值。当你交钱给我的时候，并不代表你对我价值的认可，而是你愿意给我一个机会，让我一步一步地展示给你看，我所说的一切我都能做到。

如果我言行不一，或者你对我有任何的疑问，你都有权利要回你付给我的每一分钱。这是非常有威力的，这是你的姿态，也是你的哲学。

当你提供零风险承诺的时候，你永远不能靠吃老本混饭，你必须不断创新，必须满足客户的欲望，必须把客户的梦想推向一个新的台阶，必须让客户的满意度不断提高，你再也不能原地踏步了。

因为有了这么一个巨大的杠杆，双向的夹击，所以你的能力会增强，你的进步会加速，你会有一个飞跃；用不了多久，当你站在所有的竞争对手中，你会有一种"鹤立鸡群"的感觉。为什么？

因为你有这个魄力，有这个能力，因为你创新的速度会超越别人拷贝的速度，所以最终你把"赢利，为客户服务，创造价值，自我发展，自我提高，不断完善"全部用一个零风险承诺彻底地连成一片……所以"零风险承诺是一个巨大的杠杆"，道理就在这里。

还有一个，零风险承诺对不同的行业是不一样的，零风险承诺并不代表客户购买的所有风险你都全部承担，但至少代表你比任何竞争对手承担的风险都要多，客户承担的风险接近于"零"。竞争对手躲在后面什么都不敢承担，而你站出来承担，就已经可以了，但你不能承担你无法承担的风险。

4.8 寄生策略

最好的策略是寄生策略。（想清楚，哪家公司的客户也是你的客户，那么你只要和这家公司合作就能得到他的客户。）

寻找已经成功的企业或个人进行组合。

例：移动公司只要寄生在别人的手机店卖电话卡，不需要自己开店卖电话卡。

例：微软的软件不找业务员卖，而是和电脑公司合作，每卖一台电脑必装微软的软件，轻松赚钱。

增加价值比创造价值容易。

例：MP3 增加一个视频功能就变成了 MP4，再增加个打电话的功能就变成了 iPhone，再增加一个摄像头的功能就变成了 iPhone4，每一步都是在增加价值。

在别人的价值基础上再增加一个价值。（在别人使用之前增加价值，在别人使用的同时增加价值，在别人使用之后增加价值。）

4.9 差异化竞争区隔

差异化策略的意思是指相同的产品卖出不同的价格，看产品的角度不同，价值就不同，聚焦产品的某一个点，聚焦聚焦再聚焦，放大放大再放大，就会在顾客的心智中产生唯一性，所以顾客认为某一点是好的，其他就是好的。

如：宝马聚焦速度，奔驰聚焦尊贵，沃尔沃聚焦安全。

聚焦一个点才能传播出去，不断聚焦抢占顾客心智，如"要招商成交，就找销讲王子张小伟"。

到此明了，不管你有多少优点，必须聚焦一个优点，放大放大放大，抢占顾客心智，形成月晕效应。

竞争区隔，说白了，就是我有，别人没有。大家记住，无意义的区隔，也是区隔！

例：曾经三精制药做了一个小小的钙，做成液体，用蓝色的瓶子包装，然后叫作蓝瓶的钙，好喝的钙，是不是有听说过。钙是什么颜色？钙有颜色吗？没有！

但是他做蓝色，是不是差异化了！对不对！

例：再想起那个酒，白洋河蓝色经典。正常的酒应该是什么颜色？无色透明的，对不对。但是他那个包装，做成蓝色的，而且反复强调蓝色经典，是不是跟主流红色、白色的瓶子包装区隔，大家说对不对。

酒是不需要做成蓝色瓶子的，但是他故意做成蓝色，也是一个区隔。所以无意义的区隔，也是区隔！一定要做区隔！

4.10　借力策略

开酒吧之前，这个老板设计了一个酒吧商业模式，因为他是穷人没钱、他只有三页酒吧的商业策划书。他是自己慢慢去开呢还是找人去借钱，一分钱掰成两份钱花，努力奋斗。最后去买房子发现原来 30 万元已经涨到了 300 万元。好了，买不起，那么他要从一个穷人变成富人必须要去找人借。

他要找一个有信誉的人，穷人找有钱人借钱，一般有钱人是不借的，这个时候穷人设计了一个好的方案。只要你投资给我一百万元开一个酒吧，给 100 万元就可以获得 100 万元的消费券。但是这个券怎么用呢？

我跟你讲，给了你 100 万元的消费券这是第一条；第二条，一百万元的股权；第三条，跟他讲你这里面扣掉成本一分钱也不拿。先让你把钱赚到 100 万元，然后我们再分红，你愿不愿意？

他可以找 10 个有钱人拿出 100 万元和他一起做，就有 1000 万元可以做一个酒吧。那么我问你一句话，100 万元的投资，这个富人愿不愿意，肯定有很多人会愿意。好了，富人说愿意，富人给了他多少钱呢，给了他 100 万元。那么接下来有 100 万元的消费券，对不对，你不可能一次性消费，那要变成很多张，变成多少钱一张呢，2000 元一张，明白吗。2000 元一张，那么问题就来了，自己消费得完吗？那么这里面有你单独的包厢，有你单独的消费，你进入这个包厢里面，那么你就可以免费消费。因为你是老板，自己的公司，明白吗？

你来消费了，但是你得自己出酒水费用，明白吗？你平常也去，但是不可能经常去，你身边有没有朋友、亲戚等要经常去 KTV 去酒吧消费，有没有。一个富人送给穷人一张消费券，穷人要不要，那穷人送给他呢，就有可能不要了。

所以说穷人送给他，他怕这个不太好，那么一个很有钱的人送给他这一张 2000 元的消费券，你要不要，你去不去。2000 元的消费券要了之后呢，你会发现你会遇到这个人，送券的人，这个人的服务态度好不好，舒不舒服，一不小心就花了 8000 元，有没有可能花完了 8000 元？跟送券的人有没有关系？有，第一个，穷人接下来会干什么。开始挣钱了，穷人在开这个酒吧之前已经把消费券送了出去，那么接下来怎么办，消费呢，本来送出去的是 2000 元，然后又花了 8000 元。这 8000 元跟他有没有关系？有，可以返利给他，同时也是公司的一个利润，最后还是会给他的。那再往下看，这个穷人是自己经营酒吧呢，还是让别人来经营酒吧？

请一个专门的团队来做，不是你自己来做，什么原因呢？谁会管理公司请上来。这 1000 万元，你是不是人才，是不是有管理能力的人，那么你能做到多少，1000 万元。能不能做到 2000 万元，能不能做到，能做到的，愿不愿意给他一点儿股份，你愿意是工资好呢，还是股份好。那么现在工资也有股份也有，可不可以？

那么管理就开始让他去管理了。酒吧就开始营业了，你营业的当天有多少营业额，已经有 1000 万元的消费券送出去了。那么以后肯定会陆续有 1000 万元的消费额进来，但是我跟大家讲的是这里面，羊毛出在羊身上。

那么这里面聚钱的是谁，是穷人，他自己要不要还钱？他不用去还钱，出钱的是谁，富人，对不对。富人是投资的，出钱的还是他，各位知道吗？那么这里面究竟谁最穷呢，谁最没事干，最穷的是穷人，然后最忙的是谁，管理者。最忙的还是管理人员，对不对，富人干不干活儿呢，还是要干活儿的，但要把这个消费券送给有能力来消费的人，对不对。

那么这里面最穷的一个人是谁呢，是穷人。因为穷人设计了这个方案之后，就可以空手套白狼，明白吗？

那么大家一定看过这个模式，所以说未来是一个什么时代？是屌丝逆袭的时代，当然要设计一个好的方案，让很多人来投资一起来干，而且最好的方式既要让投资人出钱也要让他出力。

4.11　傍大款策略

傍大款策略抢占心智。顾客认为跟大款在一起的就是大款，跟人物在一起的就是人物。

如：麦当劳开哪里，肯德基就开在哪里。肯德基开在哪里，真功夫就开在哪里，还傍了卡通的李小龙。

（1）傍市场：竞争对手开在哪里，你就开在哪里。

（2）傍名人：有哪些名人在用你的产品，你和哪些有影响力的名人合影。

傍名人是品牌提升的捷径。

（3）傍历史：祖上传下来的第×代传人，从×朝流传至今，祖传秘方。

（4）傍高手：用师者王，用友者霸，用徒者亡（用人三境界）。

（5）傍媒体：关系到位了，一切都不是问题。有礼走遍天下。

想要关系好，就得舍得。

（6）傍政府：提高信用背书。

（7）傍股东：资本分为货币资本，实体资本，无形资本。

例：上市前引进亚马逊，让亚马逊占 25% 的股份，股价暴涨 50 倍。

分拆公司产业，把投资小、风险小、回报高的产业把控在自己手里，其他的都可以分出去，用来换取资源：货币资本，实物资本，无形资本。

股份就是给未来的钱

（8）傍企业：谁是你的合作伙伴，谁是你的上游，谁是你的下游。

（9）傍客户：客户见证。

例：美容院客户的前后对比照，客户感言，感谢信。

不入流的企业家卖产品；刚入流的企业家卖产品背后的故事；再高点的卖产品的文化；顶尖高手卖思想。

4.12　掌握核心资源的商业模式

如汉庭酒店，汉庭他自己有酒店吗？其实没有，那为什么那么多的酒店都挂着汉庭的招牌？因为那些酒店都是加盟的。汉庭的业务员首先找到酒店老板，酒店生意怎么样？马马虎虎吧。想不想酒店生意好起来？当然想啊，怎么做？我们在全国有上千万的会员，把我们的会员导流到你这里，用我们的系统帮你管理酒店，你觉得怎么样？老板很高兴，但是为了保障会员的权益（等等理由），住酒店的钱必须打入汉庭的账户上，一个月之后返还。如此在全国复制，汉庭的老板叫季奇，他用这一套创造了很多上市公司，然后卖掉。（汉庭、如家、携程）做酒店，没有一家酒店是自己的，做携程，没有一架飞机、一条航线是自己的，连航空公司都整合了。因为他掌握核心资源——会员，最终能够挟天子（用户）以令诸侯。

4.13　漏斗策略

接下来我教你一个经营的理念，这也是赚钱的核心理念，老板只有想办法持续不断地满足客户的需求，才有可能赚到钱对不对？

但是别忘了，你在满足客户需求的同时，也有很多同行竞争对手在满足客户需求，那么我们怎样做可以不战而胜？上兵伐谋，不战而屈人之兵，是不是最上策？

所以你记住了，真正的企业家，这不是老板了哦，要做企业家，真正的企业家，不是在满足客户的需求，而是在创造客户的需求。

举个例子，我们买东西，是因为需要我们才购买，在我们还没有智能手机的情况下，有人送了一部移动电源给你，你要还是不要？

你说这么重的东西，谁带在身边啊，但是现在有了智能手机之后，没有一个移动便携式充电器，你觉得会怎么样？安全不安全？你就感觉走出去都不太安稳，所以现在移动电源成了大家的标配，是不是？如果说我们要成为一个杰出的企业家，我们的企业要越做越大，我们一定要想办法创造客户的需求，引领潮流，但是为什么很多人手上有好几款产品，他却无法赚钱呢？

因为他的产品无法做矩阵式的，比如打架，如果只用一拳，肯定打不过别人，所以要用组合拳。

一个产品牺牲为了获得客户对我们的信任，有了客户的信任之后，我们可以持续地卖后续的产品。

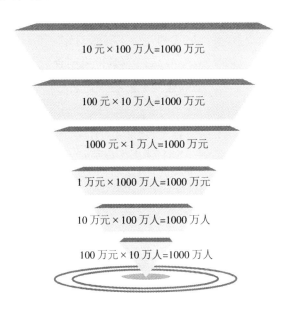

所谓的抛砖引玉也好，欲擒故纵也好，这都是商业的策略，所以要教你一个策略，这个策略叫作漏斗策略。

如果你要卖一款产品，要卖100万元，你觉得这个单价的产品好卖还是不好卖？很难卖的，但是你要找到优秀的人来卖100万元的产品，这样的人在中国也找不到几个。

即使找到了，要求也会很高，所以我不这样干，我去卖10元的产品，当然这10元的产品是什么产品呢？

就是竞争对手都在卖100元的产品，我就卖10元，这样干吗？因为我的成本差不多就10元，我卖10元，客户花10元在我这里，可以买到100元的价值，这时候我可能很快卖出100万个，卖100万个我收到多少钱？

我收到1000万元，请问这1000万元，我有没有赚到钱？答案是这1000万元我没赚到一分钱，我只是跟大家混个脸熟，让大家觉得跟我做生意稳赚不赔。

我第一次跟大家交手没有赚到钱也没有关系，但是我获得了这么多客户的信任，来，难道你的人生买了这个产品之后，这辈子都没有问题了吗？

有没有可能随着时间、空间、身份的改变，这时候你又有了新的需求产生，有没有？

这时候我去研发一款产品，卖 10 倍的价格，卖 100 元，同样的这 100 元的产品也带给你 1000 元以上的价值，反正每一次别人跟我做生意，我都想办法带给他 10 倍以上的回报，让他从我身上占到最大的便宜，人们喜欢我还是不喜欢我？

喜欢我，这时候不要求多，100 万人当中，哪怕只有 10% 的人愿意继续相信我，继续跟我购买，那么有多少人买？

10 万人购买，我又收到了 1000 万元，这时候他们花 100 元，为什么花呢？

他说我上次花了 10 元找老板购买东西，结果就获得了 100 元的价值，我也不知道他这次卖的 100 元的东西到底行不行，那我去试一试吧，也就 100 元，大不了就当作上次赚到的都没有赚到喽，上次跟老板做生意，已经赚了 100 元了，即使这次亏了，那是不是我根本没有亏 100 元，我最多只亏了 10 元，万一有好处呢，就可以获得 1000 元的回报，总裁，用 10 元钱换 1000 元值不值？

大家脑袋都会想，这时候可能他们就有 10 万人买了，买了之后，哇，老板果然没有骗人诶，花 100 元果然获得 1000 元的价值啊！跟老板做生意稳赚不赔啊！这时候我再根据他们的需求，研发一款产品卖 10 倍的价格，卖 1000 元，同样的这款产品给他 10 倍的价值，一万元以上的回报，这时候也不需要多，只要有 10% 的人跟我购买，请问一下有多少人？

一万人，我又可以收到 1000 万元，过一段时间，我发现他们新的需求，我又研发一款产品，这时候还是卖到 10 倍的价格，卖到一万元，一万元也只有 10% 的人跟我购买，现在多少人？1000 人我又收到多少钱？我又收到 1000 万元，又给他们 10 倍以上的回报，他们又赚到了，赚到之后过一段时间，又有新的需求产生，我就可以推出 10 倍价值的东西，10 万元，多少人买？100 个人买，我又收到多少钱，我又收到 1000 万元，又给他们 10 倍以上的回报，又赚了，那以后他就把钱存在我这里，老板，下次有机会提前告诉我，我先把钱存给你，这时候我再买，根据他们更大的需求，再卖一个 10 倍价值的东西，这时候只要 10% 的人购买，我又可以收到 1000 万元，总裁，请问我总共收到了多少钱？1000 元、2000 元、3000 元、4000 元、5000 元、6000 元，前面的 1000 万元我是没有赚到一分钱的，但是后面，我是不是轻轻松松赚到了 5000 万元，有没有在销售？答案是没有在销售，客户自然而然地购买，最主要的一点是竞争对手都不知道我的钱是怎么赚的，因为他只看到我第一笔生意亏了，亏本的生意没人做，赚钱的生意、砍头的生意有人做，所以他一看到我是亏钱的，就不会跟我竞争，因为他的思维只是一个点的，但是我的思维是一条线，我第一次不赚钱，目的是为了建立信任赚后续的钱，我的理念就是把小客户培养成中客户，中客户培养成大客户，再把大客户培养成为合作伙伴，所以我是把你的钱一次性给赚掉还是赚一辈子的钱？

你口袋有 100 元，我把你的 100 元都收了，我也富不起来，但是你就穷了对吧？

但是如果我有办法协助你，你交 10 元给我，我帮你赚 1000 元，请问你愿意付出多少钱给我交学费？

你可能愿意付 500 元，这时候我也不要说多，我只收你 100 元学费，又帮你赚 10 万元，这时候你愿不愿意交 1 万元，愿意还是不愿意？

这就是阿里巴巴的理念，协助客户成功的同时，帮助客户赚 100 元，从客户身上收 1 元。

所以，接下来要教你如何做一件事情，如何使你的每一款产品都能让客户尖叫，并且疯狂购买，过去我们如果出门的话，要不要带一部相机，如果去听课的话可能很多人还会带录音笔或者摄像机，麻不麻烦？

但是现在只要一部手机就搞定了是不是？智能手机，华为、苹果手机是手机吗？

答案是：苹果手机根本不是手机，苹果手机只是一部可以打电话和发信息的玩具，有听懂吗？

苹果手机是不是杂交了什么功能？（拍照、玩游戏、摄像、录音、收发电子邮件）是不是？

基本上听音乐也可以，看电影也可以，基本上把所有的功能都聚焦在了一起，他就集百家之长。所以怎样才能让你的产品很牛？就是把别人的产品的优点变成你产品的附加值！这也是我讲的杂交策略，所以无论是个人，还是微商，还是企业老板，你能搞懂我所讲的，你收获的价值就是几个亿甚至几十个亿。

第 5 章
学 习 导 论

5.1　学习是一件危险的事情

真知识、假知识、有用的知识、无用的知识、实用的知识、空谈的知识，充斥这个世界的每一个角落，各种书籍汗牛充栋，各种讲师多如牛毛，但绝大多数都是无用的、错误的甚至是有害的。所以学习是一件危险的事情，如果我们学错了东西，会被引导到高成本甚至是失败的方向上去。当学习错误的知识或不适用你的知识时，学习就变成了一件极其危险的事情。学习最大的成本不是金钱，而是时间成本。

5.2　少则得，多则惑

真传一句话，假传万卷书。

一般人的思维模式是，一个教程的价格取决于教材的长度和内容的多寡。

这就如同成人和小孩的思维是不同的。买教材看厚度的想法和小孩子的思维一样，如果给小孩子两种选择，5 张 100 元的纸币和 100 张 1 元的纸币，小孩子会选择 100 张 1 元的那份，因为那个看起来很多、很厚，他会很开心，看起来很可笑是吧，但就是有人会用小孩子一样的思维思考问题。

实际上，就知识产品来说，你买的其实是其中的思维和经验，这是最昂贵的，教材的价格应该取决于它对你造成的影响，而不是它的多寡。

所以创业者思维和打工族思维是不同的：

打工族思维是：做多少时数拿多少钱，所以教材内容长一点儿，就值得贵一点儿。教材内容少一点儿，就应该便宜一点儿。

创业者的思维是：这个东西，投资它所获得的回报有没有太过付出？

有，我就赚了。剩下的只是赚多少倍的问题而已。

所以创业者的思维是富思维，打工族的思维是穷思维。

因为一分耕耘一分收获的思维限制，永远无法创造太大的财富，天道酬勤，勤能补拙，挑灯夜读，这些都是农业文明时代的思维，是打工者思维。

只有在思维层面同频了，才会有交集，才会有后续的合作和友谊。

如果按照术—法—道这样的顺序来学习，会很辛苦，会走很多弯路，这是绝大多数人在摸索中走的程序。

如果按照道—法—术这样的顺序来学习，你会比其他人走得更快、更远，这是少数人走的路，我想提供给你的资讯就是引领你在这条路上探索。

你需要了解一个思维：付钱越多，给的越少。

如果给很多资料，并且很便宜，这就坑害你了，你以为占到了便宜，实际上那些资料在你手里变成垃圾，因为你的时间和精力根本无法顾及。而我相反，对方越是花钱多，我给的东西越少。

你对此也许会有所体验，如果你深入学习过，你会发现你得到的东西很多，几千个 G 的百度网盘内容，各种视频课程电子书等，看似很划算，但都躺在你的电脑硬盘或者网盘里。你有时间看吗？少则得，多则惑。越是少、精、悍的资讯，杀伤力越大。越薄的小册子里的东西越是精华。

好书的标准就是一定要做到通俗易懂，简单的文字中具有大智慧。

5.3　学习 + 行动 = 成功

那些庸庸碌碌过得平凡的普通人，他们不断在市场上碰壁被客户拒绝，在贫穷和痛苦中挣扎度过，抱怨父母，抱怨朋友，抱怨公司，抱怨一切。最根本的原因就是因为他们不知道要学习，他们以为在读书时代就已经学完了，步入社会长成大人就不需要学习了，这是大错特错的，比尔盖茨和巴菲特自述他们成功的秘诀只有四个字，终身学习。李嘉诚说他的能力全部是通过学习而来的。毛主席说，三天不学习赶不上刘少奇。凡是成大业之人都是爱学习的人。

如果你受够了的话，如果你想买车买房，实现梦想，如果你想让家人过上更好的生活，想出人头地，那你现在就要告诉自己，赚钱是结果，能力是原因，我一定要学习。你知道吗？真正懂得这个道理的人，他知道他没钱，他就算是借钱也要去学习如何提升赚钱的能力，如果你因为没有钱而不学习，你还是用过去的方法，只能得到过去的结果。想要更好的结果，就必须要学会新的方法。世界上稳赚不赔的投资是投资大脑，富人和穷人最大的区别就是脑袋里装的东西不同，只有你的学习能力强了，你才能够赚到更多钱，才能够实现你想实现的任何梦想。

一切能力的根源是因为我们的智慧，我们行动力的根源也是因为我们的智慧，所有财富的根源也是因为我们的智慧，而这个智慧从哪里来呢，他只有从我们不断的行动中来，很多人的人生之所以没有结果，不是因为懂得太少，而是因为行动太少，你学了很多，懂了很多知识，但是没有转化成我们的智慧。最终成了懂得很多知识，但是没有智慧的人，所以人生就没有结果。所以人生最好的策略就是不断行动，不断为他人做贡献，如果你没有帮助他人，玩世不恭，你怎么可能创造出和芸芸众生不一样的结果呢？

智慧不是天上掉下来的，智慧来自于大量的行动，你只有在行动当中才会产生感悟，当你产生感悟的时候，如果不去分享，感悟的能量也不强，很有可能流失掉，你把感悟分享一遍，于是变成了双倍的感悟，别人又对你回馈，所以是越分享才越有能量。

所有的梦想、目标、计划，只有通过学习后转化为行动才能产生结果，只有通过学习和行动才能改变命运。

5.4 最好的学习方式是教别人学习

每个人想赚钱都离不开学习，但是有的人学了很多，为什么难以学以致用呢？因为你并没有真正学会，学会了自然用得出来。如何才能更快地学会呢？最好的方法是教会别人，有两方面的原因：

（1）为了教会别人，你就必须持续学习。俗话讲：你要给别人一盆水，你首先要给自己一桶水。因为你想去教别人，你就要比别人知道得更多，不然你怎么教别人呢？就像我在 2013 年底，无意中建的营销 QQ 群，有 100 多个成员。当时在半年的时间里，我分享了超过 100 次，我分享的内容来自何处呢？其实就来自于持续的学习。

但是，并非要等你学成大师了，才可以去教别人，因为总有人比你的水平低。就像咱们读书的时候，中学生可以教小学生，大学生可以教中学生，教授又可以教大学生……所以这是一个螺旋式的提升过程。

（2）为了教会别人，你就必须持续反省和总结。为了教别人，你就离不开表达，不管是通过文字，还是通过语言。可是为了表达清楚，你就要先想清楚，而反省和总结就是帮你想清楚的过程。为什么有的人学了很多，让他分享他又说不清楚呢？因为学习就像往仓库堆东西，如果堆了东西从来不整理，大脑中就是杂乱无章的，需要时就找不到。

古人讲：一日三省吾身。意思是一天反省三次。我们不说每天反省三次，反省一次总可以吧？就像刚才讲的，为了每天给群友分享，我不得不经常反省和总结，要不然我想不明白，我怎么讲得明白呢？因此那时候我随时随地观察营销现象，然后回家或者回来的路上，甚至在现场就通过手机在群里分享。

综上所述：教别人能够使你产生学习以及反省和总结的紧迫感，大大加快你的学习进程。建议你从现在起，主动多给别人分享，可以从发一条说说，发一段感悟开始，渐渐地你就会发现进步神速。

5.5 做笔记：记录学习时迸发的灵感

做笔记，不是摘抄书上的句子和段落，而是记录你在学习时蹦出来的灵感。

不管你是通过看书也好，看视频也好，听课或者交流也好，你接收的信息只是别人的灵感，经过分享者的记录和整理，然后拿来分享给你，这些根本不是你的。只有你学习的灵感才是属于你的，可是由于你不及时记录很快就忘记了，少数几个灵感你可能记得住，一旦灵感多了你肯定记不住，这就是为什么你看了无数的资料，还是感觉进步不是很大的原因。可是学习不就是为了产生好的想法吗？好的想法才能指导好的做法啊，有了想法却不记录，你说这冤枉不冤枉？

这个事情我是绝对有经验的，我从 2010 年入行网络营销，但是回顾这段经历，我才发现 2013 年之前尽管我也看了无数的资料、日志、电子书、视频等，可是根本就没什么实质的进步，仅仅是感觉学了很多东西。有两个原因：一是因为我看了就忘了，看了前面忘了后面，看了这份资料又忘了那份资料，总之只能记住极少部分；二是 2013 年之前我从来不做笔记，要是你现在让我回想，我 2013 年之前的灵感一个都想不起来了。

可是 2013~2015 年，才短短两年时间，我就总结了一套自己的赚钱体系，写了 100 多篇精华日志，这是为什么呢？就是因为 2013 年之后我做笔记了，做了十多本笔记，不过我的笔记 90% 以上不是抄书，而是记录学习时迸发的点子、灵感。我现在分享的很多内容，都是基于笔记里的奇思妙想。然后我经常回顾这些笔记，又产生新一轮的灵感，于是营销能力就螺旋式地提升了。现在翻自己的笔记，我发现越是靠前面的越杂乱，越是近期的越简明，这就是做笔记的好处，能够帮你整理自己的思想。

所以希望你能够做笔记，不要把你的灵感都给抛弃了，真的太可惜了。

5.6 知识分外围和核心

红尘中有四种人：

（1）以知识为体系：普通人。

（2）以经历阅历为体系：老板。

（3）以大师的思维为体系：人类一等一的高手。

（4）以宇宙运行的频率来建立自己的思维体系：人类领袖。

到此明了，不同的思维体系最终形成不同的人生结果。

进一步讲：要想结果更好，破除后天形成的所有错误观念，直接输入宇宙真理，建立一套新的思维体系，直接横空出世。

读书没有用，读对书才有用。如果知识是错的，学得越多，错得越离谱。很多人很爱学习，但学了很多都没有成功，因为知识没有选对。所以书不在于读得多，在于精。会看书的人越看越薄，因为会看书人越看越核心，触摸到了事物的核心，所有外围迎刃而解。

知识分为核心和外围，普通人学外围，大成者直接进入核心和使用核心。

学什么比学习本身更重要。欲成大事者，必须直接触摸到事物的核心，向成果最好的人学习。

人一生所有的结果都来自于6个字：学什么，怎么学。

（1）学什么？学真理或接近真理才能让人成长。普通人学知识，大成者直达核心（真理）。

知识不会让人成长，唯有真理或接近真理才能让人成长。所以你没成长就是一个原因，你没有接近真理。人长大只有一个原因，就是你离真理越来越近了。

（2）怎么学？向当下成果最好的人学习，这些人经历了重大的挫折和重大的磨难，当下法为无上法，当下师为无上师。

（3）磨难是接近真理的必经之路。

（4）所谓高人指点就是让你活得明白。本来要30年才能活明白，人家一句话点醒你，这叫高人指点。

到此人生觉悟：未来学习直接进入核心，因为只有核心才有杀伤力，决定生死存亡。

5.7　有智慧才能人生觉醒

什么是智慧？智慧就是事物的根本以及真相，再具体说就是宇宙运行及规律。

我越来越感觉世间一切的苦难，都是智慧不够导致的！

人这一辈子最重要的事情就是开悟，就是解脱，就是觉醒！

而在这个虚拟游戏里积累多少积分，有多少财宝，到你临死时根本没有任何作用！

所以，人一定要明白生命的真相，去做最重要的事！否则就会白白浪费几十年的光阴，一辈子又一辈子地重复无意义的事！

幼儿园→小学→中学→大学→工作→结婚→生小孩→养小孩→退休→养老→等死……

多少人每天在重复这个无意义的死循环，却从来没有反思过：这个循环是谁设计的，难道人生下来就是为重复社会的要求，父母的要求，生下来就是为了等死吗？

所以，人一定要有智慧，知道自己为什么要来到这个世间，知道自己的使命是什么，然后做减法，把精力放到最重要的事情上面！

最近每当早上从梦中醒来时，我都很奇怪：梦里明明是非常真实的场景呀，那里有亲人，有朋友，有屋子，有桌子，有声音，有情节，有人物，有对话……

怎么一醒来，突然全部消失了呢？梦里那么真实的人与物怎么就突然全部消失了呢？

其实，人生何尝不跟做梦是一样的呢？当你的灵魂从肉体脱离出来的时候，你会突然感觉过去的自己好傻呀，每天都在做完全没有意义的事，就跟在梦里吃饭感觉很香一样，根本毫无意义，全部是虚幻！

当你悟透人生的虚幻本质之后，你就会从别人的眼光、世俗的伦理、亲朋的说教中解放出来，真真正正以更理性、更自在的方式去选择人生！

当然，别人会说你"疯了"，说你"有毛病"……但是，你自己知道他们才是"疯子"！

所以，觉悟者往往都是孤独的！因为高处不胜寒，一览众山小！

接下来，你会感觉众生很可怜，他们没有智慧，于是产生慈悲心，希望去帮助他们觉醒！

但是众生不听你的，反而认为你是疯子！

怎么办呢？两种方法：

（1）展示神通，慑服众生，让众生产生敬畏心，于是开始相信你，听你说法！

（2）以众生想要的欲望去引诱众生，让众生主动修法，进而开悟！

以上的心路历程，就是乔达摩·悉达多整个人生的浓缩，也是很多大觉悟者的共同经历！

归根结底，人最重要的，就是要去获得智慧！

一切的不如意，一切的病痛，一切的苦难，在智者的头脑里，都有答案！

智慧生慈悲，智慧生万法！

不要随便去听你亲朋的建议，失败者只能告诉你失败的方法！

人生解脱，获得智慧的捷径，就是找到已经觉悟的名师，听话照做，你就可以速成！

5.8 为何读书，如何读书

古今中外，皆以读书为美。

然而，你有多久没有读书了呢？估计你很久没有读完一整本书了吧。

最近是不是有很多读书或者读书会类的产品不停地在你朋友圈里刷屏，你也为之心动过，或者你已经付费进入了某个或某几个平台了？

我们为什么要读书？

读书，绝不是我们人类的天性，但是为什么我们都会认为读书永远是正确的事情？

因为我们从小被灌输一种思想：书中自有黄金屋，书中自有颜如玉。我们相信，读书可以提升自身的技能值！

那么，事实是不是这样的呢？

我们先来看看古人为什么读书。

想象一下古代的场景，没有互联网、没有电脑、没有手机、没有电视、没有广播、没有报纸……

人们获取资讯和获取知识唯一的渠道可能就是读书了，因为没有其他渠道。而且古时候交通也不发达，每个人一生中能遇到的人也很有限，所以也很少有机会跟各种大咖学习。

所以，古时候读书多自然获取的知识就多，脑硬盘就越大。当你比别人懂得多的时候，别人就会觉得你更聪明、更有能力，那么自然就有颜如玉主动求亲。

于是科举考试就产生了，科举考试考的就是硬盘容量，谁的硬盘大，科举就能考出好成绩，于是黄金屋不请自来。

读书是唯一的出路，这句话只适合科举时代！！！

我们应该读什么书？

如果有时间和精力，当然最好是博览群书，不过这只能是极少数人的奢侈生活。

为什么这么说呢，因为绝大多数已经实现财富自由和时间自由的人没有读书的闲情雅致，而有闲情雅致的人大部分没有实现财富自由和时间自由，不管他们是否愿意，都会被各种无形的压力推动着向钱看。

也许有一部分人已经觉醒、解脱，即使没有财富自由和时间自由也生活得很享受，但愿他们不会再次被群体性思维拉回到残酷的现实。

我们到底应该读什么书？只有一个标准，能解决问题的书。

现在还在拼硬盘吗？

你回想一下，有没有过这样的经历：明知道自己电脑中储存了某个文件，却怎么也找不到，忘记了文件名，更忘记了存在哪个盘的哪个文件夹。

这就是我们现代人大脑中的硬盘，容量越大，越焦虑，因为我们的硬盘中存储了太多无用的东西。于是我们去学习时间管理，又买回来一大堆软件和书籍，而这些软件和书籍大多数又是我们扩充硬盘的垃圾文件，循环往复，焦虑不堪。

这时候我们只能再去学习断舍离，直接清空算了，反正有用的也找不到存在哪里。之后再继续往硬盘里装垃圾，循环往复……

我觉得这是一种黑色幽默！

现在绝不是拼硬盘的年代，因为只要你身边有部手机，几秒之内你就可以获得云端所有的资讯和知识。

现在是拼CPU的年代，硬盘再大，也仅仅是个储存功能，网络的发达和云端的扩展，终究会使我们的电脑和手机取消硬盘，一切都存储在云端，我们的终端机器只负责运算和控制就行了。

于是我得出一个结论，古人读书是为了扩充硬盘，现代人读书是为了提升CPU的运行速度。

我们不要为了读书而读书，我们要带着问题去读书，读书的目的是找到解决问题的方法。每当我们找到一个解决问题的方法，我们CPU的运行速度就提升一点，所以现代人读书的目的更多是趋向于学习，学习是为了提升技能，提升技能是为了解决工作和生活的问题，使得工作和生活更美好。

只有更美好，没有最美好，人们对更美好的追求不会放弃。于是学习就变成了终身的事情，读书也就变成了终身的事情。

那么问题来了，为什么有人每年读50本书，生活却毫无改善？为什么有人每天读一本书，日子过得还是那么糟？

学习有真有假，这些人中了伪学习的圈套。

我们读书和学习的目的是解决问题，不是求量，就像我们生病了看医生，找到对的医生得到正确的处方远比看无数个医生要管用得多。

所以读书根本不需要靠打卡来抵制惰性，难道看病还需要别人用打卡的游戏来制约我们吗？数量真的那么重要吗？

马云说，他一生看书不到300本，其中还有一半是金庸的小说。

读书就像吃保健品，常年吃保健品的人未必长寿，因为一边吃保健品，一边抽烟、酗酒、熬夜、劳累、焦虑……

从来不吃保健品的人也未必短命，因为他们生活自然、作息规律，符合天道。

但是，如果我们能一边吃保健品，一边生活自然、作息规律、心态平和，我想一定是可以延长寿命的。

读书就像吃保健品，而是否能把读过的内容消化、理解，运用到我们自己的人生中，就有如能否保持生活自然一样。

我是这样读书的：

首先，不求量。

我从来不信奉打卡的游戏可以养成习惯，因为习惯的养成是靠外界的环境，而不是内因。读书多与少只能代表硬盘的大小，跟 CPU 毫无关系。

其次，不求全。

很多时候我都没有读完一整本书就放在一边了，甚至很多书我只看了目录和前言。因为，我已经找到我要的答案和解决方案了，没有必要继续纠缠，所以我根本不需要断舍离。

医生已经给了我们最佳治疗方案，我们执行就可以了，何必去听完整他的医学理论呢？我们要的是治病，不是当医生。

再次，不求记。

很多人都会问这样的问题，你读那么多书能记住吗？

我为什么要记住呢？难道是为了应付期末考试？

读任何书中的任何一个片段，我都会联想自己实际生活中遇到的类似情况，有的时候书中的一句话可以让我联想到我曾遇到过的 10 件事，这时候再去反思，从书中的答案检视自己的对与错、成与败，自然就学会了一个技能，CPU 的主频又提升了一点儿，这才是我读书的目的。

最后，去实践。

每一个书中的观点和案例，都能让我产生立刻去实践的动力。于是，每次读到一个与自己息息相关的片段，我就会放下书本，立刻拿出自己的工作计划，对照着书中 get 到的新技能去优化我的工作方式。每次经过实践得到的经验，已经远远超过书本里给我的知识，这样，书中的知识就变成我自己的经验。

虽然我达不到作者的高度，但我相信，书的作者在我工作的领域也没有达到我的高度。

读书到底有没有用？

读书求量是否正确？

读书到底为了什么？

我想，你已经有了自己的答案。

"一切为我所用"，这是中国古代的帝王之术。

5.9　攻城为下，攻心为上（道，法，术，器）

"用兵之道，攻心为上，攻城为下。心战为上，兵战为下"，意思就是说用兵的原则，从精神上瓦解敌人为上策，强攻城池为下策。征服人心为上策，单纯靠武力取胜为下策。

武力只能暂时解决问题，过分强求换来的将是"身在曹营心在汉"的结局。而攻心就不同，攻心战是通过兵不血刃的手段来获得真心的臣服。若想要让对手永远心服口服地臣服于自己，首先你要先把他的心攻陷下来。成交的技巧就是武力，技巧只能暂时成交客户，后期客户有可能会退货，但是如果你能抓住客户的心，客户就会心服口服。战争的对手其实不是他的军队，而是他的思想和精神。你的目标不是客户口袋里的钱，而是客户的思想和灵魂。想要让客户成交，必须要攻克客户的心理防线，让客户发自内心地认可你，才能和客户保持长久的关系。

"上兵伐谋"，这里的谋是多方面的，其中谋得人心，则是伐谋中的精髓。所以得人心者得天下。只有得到客户的心，才能让客户心悦诚服。

何以攻心？

真正的销售不只是暂时的成交，真正的销售应该是成交之后，客户还愿意为你疯狂转介绍，客户愿意成为你一辈子的朋友。客户愿意成为你的心腹知己，把客户变朋友，变粉丝，变股东，不仅仅是停留在术的层面。不只是一次性地为客户解决问题，而是终身为客户提供价值。只有这样才能让客户心服口服，这才是攻心。然而这就需要讲到"道"的层面。

何为道？

在老子的《道德经》中有一句非常经典的话，"有道无术，术尚可求。有术无道，止于术。神即道，道法自然，如来"。"以道御术"即以道义来承载智术，悟道比修炼法术更高一筹。术要符合法，法要基于道，道法术三者兼备方能立于不败之地。这段话的意思是说，一个人有道，但是没有术，术可以通过后天学习而来。但是一个人只是有术没有道，那就很难成大业。道是术的基础，术是道的表现。有道才能成更高的术，有术无道只能是普通人，道法自然即是道应该合乎于人理、天理，结果功到自然成。

什么是道？道是万物变迁循环中亘古不变的规律，一切大自然的法则，宇宙运行规则。道是天定的，比如，太阳每天会升起，一年的春夏秋冬，人生老病死等，道是不能用肉眼看到的，必须要用慧眼，高人说"肉眼看世界"，法眼看神通，说的就是这种道理。用在人的层面就是人生境界和思想价值观。

什么是法？法是一套规则体系和原理原则，是实现价值观的指导方针和思路，可因事物内在的变化规律而变化，通过对长期实践的思考和归纳总结而得出。法是人定的，法要基于道，比如一个国家的法律法规，比如做一件事的流程、结构、理论依据，这些通过人总结出来的条例条规就是法。

什么是术？术是在规则体系指导下的具体操作方法，只要指导原则（法）不变，具体方法可千变万化，术可通过练习获得，也可通过对法的推理而产生。比如，道家分支属于玄学范畴的"符"，命理学中的卦、数学中的运算方式等都属于术的范畴。

什么是器？器就是做事情用的工具。比如，军队要打仗，需要武器和枪支弹药；建设一栋大楼需要挖土机、运输车、砖、水泥；剪头发需要剪刀、梳子、围巾；我们读书为了要考试考高分，我们也需要工具，需要书本去复习。

企业来讲：道就是企业的使命、愿景、价值观，法是公司的制度纪律、商业模式、营销策略，术就是执行企业战略的团队。为什么人们会说，道术结合，天下无敌。其实中间加一个法更加厉害。所以一个企业做强做大，并不只是他的术有多厉害，而是道。道厉害了，再结合一些术，自然就会强大。

个人来讲：道就是一个人的思想和境界，品德和格局，修养和人品。为什么有些人在短时间赚一大笔钱，却很快失去，因为他的"道"修行不够，没有承载力，没有影响力。法就是一个人掌握的知识和学问，术就是一个人做事的方法和技巧。

对销售来讲：道是销售人员的思想和境界，品德和格局，修养和人品。法是销售的理论和知识，术是销售的方法和技巧。器就是销售用的工具。

真正的成交高手懂得用道，用道去影响客户，领悟了道，术可以千变万化。可是很可惜的是，大部分的销售人员根本就没到这个境界，一心想着用什么方法成交客户，想着要如何达成目标，结果却适得其反。

大音希声，大象无形。

这句话出自老子的名言。意思就是，最大的声音是没有声音的，最大的象是没有形象的。为什么很多人很辛苦很努力却没有得到好的结果，学了那么多招式方法却没用？因为一开始就错了，他整天想着要去成交客户，整天想着如何增加业绩，这种感觉会传染到客户身上。成交就是能量的传递，信心的转移，客户感觉到你是为了要成交他，为了销售而销售。他没有提升到道的层面，自然也就得不到客户的心。

在武侠小说中，不管是什么门派，有多厉害的武功，最后成为武林盟主的往往是大侠的最后一个绝招，那就是"无招胜有招"。无招不是真的没有招数，否则隔壁家老王也可以称霸武林了。无招的前提是有招。无招是让对方感觉到无套路无规范，随心所欲，上善若水，如水的品性一样至善至柔，能容纳万物。就像著名的武术学家李小龙先生说道："以无法为有法，以无形为有形，以无限为有限。"

这就是销售的最高境界，但要做到这一点，就像武学一样需要极深的武学功底做基础，极高的武学造诣做保证，才能无招变幻自如，无可预料，让敌人无迹可寻，自可以万变破敌。所以销售成交也是一样，为什么客户会拒绝你，很多时候是客户感觉到你的招式和套路，甚至有的客户已经猜到你下一句要说什么，知道你下一步要成交了，所以他就提前做好了防御准备，他告诉你我要考虑考虑，我再看看，以后再说等。所以要达到无招的境界，需要"术"，无招的意思不是不需要学销售技巧，而是当你把所有的技巧和招式都融会贯通，你才能运用自如，随机应变，行云流水，变幻莫测，看似无招，达到"无招胜有招"的境界。

什么是真正的销售？销售的最高境界是什么？

销售的最高境界就是：销售于无形，让别人主动求着你成交。

销售的最高境界是忘记了自己是销售，别人也不认为你是销售，你可以是朋友，是老师，是顾问，是专家，是任何身份，而不是销售。

那些做得最好的人，他们并不是在生硬地销售，而是在分享，在贡献，在关心，在传播，在理解，在感恩，在付出，在包容，在展现更好的自己。

所以想要提升人生境界，想要真正成为一个成交大师，必须要提升你的德行。为什么很多人赚到一笔钱到后面就没有了，因为他没有承载金钱的能力，道行不够，德行不够，他的格局不够大，心胸不够宽广，他没有修养，没有内涵，他的知识不够，所以他在大客户面前，表现得很低级，甚至有些人没有品德。如果一个人的心是歪的，他看这个世界也是歪的。道正确了，再学法和术。

如果你只学术，只有招式是不够的，只有术你只能成交小客户，真正的大客户是用你的人格魅力去吸引的，而不是一味地成交。所以一定要提升道的层面，提升自己的思想和境界，多跟一些比你更成功的人在一起，多阅读一些提升自己道德修养的书籍，多参加一些高端的企业家课程。

第 6 章
成 功 法 则

6.1　你必须追求轻松、简单、快速和安全的成功

　　我做所有的事情时，都会判断"这个事情是不是很容易？是不是很轻松？"假如很困难，那我认为是做事的方法有问题……

　　我们大多数人认为，"成功是很难的，成功需要很长时间的奋斗，需要不断地去累积知识、经验和技能"……这是错误的！当你认为追求成功所遇到的困难、艰辛是正常的，那只表明你停止了思考！相反，你应该认为"我需要找到更简单的方法"，只有这样，你才能不断地去创新，这是很关键的！

　　所以从现在开始，我们必须去追求"轻松、简单、快速和安全的成功"。你没必要去冒多余的风险。当你认为你的奋斗是在"赌"的话，那只表明你的思考不到位，你没有巧妙地借力别人的资源。

　　比如说，你现在花 1 元的成本，就能赚到 2 元的利润，这挺好的，但是因为你坚信有"更简单、更快速、更安全"的方法，所以你会去不断地改进！也许只是改变一下广告的标题，就让你的利润从 2 元变成 10 元。这也是我的一个生活理念："轻松赚钱，潇洒生活。"

　　很简单，如果你的生活只是为了工作，只是为了赚钱，那你就把两者的关系搞反了，因为赚钱是为生活服务的，而且赚钱的方式应该很轻松才对。这是可以做到的。当你想清楚了怎么为别人的梦想贡献价值，当你能够用自己的语

言为别人描绘出梦想和蓝图，让别人认可你的价值，那么对你来说，赚钱就是一件很轻松的事情。

你必须有这样的信念，"当你拿别人 1 元时，你需要帮他创造 10 元，甚至更高的价值"，这样当别人付钱给你时，他的内心是充满感激的，因为你帮他赚了更多的钱。

每个人都应该看重自己的工作，每个人都应该追求"轻松、简单、快速和安全"的成功。这非常重要！但多数人认为成功很复杂，于是他们都到复杂的世界里去寻找成功，却不知道真正的成功其实很简单。

有一点很重要，"如果你想成为营销天才，那你必须 100% 从对方的角度去思考"。也就是说，只有当你成为一个天才的客户时，你才能成为一个天才的营销人。

如果你从未购买过高价值的产品和服务，那你也别奢望能够卖掉它们。为什么呢？因为高价值产品和低价值产品的营销过程是完全不一样的，从理解自己如何购买高价值产品的决策过程中，你就能学到很多营销的思路。

如果在你的生活中，你只想购买最便宜、最经济、最实惠的产品，那么你就别指望卖出高价值的产品，因为你没有心理准备，你对整个高价值人群的购买需求、流程和习惯不了解。

总之，从现在开始，你必须追求"简单、轻松、快速和安全的成功"；如果你的成功是在"赌"，或者你认为你需要付出巨大的努力才能成功，那只能说明你的方法有问题。

6.2　你只能从成功走向成功

我发现中国人有一种哲学，特别是在教育孩子或者是自我提高方面。假如说成功需要具备六项技能，那么我们首先会做"自我分析"。如果觉得一项、二项、三项是我的强项，四项、五项、六项是我的弱项，那我们的下半生就会聚焦在"怎么补足弱项"上。这是错的！

你生命的目的不是补足你的弱点，你生命的目的是弘扬自己的优点！

你的成功只能从成功中来，不可能从失败中去发现，绝对不可能！你应该思考"怎么把成功进行放大、复制和外延"。

不要一味去补足你的弱点，即使你的弱点得到了提高，但在这个世界上总会有那么一群人，在某个领域他们具有天生的优势，天生就比你强，你再怎么努力也无法达到他们的境界。

这是辩证的，如果你没有缺点，你就没有优点。所以你的人生哲学是要打造成功、复制成功、放大成功；同时你要意识到自己的缺点，承认自己的不足，想办法和别人合作，凹凸互补，共同成功。

记住！你只能从成功走向成功，你的下一个成功必须建立在你现有成功的基础上，而不是在你成功边缘的弱点区去寻找你的机会，你的机会来自于你现有的成功。

6.3　你已经成功

你已经成功！

怎么从你现有的成功中去打造另一个成功。可能有的人会说"我本身就没有成功的记录啊"。错误！每一个人都已经成功了，只是成功的深度、角度、领域不同而已。

你需要思考，怎么把你的生活"切割"成一片片的场景，然后去寻找属于你的"那一片"成功。所以每一个人都是成功的，虽然你不能说我 100%所有方面都是成功的，但至少在某一个领域你已经成功了。你需要改变自己的思维模式，"从成功中走向成功"。

例：我曾经为一个女士做过咨询，她要去加拿大，她的老公和孩子都在加拿大，很多年都因为英语的问题，导致她无法到加拿大和她的亲人团聚。她觉得没有路，只能继续学英语……但是我却从她过去的"成功"中，为她打造了一条通往加拿大的路线图，而不是在她的"失败"中去寻找。她一直认为她的英语太弱，所以她应该提高英语，这样通往加拿大的路才能被修好，其实这是错误的。

因为她一直在做 ISO 9000 认证工作，做了十几年，非常不错，所以她的成功应该建立在这个基础上；也因为 ISO 9000 是全球性的组织，到处都有，所以她在加拿大也会找到这样的认证公司。

我跟她讲，"既然你熟悉这个流程，熟悉这个内容，虽然你的英语有点儿差，但你还是可以在你老公待的地方找到一个认证的公司，对吧?"她说应该可以，因为她原来的公司就是做这行的，她对整个工作流程非常熟悉，所以她可以在加拿大找到这样的工作。

我说，如果对方觉得你的英语不行，那你告诉他，"我免费帮你做，给我一个月的时间，如果证明我不行，我一分钱不要"。没有人会拒绝，因为她有10年的工作经验，在这一个月中，只要她能够证明自己的价值，那么她老板在第二个月一定会付钱给她，具体数目那是另外一回事;但这种做法能让她轻松地通往加拿大，而且她的英语在工作中一定会有很大的提高，所以她的路就找到了。她之前老在思考怎么补足自己的弱点，而我是从另外一个角度寻找她的优点，把这个优点嫁接到加拿大去，所以她家庭的团聚就成功了。

这种思维是很震撼的!

因为你人生的目的不是学习英语，你人生的目的是幸福，你需要找到一个幸福的捷径。记住，我教的所有东西，都是在杠杆的支点上起作用，如果不是支点的东西我不会教，因为只有在支点上发力的东西，你学了才会产生巨大的效果。

另外，我教的顺序非常关键，你必须把前面的做好，然后你做第二步的时候，前面的成就才能被放大，如果你没有做好第一步，那么第二步的作用是很有限的。

6.4　你必须聚焦

你必须聚焦!

（1）所有成功者都找到了发挥自己优点的秘诀。

（2）只有你聚焦在一个有限的领域内，你才会发现更多秘诀。而这些秘诀就是5%的成功者和95%的平庸者的分水岭。

（3）如果你能提前聚焦于你的优点，你就能快速成功。

（4）简单动作重复到极致就是绝招。

（5）你必须会打连环拳（追求全局的赢）。

（6）我们不需要全方位成功，只要其中一个点成功了就成功了。

太阳能量巨大，却只有一点暖和，而用放大镜聚焦，却可以把纸点燃。无数人注意力太过分散，闲聊、漫无目的地看手机信息、胡思乱想甚至抱怨等。这浪费了你多少注意力？你的注意力如此宝贵！（少了注意力的参与，做不成任何事。）

当我们把注意力聚焦在不重要的事上，重要的事反而顾不上了。你的注意力是能量，不要浪费你宝贵的能量，不要把能量打霰弹枪。要把能量聚焦在实现你结果的事情上。（原理是：注意力在哪里，能量就在哪里，结果就在哪里。）

有一个事实，我以前跟很多人一样，受了很多成功学的毒害，觉得"只要你努力，只要你是个好人你就能成功"。错！有多少哭泣的好人呢，有多少悲惨的好人呢，非常多……所以光做好人、光努力是没有用的。

任何一个行业，你做英语培训也好，做餐饮业也好，不管你做什么，你仔细观察一下，在这个行业中，有一个巨大的分水岭，可能是在5%~95%。5%的人做得非常轻松，非常成功，非常容易；而95%的人非常努力，但成功很有限，为什么？

为什么有一面无形的墙把他们分隔开来？秘诀！5%的人找到了秘诀，95%的人茫然不知。秘诀，是一堵无形的墙把他们分开。光知道一个秘诀，当然有用，但秘诀的不断叠加就相当于杠杆的叠加，不断地叠加，才会产生指数级的提高，才会造就巨大的成功。

你可以有一招，但是这招没法持续，没法放大，所以你需要有很多秘诀的"杠杆叠加"作用。那如何获得这些秘诀呢？聚焦。

当你聚焦在一个地方，你会不断地发现新的秘诀、新的感悟、新的突破。就像我在很长时间内，只聚焦在"营销"，所以才想出来这些理论，如果我只想三分钟或者三个小时就结束了，那理论体系是不可能建立起来的，它的威力也会小很多。

当你的精力只聚焦在一个有限的领域内，你才会不断地发现秘诀，你才能看到周围人看不见的东西！

我们都听过"二八原则"，如果说你做了100件事情，其中可能只有20件事情是最关键的，这20件事情就决定你80%的效率。同样的道理，你的100个朋友中可能只有20个对你的幸福、个人发展起重要作用，其他80%的人是一般的，或者随便聊天吃喝的朋友。

同样在你的销售中，可能 20% 的客户为你带来了 80% 的价值。在你每天工作的 10 小时中，可能有 8 小时都是浪费的。所以从这个角度讲，你的人生必须聚焦。我以前也在彷徨，在寻找，最后真正聚焦后，成功就变得容易了，所以聚焦非常重要，从一开始就要聚焦。

比尔·盖茨为什么这么年轻就成功，因为他很早就开始聚焦，谁能够提前聚焦你的生命，谁就能够快速地获得成功！不管你做什么，如果你想在某个领域内做到最好，你绝不能四面出击，跟所有人竞争，你什么都要反而最后什么都得不到。

你要立足于你最想要、最善于要的这一块儿，然后想方设法联合所有的力量，去达成你要的结果。让所有可以借力的人一起来把这个做大、做深，但在你所聚焦的领域内，你要成为当之无愧的第一。

在这个世界上，假如说你领悟到 10 个秘诀，但你的对手只领悟了 9 个秘诀，你认为在市场上你的回报会是 10% 的差别吗？不是，你可能得到市场份额的 80%，而你的对手只得到 20%。

我们生活在同一个世界，但赢家会切走一大半的蛋糕，留下的份额只是非常少的一部分，所以不要满足于做老二；老二的努力可能是第一名的很多倍，但得到的回报却是第一名的百分之几，所以要聚焦，只有聚焦才能成为最大的赢家！

成功者要想持续保持优势，不能有致命的弱点。而尚未成功的进取者，要想有所突破，却不能没有致命的优势。大量的人误解了"木桶理论"。"木桶理论"指的是对于已经成功者而言，要想继续保持优势，不能有致命的弱点。比如一位国家的领导人必须既要懂政治、经济，又要懂军事、外交、文化，总之不能有弱项。

但对于尚未成功者来说，要想成功，必须将自己的某一根长板放大到足够长，用这根长板去突破，而不是试图把自己变得很完美。长跑运动员要想成功就将自己两条腿发挥到极致，而不在于能不能将文章写得出色，也不在于弥补化学知识的不足。也就是说后来者能不能成功，关键在于是不是能有效地利用自己的优点，而不是克服弱点。

进取者要想获得突破，不能没有致命的优势。

6.5　你必须使用杠杆借力

你必须使用杠杆借力。

很多人觉得做公司要靠自己，其实是错的！什么叫创业？创业不是说自己脑海中有一个想法，然后就一个人独自去实现它。创业者是看到一群人有各种各样的资源，然后通过某种巧妙的借力机制，把这群人团结起来，一起来实现同样的梦想。

作为创业者，你最大的能力是组织能力。"怎么把所有的力量聚集到一起？怎么为你客户的梦想创造更有利的实现基础？"这是创业者应该思考的。

"你必须使用杠杆借力"，这是我的一个重要的营销策略，你必须学会使用。一个人的奋斗是一种孤独的奋斗，是一种艰难、痛苦的挣扎，不要这样。

永远不要认为创业是一个人的事，所有人都将是你的竞争对手，所有人都希望从你那儿"抢一把米"，这是错误的！

这个世界上有很多人都可以帮助你，但是他们缺乏帮助你的想法和美好的前景，你需要向他们描绘一个美好的蓝图，告诉他们"帮助我，其实就是帮助你自己"，这并不矛盾。当你有了这种思维模式，你才能"杠杆借力"。

6.6　你必须测试

你必须测试：

（1）测试策略：用小的代价来换取大的成功。

寻找小的成功，不断地将小成功变成大成功。

（2）寻找已经成功的企业或个人进行组合。

（3）测试广告标题，测试零风险策略。

（4）测试成功以后，大量地复制。

任何的策略或产品进入市场的时候首先要测试，只有在市场上测试成熟后，才能决定要不要调整，要不要去做。

为什么要进行测试？商业规律在经营中要不断地测试，不断地修饰和完善，筛选出效果最好、最适合你这个项目的策略。最后再把你所有的资源和精力，都用在最好的策略上，这样做永远不会亏钱。

怎么测试？先不要自己造产品，哪怕付出的成本高一点，也要让别人先把这个产品给我们加工出来。我们要做的就是测试这个产品在市场上能不能打开通道。如果能打开，我们再投入生产也不迟。

史玉柱为什么只用了50万元就能把脑白金迅速做起来？核心二字就在于：测试。

他把这50万元分成10个5万元，用一小部分钱不断地测试，哪个效果最好，就用哪个方式去做，迅速把这个方式无限复制。

我会不断地发展，不断地进步，不断地产生新的想法、新的突破，但我不希望你学了我的营销后，就认为"以前的营销手段全都是错误的，明天就把公司关闭了，重新再开一个公司……"

No！我希望你所做的一切，都是在现有成功的基础上进行测试，保守地测试，这样你的风险就非常小。

比如，本来一万元，你可以在一个报纸上做一个整版的广告，但你现在把它分开做，多几次投放。你可以把一万元投入到10个媒体上去，这10个媒体可能产生的结果会完全不一样，一定有一个是最好的，然后你的第二步就是把这个"最好的"放大。

有几种放大的方法，比如说有一个媒体非常好，你一个星期登一次分类广告，然后把它增加到两次、三次、四次，然后你可以放大到1/8版，如果整个效果仍然非常好，你可以再放大到1/4版，最后再放大到一个整版，在这个过程中，你所走的每一步都是100%赢利的，为什么？

因为你测试过。之后，你可以把它从一个媒体放大到两个、三个媒体，然后你可以从报纸放大到杂志、电视台……所有的销售，所有的营销思路都是一样的，只是表达形式不同。其实成功很简单，但你必须要测试。

比如说，一些你很长时间都搞不定的客户，你可以拿他们测试一下，反正对你来说没什么损失，这些客户本来可能也准备放弃了，测试一下，无所谓。如果成功了再"放大"。我会教你做出自己的"零风险承诺"版本，这个版本既给你市场竞争的优势，又给你客户响应的基础，同时，还能够有效地管理你的风险。

6.7　你必须刻意练习

什么决定了一个人可以成为顶尖的专家，并且做出领域内的卓越成就？

决定伟大水平和一般水平的关键因素，既不是天赋，也不是经验，而是刻意练习的程度。

刻意练习是指为了提高绩效而被刻意设计出来的练习，它要求一个人离开自己的熟练和舒适区，不断地依据方法去练习和提高。

比如，足球爱好者只不过是享受踢球的过程，普通的足球运动员只不过是例行公事地训练和参加比赛，而顶尖的足球运动员却不断地发现现有能力的不足，并且不断以自己不舒服的方式挑战并练习高难度的动作。而这种刻意练习的程度，而不是单纯的工作经验，真正决定了顶尖大师和一般职员的差距。

有的人有 10 年工作经验，但是大部分时间都在无意识地重复自己已经做过的事情，真正刻意练习的时间可能 10 小时都不到。

有的人只有 2 年工作经验，但是每天花费大量额外的时间做刻意练习，不断挑战自己完成任务水准的极限，用于刻意练习的时间可能会有 1000 小时。

所以，为什么有的人工作 10 年，仍然不是专家，而有的人工作 2 年时间，足够表现卓越？表面上看是 10 年和 2 年的差距，实际上是 10 小时和 1000 小时的差距——因为真正决定水平高低的，并不是工作时间，而是真正用于刻意练习的时间。

刻意练习的 4 种方法。

6.7.1　避免自动完成

比如，一开始学习驾驶的时候，你会去刻意地记忆如何换挡、如何刹车，当遇到情况需要刹车的时候，你就会回忆起刹车的要领，并且在头脑中执行这个要领。然后，随着练习的增加，你做这些事情会越来越熟练。

直到某个时刻，你遇到情况就会立刻刹车——这个动作是自动完成的，你根本意识不到自己是如何刹车的。一旦进入这种自动完成的状态，我们对驾驶技术的改善将会不断降低并最终停止。

而真正想要达到专家水平的车手，从来不允许自己进入这种自动完成的状态。每过一个弯，他都会刻意去思考刚刚过弯用了什么技巧、表现得怎么样、应该如何提升。

对于每一项工作，大部分人随着熟练程度的提高，都会逐渐进入自动完成的状态。而真正想要成为高水平专家的人却在极力避免这种状态。

对于大部分人来说，日常工作的所有事情，不论是沟通用户、改公关稿件还是写一段文案，我们总是缺乏动力去超越自身极限，把事情做得更好一些。随着经验的积累，我们只不过是越来越熟练自己已经可以做到60分的东西，越来越可以自动地维持过去的水平，但是永远也不可能成为真正的顶尖专家。

这就是为什么大部分人在某个岗位上5年之后，就陷入了能力增长的瓶颈。因为他已经做到了60~80分，已经做得比周围人好，已经可以满足职位的要求。他们每天就是按照自动模式去发邮件、沟通电话、管理文件，很少进一步去精进自己每天的工作。

但是有的人却不满足这一点，他们在把领域内的事情做到95分的时候，还不允许自己进入自动完成状态，非要可以学习各种新能力，把它做到96分、97分、98分……即使，这个职位对他的要求只有80分。

这些基础任务所有人都可以做到60分，但如果你想成为专家，那么在其他人做到60分后进入自动完成模式时，你的机会来了。你要做的是精益求精，利用刻意练习刚学会的知识，避免自己进入自动完成模式。

6.7.2 离开舒适区

人在面临任务的时候，心理上有3个区域：舒适区——做能力范围内的事情。学习区——稍微高出能力范围。恐慌区——远超现有能力范围。而刻意练习就是想办法更多地让自己停留在学习区，想办法寻找难度高、有水平的工作，或者使用自己仍然不熟练的技巧。而长时间停留在舒适区，能力基础上很难成长。

就足球来说，这就是为什么一个非常有天赋的足球爱好者，在场上的水平永远比不上一个接受过专业训练的足球运动员。因为他长时间停留在舒适区。

足球爱好者纯粹是为了乐趣而踢球，他们享受踢球的过程，他们渴望的是下班后去足球场把脚怒射，排解郁闷。所以他们停留在舒适区，按照自己熟悉的方式，踢着让自己舒适的足球。

而优秀的足球运动员可不是这样，他们经常在不舒服的位置踢不好踢的球，他们被教练要求增加训练量，他们被要求今天专门训练左脚踢球……

这一切任务，都不会让我们舒服，因为很难轻易做到。但这的确是长期提高能力的必要条件——离开舒适区，进入学习区。

同样，业余歌手练习歌曲的时候非常有乐趣和放松，当作排解压力的方式，这和专业歌手非常紧张和困难地挑战一个高音是两回事。

任何专业的刻意练习都意味着离开舒适区，去学习大量的知识，寻找困难的任务，用着自己不习惯的方式大量训练。

6.7.3　大量重复性训练

练习和实战最大的不同，就在于对专项能力重复性训练的程度。

在实战中，我们是用到所有的能力来完成一个职责。比如，如果你是市场人员，你可能在一天内需要用到构思创意、检查策略、沟通乙方、撰写邮件等十几项能力。而刻意练习，则往往是在一段时间内集中训练少数能力。

而单纯的实战其实并不能持续地提高一个人的能力。没有一个足球运动员每天的内容都是参加比赛。相反，足球运动员大多数时间做的事情和参加比赛毫无关系。比如，一个球员可能会花费一整天的时间刻意练习40米外的右脚任意球，另一个球员可能整周只是在做小腿力量的训练。

而如果所有运动员每次的训练内容都是各种比赛（踢野球的人就是这么练的），就无法持续而迅速地提升能力。

所以，要想在某些领域刻意练习并最终成为专家，就需要对某些关键技能进行细分，并且进行大量的重复性训练，而不是只去实战。

6.7.4　持续地获得反馈

比如，一个练习任意球的足球运动员，反馈方式就是看看这一脚下去，能不能直挂死角。

没有反馈的练习，就相当于没有球门，对天射门练任意球一样，无法通过结果来纠正和诊断自己的学习。

所以，在你的刻意练习计划中，一定要加入持续的反馈。

6.8 成功精华语录

（1）每个成功的人士，他的核心就是创造价值，创造越多价值的人越成功。

（2）你的思考能力很重要一部分决定了你的成功，你的思考能力就是你解决问题的能力。

（3）只要每天进行 10 分钟的思考原创分享，会令你的思考能力大大提升，会让你变得睿智起来，而这份睿智会让你的人生事业发生改变。

（4）你一定要记住一个思维：道者，反之动。做和普通人相反的事情，然后才能创造非凡的结果。成功很简单，就是坚持做到别人不愿意做、不能坚持做的事情，狠狠做，狠狠执行。

（5）要成功就要养成成功人士特有的习惯。

（6）大多数人能做的事情你一定不要去做，那些事情技术含量绝对低，绝对很辛苦，这就是规律。

（7）所有成功的人都是因为他们把时间花在了绝大多数人不会投入时间的地方，他们把时间花在了少数的领域，所以他们成功了。

（8）这个世界上最聪明的办法就是拜师，拜名师。

第7章
人 生 智 慧

7.1　宇宙能量

夺天下者，都是不把性情名利放在眼里的人，最后他所有的性情名利都随之而来。就像佛祖一样，佛祖起心动念根本就没有名利之心。佛祖起心动念只有一颗心，度天下众生之心，所以佛祖每天去讲课，下山讲课度众生，帮助你解脱，结果佛祖起心动念救众生，不要求一分名利，结果众生被他获救，反过来把佛祖托起，佛祖变成精神领袖，名利双收。所以越不要名利的人，最后越名利双收。

人生就是要进入红尘，多体验，多经历。经历过才能放下，放下才能成长。

人生自己拍板做决定的次数越多，速度越快，自我成长的速度就越快。

一经历就解脱，一解脱就进入"无关局外"。

反过来讲：在哪个事情上解脱不了，就代表在哪个事情上缺乏经验。

先看佛祖如何解脱：

（1）形象一流；

（2）武功一流；

（3）学问一流；

（4）权利：可以成为多国国王，权倾天下；

（5）后宫佳丽三千，美女如云。

普通人穷其一生所追求的所有一切，佛祖一出生，全部经历完。

解脱放下，追求人类如何活得更美更幸福的智慧。

如花钱：花十万元解脱十万元，花二千万元解脱二千万元。解脱不了，说明没花过大钱。

如权利：员工拼命想做经理，经理反过来不想做经理，因为经历。

如好色：身体经历过美女。

人只要一经历就解脱，一解脱就强大。

你经历过别人没经历过，你讲话别人就得听着，你越讲越强大，别人越听越渺小。一转身别人就被你影响、领导。这就是领导力背后最大的玄机，即熟的影响生的。

经历即人生，人生即经历。

经历圆满即人生圆满，如你当兵三年，就是三年的人生。如在三亚上课三天，就是三天的人生。

到此明了，人生就是过去所有经历的总和。所以每一个当下的经历圆满，即人生圆满。（经历输了，人生的结果就输了。）

到此深层次觉醒，超越别人就是超越别人每一个当下的经历。

如培养孩子就是帮孩子设计当下的经历。

红尘中四种人：

（1）从来没有破碎过，普通人。（没有委屈过）

（2）一触到就破碎，没有复原直到永远。（失败的）

（3）上半辈子破碎，下半辈子复原。红尘中一等一高手。如杜月笙、刘邦等。

（4）一边破碎，一边复原。

人类领袖之才，如毛泽东，如邓小平、孙中山。

到此觉悟。人不破不立，破有风险。但不破一辈子都立不起来。小破小立，大破大立。

1）老板的修炼。

不要去学什么，而是直接去经历。经历就是修炼，修炼就是经历。

回望过去，我们学很多，懂很多，恨很多，感觉自己很厉害，但是一遇到大事就懵了，到此显现，是缺学问还是缺经济。

2）严重缺乏经历。

到此发现我们所有中国父母一个愚蠢的思维，就是想让自己的孩子不经历任何事，直接读本科，出人头地。例如，深层次觉醒。学问的体以红尘为体，学问的相以红尘为相，学问的用以红尘为用。

所有学问只有在经历这个载体的情况下才能够彻底引爆。

老板想成大事，必须扎根于深深的红尘世界。

能成大事，最核心在于情商、智商能力而在于福报？何为福报，即前三世已无力回天，我们能做的就是把握当下，一心渡人，能渡多少渡多少，即此生即圆满。

到此明了，智慧就是宇宙实相，实相即能量，智慧就是能量，通过宇宙能量的作用获得智慧。

直接从宇宙能量的特征获得智慧：

（1）持续运行。用在经营企业上，老板想成大事，持续运行。

（2）所有智慧和结果都是持续的显现。用在健康上，若想身体健康，持续运动，宇宙能量是活的；用在吃东西上，必须吃活的东西；用在老板的形象上，老板的形象必须是活的；用在老板的思维上，必须是活的。只有活的思维才能进入无限的空间，活动无限智慧。

（3）宇宙的能量是一体的，只是法相不同。用在夫妻的经营上，爱老公就是爱自己，爱自己就是爱老公。烧饭、洗衣、带孩子这些儿哪个女人都能干，所以你就没有竞争力。反过来，女人拼命地爱自己，提升形象气质、美貌、智慧，一转身吸引你的老公，从心底愿意爱你宠你，带你出门。拼命爱自己是婚姻幸福永恒的核心秘密。

用在企业经营上，爱自己就是爱员工，爱员工就是爱自己。想让员工爱你崇拜你，拼命地爱自己，全方位提升自己，一转身，将你的员工引领到一定高度。再具体地说，老板成长的速度有多快，员工跟的速度就有多快，即使员工的速度跟不上来，也有高人愿意跟上来，崇拜你跟随你。

总结：

到此明了，老板在智慧层面的修炼，不再是去学大师的结论，而是直接进入宇宙能量与能量和，生发出自己的结论和智慧。

所有佛祖圣贤都是因为触摸到宇宙能量而获得智慧。

建立强大自我的两个法门：

（1）浩瀚的人生经历跟阅历。意思指你经历过，你见过。别人没经历过，没见过，你讲话别人就得听着，被人越听着，你就越强大。

举例：你拜访顾客 18 次被顾客赶出来，别人没经历过，你讲话别人就得听着。你去过美国，他没去过，你讲话他就得听着。你见过主席，他没见过，你讲话他就得听着。

超越别人就是超越别人的经历跟阅历，所以我们不能逃避人和事，越是逃避就越没有经历和阅历。

（2）创造传奇的成果。创造别人做不到、不敢想、超越不了的成果，此时你只要讲话别人就得听着，别人越听越渺小，你越讲越强大。

总结一句话：两个法门的核心就是熟的影响生的。

价值观：价值观没有好与坏，对与错，只有你想成为什么样的人，你就要选择什么样的价值观。

举例：我此生要成为影响中国经济，度五万员工，影响无数人的企业家。所以我的价值观必须是事业价值观，以成就事业为我人生最大的快乐，以成就人为我人生最大的快乐。与之发生矛盾一切皆可抛弃。

五千年来凡成大业者都是痴迷于事业，偏执于事业，在常人眼中都不是正常人，他们都是以征服于事业，成就人为人生最大幸福。

7.2　人生成功的真相

人生能不能成功，在于利用优点特长，而不是改正缺点。

你能成功是因为绝大多数人希望你成功的结果。然而别人为什么希望你成功？别人希望你成功的原因是因为：他可以从你的成功当中获得好处（如果你想获得好处，别人得不到好处，那别人肯定就不支持你啊）。

我们每个人的成长就是伴随着一份爱的传递，伴随着爱的力量的成长。我们每个人的人生就是被无穷无尽的限制所阻碍，你不相信你的人生会有成就只有一个原因，你的爱不够，你能感受多少人的生命你就能爱多少人，你能爱多少人你才有相应的梦想，你有了梦想才会有驱动力，所以爱是一切驱动力的根源，当你有了爱，你就没有恐惧，你就不会瞻前顾后，你会勇于行动。一个人如果此生没有对很多人的生命带来巨大的影响和帮助，那么一生真的就是白活的，人生的价值就在于点亮别人的人生，点亮无数需要你帮助的人的生命，这就是人生的最大价值。

人生没有大成就的真相：

（1）你的爱太小，所以你的恐惧大过了你的爱，所以你停滞不前。

（2）你没有一种前瞻性的思维，你看不到你的未来，所以你没有希望。

（3）你不懂得借别人的力量为你所用，你没有找到顶尖高手来补上你的短板。

（4）你思维的高度决定你人生的结果。

人生要快乐其实很简单，我们的人生不会因为你赚了很多钱而快乐，但是一定会因为一种成就感而快乐，一定会因为一种分享的感觉而快乐，人生的快乐一定来自于分享，来自于成就感，来自于共同的创造，所以你必须要有团队，你需要一支完完全全正能量的团队。

世界上有三种人：

（1）一生追求能力的人。你需要付出很多的心血，而它会产生一个副作用，就是你越用心用力地追求，你越会感到精力的透支，能量的下降，筋疲力尽，这就是我们追求能力的结果，而所有我们人生创造的可能性都需要一份旺盛的生命力，一份热情、爱、快乐，来创造我们美好的人生，而你在追求能力的时候把自己拉到极低的层面，活在压抑和困顿当中，你的人生如何能有大成就？

（2）追求资源的人。比能力更高一个层面的追求叫资源，拥有能力的人将拼搏一生但不一定会有好的结果，但拥有资源的人却能够轻松地富有起来，因为他们找到一个焦点就是拥有资源，那么最明显的资源是什么，就是金钱，所以很多人说我要很多钱，其实他潜意识层面就是说他知道钱代表一种资源，他骨子里想要拥有资源，但是还有另一种资源，不是钱，而是人。借助资源之力令自己轻松地赚取财富，资源经过你的整合运营和重新配置，会自发地创造一种全新的价值，这就是追求资源所带来的一种价值。

（3）追求资产的人。每个人的成功都是在无数人帮助的基础上获得成功，每个人成功都是因为有贵人相助而成功，没有人会独自一个人成功，这就是规律，也就是你的人生要遇到怎样的贵人，贵人以怎样的方式帮助你，然后你和你的贵人经营出一段怎样的关系，然后你是否帮助贵人去放大某一种结果出来，这一切你和贵人的关系将决定你的人生。人生有好的结果就是无数贵人之间有好的互动过程带来的顺便的结果而已。所以你不需要靠自己来成功，但是你需要靠一群贵人与你生命相连，共同成功。

　　并不是资源越多的人就越幸福，如同我们微信群里面的伙伴并不是你微信里最有价值的部分，而唯有你经过筛选，把那些能和你的生命走到一起的人，筛出来之后，那群人才会成为和你生命相连的一群人，所以我们一定要有一个概念，就是从资源的思维升级到资产的思维。什么叫作资产，就是一项能源源不断给你创造被动收益的工具，这叫资产。当你拥有一种经营人脉资产的能力，你可以令一些人脉资产，每个月帮你赚来 2000 元的收益，然后你此生只要做一件事情，就是把这种人脉资产从 1 个变成 5 个，从 5 个变成 10 个，当这种人脉资产变成 10 个的时候，你的月收入就变成 2 万元了，当你的运营能力很强，你甚至可以运营 1000 个这种人脉资产为你所用的时候，就变成月收入 200 万元了，也就是说我们的运营资产能力会令我们的人生上不封顶。为什么他们会成为你的资产，只有一个原因，就是你付出你的心血给他们，你在帮助他们成长，你在为他们的未来付出你的心血，所以你和他们的生命会连接在一起，然后互相成为双方的资产。

　　过去我们学了很多东西，为什么人生结果不太好，是因为有很多课程让你的能量越学越低，所有在能力层面的课程都有可能带来这样的结果，比如你学销售课程，当你不断地去突破，对于少数人他们通过不断提升，能量会越来越高，但是对于绝大多数人，学了销售之后不断地挫败，给人生带来了很大的伤害，所以越销售能量越低，还有很多学了管理，结果发现越管理能量越低。

　　当我们看到古今中外那些伟大的人和伟大的事情时，我们常常有一个疑问，究竟是什么导致了这些了不起的成功？这些所谓成功的人或事，实际上归功于他们能够有效地解决问题。

　　丘吉尔也罢，拿破仑也罢，孙膑也罢，韦尔奇也罢，他们的成功归根结底是他们能够有效地解决问题。策略也好，执行也罢，不能解决问题都是空谈。

　　成功来源于解决问题，而不是那些理论，因为不解决问题，就不会有我们希望的结果。人类所有的活动都是为了解决各种各样的问题。

7.3　人生价值

　　人这一生，生命本身的感受是我们人生活着的意义和价值。我们活着是为什么？为我们自己的幸福感受而活着。人生就是活一个过程的感受。

我们成交的核心目标不是赚到钱，而是帮助我们的粉丝升级成为铁丝和钢丝，这样他才会在未来重复回来复购，并不停为我们转介绍更多的客户。这样我们才能在成交之后更精准地为他们创造最大化的价值。我们把我们的资源投放在我们已经成交的客户身上比我们漫天投放到无数对我们的产品不是很感兴趣的人身上的价值要高100倍。一定要去服务你的客户，把你最好的资源投放在你的成交客户身上，令他们收获到一份最大的价值。而对于我们自己而言，只有当我们把资源投放到对的人身上的时候，才有可能为我们创造出最大的价值，带来丰厚的利润。

生意之所以会越来越差，只有一个原因，就是当新客户来到一家企业的时候，感受不到成交后面带给他的那份独特的价值。客户在成交后没有得到100%的价值体验，所以他没有100%的认同你，所以当他成交之后，他就离开你了，他再也不会回来复购。当很多的企业无法把资源投放到他的老客户身上的时候，你会发现服务质量在急剧下滑，结果导致客户不断地流失。这就是导致企业生意越来越难做的原因。

每个人来到人世间，我们的核心使命就是需要在人世间创造一份属于我们自己的独特价值，只有在这份价值创造之中，我们才能找到我们自己。而唯有真正找到自己的人，才能发自内心深处感受到自己存在的那份价值感。而只有那份深刻的价值感才能令每一个人由心而发地感到一种喜悦和幸福。所以每个人来到人世间追求的其实是幸福和快乐，但是幸福和快乐绝对不仅仅是赚到钱就能带来的，而最深层次的幸福快乐一定是你在人世间，你对别人而言，你对这个世界，对别人贡献什么，创造什么，别人是怎样地需要你。所以呢，当我们从最深的人生底层去思索到人生的价值的时候，你会发现，成交的过程就是创造价值的过程。我们不可能取得很好的结果，除非我们在成交之前就能为客户带来极致的价值，当你愿意这样去做的时候，成交的结果会自然而然地发生。所以很多时候为什么我们成交会很难，其实原因很简单，就是因为我们太看重成交的结果本身了。其实成交之所以发生是因为价值到位的时候，成交就会自然地发生。所以我们怎样做到无销售成交呢，就是我们在成交之前，不断地给予客户远远超出产品本身的一份巨大的价值。为什么我们的合伙人会加入，是因为在加入之前，他们已经在群里深深感受到了那一份价值，那一份价值其实在埋单之前已经发生在你身上了。所以为什么成交会发生，是因为在成交动作之前，我们已经把这样的一份价值给到我们的潜在客户了，当他们拿到这份价值之后，他们是用自己已经获得的那份价值，拿出一部分来购买更高品质的一份价值，所以他们100%没有任何风险，他们充满了安全感，为什么，因为这一份价值在埋单之前已经完全得到了。

当你了解了这个规律以后，我们要做的就是不再为了成交而去销售，而是去创造出无销售的成交。让所有人都很快乐地接受我们，让一切的成交都自然而然地发生，让客户都追着你埋单。都在追着问你还有怎样更好的产品可以满足我的需求，我需要你的产品。当客户求着你埋单的时候，成交就自然而然地发生了。而这一切的前提就是你必须在成交之前，就为客户创造出巨大的、不可思议的价值。通常来讲，我们能给客户创造的价值有两种，第一种叫作财布施，第二种叫作法布施。

这世界上所有的好生意都是财布施的生意，财布施就是能够为他人创造出一份巨大价值的事业。产品销售的过程，它的本质是你能用一份巨大的价值去和客户手上有限的金钱进行交换。每个人为什么会花钱买东西，其实他买东西的时候只有一个目的，就是用他手上的钱去买到他心目中认为的更高的价值。用100元买到200元、300元的价值。所以每一个购买动作的后面都是客户的一种价值的增值。所有的销售就是去为客户创造价值增值的过程。所以，每个人都会很喜欢买东西，因为每一个人都深深地懂得，购买这个动作的目的是去交换到一份更大的价值，所以买到就是赚到。你之所以会花500元去买一件衣服，是因为你认为你花500元的那身衣服穿在你的身上给到你的愉悦，给到你那份自信，给到你那份享受生活的感觉，远远超出你所花的500元，所以买到的那个瞬间其实你已经赚到了，对吗？所以任何一个好生意，他的本质都是能够为客户带来一份更加巨大的、超越他给到你的金钱本身的、更加巨大的价值。所以一切好的事业，他的本质就是一个好的财布施的事业。也只有真正伟大的财布施的事业才能够成为最赚钱的事业。所以今天你所做的这个行业、项目，如果你认为比较难做，很难赚到钱，其实只有一个原因，就是你的产品或者项目它本身的价值是不够的，这是最本质、最核心的原因。

现在全世界最值钱的公司是苹果公司，为什么苹果公司如此赚钱，就是他的产品的价值太大了，无数人愿意掏钱花5000元买苹果手机，是因为给我们的那份价值感、尊贵感，那份生命体验的升级都是其他手机所没有的，他认为这手机给到我的价值值2万元，所以我只要买到这部手机，马上在我的心里面，相当于赚了 1.5 万元，所以为什么不买呢？这就是苹果手机为什么卖得这么好的真相。同样我们有另外一种选择，就是省点儿钱买三星手机。虽然你也可以花2000 元买三星手机省几千元，但是省了这几千元你并不开心，为什么，因为你会觉得省这几千元，但是你生命的品质下降了，你让自己丧失了很多拥有更美好体验的机会，对吗？所以你觉得亏大了。所以真正成交的高手一定是有能力给到客户一种感觉，如果你不买我的产品你就亏大了，就是这种感觉。

当你能够真正使客户有不买你的产品就亏大了的感觉的时候，你的产品马上就成功了。那么你此时此刻会不会觉得如果你没有看到这堂课而感到后怕呢，毫无疑问，如果你有这种感觉，就是因为当你进到这个课堂的时候，你发现我们讲的课都在颠覆你对商业世界的认知，而我们讲的课是无数课堂里没有人会讲给你听的，而我讲给你的这部分才是这个世界，这个商业最核心、最精髓的规律、心法，而每一位深深懂得这个心法的伙伴，你们都会感受到当你学到这一刻的时候你拥有这个心法，你已经远远超越了绝大多数 99% 你身边的人了，而当你懂得这个心法的时候你会发现，你的人生要想富有起来，你要变得值钱起来，你要有能力去为这个世界创造更大的财富，它只是一个时间问题，因为你对自己更加有把握了，对自己的人生更加有把握了，这是这个课程给到你的一份你过去没有想象到的价值，对吗？所以今天你有没有发现，这份课程给你的感觉是极其超值的呢？每个人要把我们的产品卖好，我们一定要懂得创造以财布施为核心的营销流程，一定要懂得去打造营销流程，而当我们打造营销流程后，这套流程就会成为你财富的源泉。

在这个社会上很多人不愿意做好事，不愿意付出，核心原因就是无数人不懂营销。也就是当你认为你为别人付出的一切都是一种损失，它不会回馈到你身上，你会拿不回来的时候，于是你就会变得自私。而一个社会为什么会变得高尚，正是因为你懂得，当你为这个社会回馈这份价值的时候，这份价值一定会成倍回馈到你身上，你必定会变成一个高尚的人，对吗？所以，每一个人都会发现，当你真正懂得一些系统的时候，你才会真正看到，你对别人，对这个人世间所做的一切是怎样回馈到你身上的。当你看懂了万事万物的规律，宇宙的规律的时候，你会发现付出的所有一切，都会带着成倍的能量回到你的身上，于是你就自然而然变得大爱了。当你对着你身边的某一个人付出的时候，当你知道他是一个自私的人的时候，那么你肯定不愿意付出，是吗？而当你发现你身边 80% 的人是自私的人的时候，你就不愿意对他们付出，对吗？于是你发现你身边只有 20% 的人是大方的、懂得感恩的，于是你只会对他们付出，对吗？因为你会去衡量自己每一分付出后面的价值和回报，这就是人性。

人性本身就是追求一种安全感，追求价值最大化，但是人性没有错，人性的本质就是要保护自己，这是没错的，但人性的本质会让无数人被人性所限。但当你每时每刻想着保护自己的时候，你一定会更加的保守，更加的自私，更加的封闭自己，于是你对这个世界的贡献就会更小，对吗？过去我们不愿意对很多人付出，因为你会发现你的付出基本收不回来，你借给别人的钱要不回来，你发现越大方的人越吃亏，所以在现实的生活中，无数的人都会变得越自私，甚至当身边的人需要帮助的时候，能够伸出援手的人都是极少极少的。而当今天我们拥有了微信这个工具的时候，群里不可能每个人都懂得感恩，懂得付出，但我对一个人讲，对一百个人，对一万个人讲，对我而言，我的成本都是一样的。既然成本都一样，我干吗要去计较这里面到底多少人是懂得感恩呢，多少人有可能会成为我的铁丝钢丝，多少人是麻木不仁的人，一辈子也可能跟我没有再深的联系呢，我干吗计较这个呢。当我们运用微信后，你对这个人世间创造倍增的价值的时候，你所付出的成本并没有增加。这就意味着，当我这份价值，能够贡献给一百个人的时候一定比贡献给十个人价值要大十倍，能够贡献给十万个人的时候一定比贡献给十个人的价值大一万倍。那么经由这样一个工具，我们人生的价值几乎有可能达到一种无法衡量、不可思议的结果。

所以我们要记住，一切生意都是财布施的生意，我们今天之所以会去选择一些产品、一些项目，我们的核心出发点一定不是为了这些产品项目让我们赚到钱，如果你以赚钱为出发点，去选择产品项目，一定是选错了，而且当你选错的时候，毫无疑问你的结果一定是很难赚到钱，大家一定要重新去找到我们人生中的核心，我们活在人世间，我们的价值就是要去帮助别人，这是核心的价值，而我们所选择的产品项目只是一个工具，让我们去实现我们要去帮助到这个世界的一个梦想的一个工具。我们经由这个工具去了却我们人生中巨大的梦想，就是为这个世界创造价值，帮助无数人实现他们的梦想，满足他们的需求，而在这个过程中，顺便去赚取到一份合理的回报。而你所贡献的价值一定会比你赚取到的回报大 10 倍以上，所以这个过程中他一定叫作财布施，因为回报到你身上的只是 10%，所以他一定是财布施。当你这样去做的时候，你一定会得到一种巨大的价值感，人生的价值感从哪里来，一定是你对这个世界所创造的价值你认为远远大于你所索取的时候，你就感觉到价值了。就好像有些人，他很自私，他很小气，他赚到口袋里10万元，因为他很自私，所以相应地他只给了世界10万元的价值，和得到的那份价值是对等的，所以他赚到了钱但是他没有价值感，因为他得到了对等的回报。而有一种人很有价值感，就是他给世界创造了100万元的价值，但他只拿了10万元的回报，他额外地多创造了90万元的价值，所以他会有一种生命的价值感和喜悦感。那是一份沉甸甸的自信的感觉，所以这是由心而发的。还有一种人，他赚到了10万元，但是他是坑蒙拐骗，他给到别人的是2万元的价值，他有8万元是昧着良心赚到的，所以他寝食不安。所以当我们经营一份美好的事业的时候，我们每个人一定要摆正心态，我们经营这份事业，核心就是要帮助别人解决问题的，而且我们一定会通过我们专业度的提升，通过我们服务品质的提升，确保我们给到对方的价值一定超过价格10倍以上，当你深深相信你的产品一定超过你的价格10倍以上的时候，你再进行销售，一定会感觉非常有底气、非常有魄力，你敢于要求你的客户，拍着胸脯保证，你今天如果没有被我成交那一定是你人生中最大的损失，我渴望成交你，只是因为我太渴望帮助你了，我知道你有这样的需要，我一定能解决你的问题。当你有这份底气的时候，你的精神能力如此强大，你给到客户的价值和体验一定是如此有能量的。所以各位伙伴，如果今天你发现你的事业无法给你一种帮助别人而产生的巨大的价值感以及成就感的时候，那么各位伙伴，今天你该好好地重新选择一下是不是应该换换行业了，或者该换一个产品了。

我们经营我们的事业，除了给我们的客户带来财布施之外，我们还能给他们带来法布施，就是通过你的帮助提升了他们的智慧，给他们带来了快乐，带来了成长，就叫作法布施。而且我确信我现在做的这件事就是法布施。因为我相信无数人已经看到了，感受到了自己人生的另一条路，感受到了一个从来没有感受到的世界，而且从这一刻开始，我相信每一个人会觉得生命当中升腾出一种生命的喜悦感，因为你会发现从此以后你只要做着一件让自己极其开心的事情，然后顺便一切都拥有了，不但拥有财富而且拥有快乐，拥有无尽的成就感，对吗？那么我们经营我们的事业、产品，也可以给我们的客户带来一种布施叫作无畏布施。无畏布施就是给他们勇气，给他们行动力，给他们一种强大的精神力量。很多的人，为什么人生没有成就，其实很多时候是因为自己的信念阻碍了自己，是因为自己根本不相信自己的人生对这个世界会有一份价值，自己根本不相信自己是有能力的人，根本不相信自己对这个世界有用，所以当无数人根本不相信自己的时候，自己活得都没有能量，而且活得极其灰暗。而我相信，人生的那一点点光明，是可以通过教育来打开的。就相当于你今天来听这堂课，我相信你感觉到的那种光与热，一定和你进到这个课堂一个小时之前感受到的是完全不同的，对吗？所以如果你感受到这样一份能量的升腾的话，一定是我们这个群里的这份教育在每个人的内心中种下的一颗种子所带来的无畏的能量，所以这就叫作无畏布施。所以每位伙伴，从此我们要思考三个层面，财布施、法布施、无畏布施，我们要力争做到我们的产品本身要给客户创造 10 倍以上的价值，同时我们要力争能够在精神层面给客户带来更多的价值，不但是物质层面，情感层面，更多的是精神层面给客户带来更多的价值，我们要让客户因为感受到精神能量的升腾，感到无比的兴奋而尖叫。所以给客户创造价值就要创造到让客户尖叫的程度，这才是最大的价值。

法布施给出的是一种方法、策略，是一种智慧，法布施和财布施相比是一种不同寻常的特性，财布施施予方给出的是一种有形的物质给予。比如一个苹果，如果你分给一百个人去享用，每个人所享用到的是非常有限的，但是如果你有一份智慧，可不可以分享给一千个人，如果苹果分给一千个人，那么每个人完全没有感觉。但是一份智慧你分给一千个人，如果这一千个人都有极强的学习能力，那就意味着这一千份智慧都会装进别人的脑袋，变成一千份智慧。而对于施予方而言他的智慧没有丝毫的减少，所以这就是法布施的价值，法布施在为这个社会创造巨大的价值而且毫无成本。如果我们不懂法布施，那么我们对别人的帮助一定是非常有限的，比如你是一个医生，病人来找你看病，如果你只会治病，那么你只有能解决这个病人当下问题的能力，如果在治病这个能力之外你愿意做法布施的时候，你会告诉病人他今天会生病有可能是因为 3 个不良的习惯，如果能够去克服这 3 个习惯，以后再也不会生这个病了，他以后再也不用来找你看病了，如果你把这个方法教出去，这就是法布施。我们有句俗语叫"授人以鱼不如授人以渔"，很多人不认同这句话，认为教会了徒弟就饿死了师傅，所以都不愿意教别人到底是用什么样的方法解决根本问题。当你有这样的思维的时候，我告诉你，你一定是普通人，如果你有方法不愿意传授给别人，你担心教给他你以后赚不到钱，那么毫无疑问你一定不太富有。我们知道一句话，"道者，反之动"，谁说的，老子说的。

我们每一位真正能从芸芸众生中脱颖而出的非凡的人，一定是因为他们和普通人的思维模式和行为模式是相反的，因为人的本性就是自私，人的本性就是贪婪，所以普天下无数的普通人都被人性所困，他们都没有办法战胜自己的自私，战胜自己的贪婪，他们都无法发自内心深处地帮助他人。而今天如果你做到了，那么你就是在创造一个不一样的世界。那么过去我们也比较自私，我们担心教会徒弟饿死师傅，但是当我们保有这样的一份自私，当我们被人性的自私、贪婪所阻碍的时候，我们都无法使自己变得富有，而当你今天打开心胸去为别人贡献价值的时候，你会发现的的确确你会有损失，你会发现本来反复向你购买的客户，他的问题解决了，再也不找你购买了，你会有金钱上的损失，但毫无疑问，你会得到更多，得到口碑的相传，得到别人发自内心地想和你相交，得到更多人生当中的可能性，得到无数人对你人品的认可，所有的这一切才是你人生中最宝贵的资产，所以当你这么做的时候，一定会有无数人带着最好的机会想拉你一把。

举个例子，我们有些伙伴是卖素食减肥产品的，那么每个人潜意识当中，肯定很想把自己的产品卖好，结果下意识一开口就跟客户直接讲产品，所以所有人就怕你开口，你一开口别人就吓跑了，你根本没有多少机会和别人深入地交流。但大家想一想，如果你是一个营养专家，你一定会有除了你的产品之外的在你的知识结构当中能够去帮客户解决问题的核心能力，如果你有这样的专业素养，你一定会懂得3种以上不需要靠任何的产品，只要他有毅力就能做到减肥成功的方法，并且没有任何副作用，并且不用花钱。如果你愿意每天去推广这些不用花钱而且非常有效的方法，别人愿不愿意听你交流呢，毫无疑问每个人都很愿意，因为他们知道你不是卖产品的，但是你想一想，当你持续不断去帮那么多人的时候，有没有人会因为接受了你的帮助而得到效果，于是他会介绍更多人给你，会不会？于是你的客户会急剧增多起来，当你的客户增加起来的时候你会发现，当中一定会有一大部分因为听到你的介绍已经解决了根本的问题了，所以你赚不到一分钱，但是他们当中一定会有一部分客户，虽然他们用了你的方法很有效果，但是没有完全解决，于是你建议他们使用你的产品的话，他们会100%地相信你，使用你的产品，对吗。最关键的是，所有买了你的产品的伙伴，因为他们用了你的产品之后很有效果，那么他们一定会为你转介绍，所有没有买你的产品的伙伴因为得到了你的法布施，解决了他们的问题他们同样会为你转介绍，所有不管用没用你的产品的都为你转介绍，你想你的生意还会难做吗？

所有微信社群比拼到最后，比拼的一定就是创造价值的能力，创造价值的能力就是创造财富的能力，这份财富不一定是为自己创造的，你是为他人、为这个社会创造的。创造财富的能力最终决定你拥有财富的能力，对吗？所以我们必须让自己成为一个专家，因为你自己的一份专业的高度，因为这样的一份专业的高度它一定会解决你吸粉的问题，解决你如何寻找客户的问题，因为你的专业高度一定会解决到让你无形中无时无刻地进行大量的法布施，不断去创造倍增的财富、倍增的价值，而这一切最终一定会有一部分沉淀成为你销售的结果，沉淀成为你转介绍的成果，成为你事业中不断增加的资产。所以，你的人生一定会富有起来。

那我们看看，每个人的人生，怎样创造价值，首先一个核心，一定是以智慧为核心，我们要去做法布施、财布施，也是洋溢着一种精神光芒的财布施，它不能是单纯的财布施，所以我们为什么要做营销布局，为什么要去提高价值，我们要让所有的财布施都具备十倍、百倍的能量，这一定是一份所谓的精神能量的价值所带来的。所以我们一定是以智慧为核心，所以我们今天为什么要不断地学习，只有通过学习提高了你的智慧，才提高了我们对这个世界创造价值的根本。如果你没有智慧，你根本没有创造价值的能力的核心源泉，而没有这个源泉你的人生真的很难富有起来。这个人生，你对所有人的帮助呢，它是一个圆，这个圆是以你的这份智慧为核心的，以你帮助的人为半径，人生就是画一个巨大的圆，帮助的人越多，你的智慧越大，你所覆盖的面积就越大，覆盖的世界就越大，最终当有一天，你的智慧越来越高，快速成长的时候，你帮助的人越来越多，你会发现整个世界都笼罩在你的价值当中，于是你拥有了你在这个人世间无与伦比的一份价值感，这就是我们人生中每个人都要去追求的感觉，大家说对吗？

一个人当你真正实现自我的无私的时候，你的小我就放大了，人为什么自私，因为自我太小了，你天天想着自己，自己太小了，对吗？而真的有一天当你不断为别人去付出，为世界去贡献的时候，你发现你的心不再局限于你的身上，你放在世界的身上的时候，你的心变大了，所以你对万事万物更加有感知力，你才能感受到人世间的种种美好和喜悦，对吗？只有这个时候，你的人生价值才会真正地显现出来，从此，当你的心胸开阔、格局放大的时候，你的人生再也不缺人脉、不缺智慧、不缺福报了，因此，你的人生自然再也不缺钱了。

重复一遍：一个人的价值，就是你对一个人的帮助的价值有多少，然后乘以你帮助了多少人，这才是你真正的价值。

7.4　人生效率论

如何提升工作效率、生活效率乃至人生效率?

(1) 做有价值的事情。

(2) 交往有价值的人。

我认为,最最简单的常识当然就是降低你的时间成本和精力成本,提升你的价值观取向。

换句更直接的话来说,就是要把我们有限的时间精力聚焦到能提升我们生活品质与人生境界的结果路径上,而不是耗费那些跟你毫无关系甚至阻碍你前行的消极能量上。

如争辩、计较、抱怨社会、怨恨别人、甚至想尽一切手段打压别人,这些行为能让你进步吗?

有些人一边在别人那里获得好处,一边在怪罪别人,只要利益供给者有一点点不能满足他,就开始有负面情绪,这一现象,在互联网时代显得更为显著,因为互联网环境给了他们一个可以恣意宣泄的空间。

明明在用 360 的产品保护自己的电脑,还老是不满;一边用百度公司的产品一边指责百度;一边在用腾讯公司的微信公众号做事情,还这里不满那里不满……你要知道,他们是免费提供给你的啊,而且给我们的生活带来了多大的便利啊。

我看很多公众号的文章内容都挺好的,挺有价值,无数博主殚精竭虑地在提供好内容,不是有意义,就是有意思,至少在提升你的世界观啊,但为什么偏偏很多人不关注自己收获到了什么,动不动就把"这个垃圾""那个是废话"挂在嘴边,成了专业的差评师!

我身边有不少热爱学习的朋友,立场非常坚定地回答我:"学习别人优点的时间都不够,还哪有精力去指责别人的不是"。

看,这就是生活效率高的人,他们的精力都聚焦到能帮助自己提升的路径上了。

不可否认,绝大多数东西都不可能足够完美,但其中一定有可取之处,我们为什么不能用谦卑与感恩的心态去汲取适合你的营养，偏偏老去挑别人的毛病，难怪钱钟书先生讲："鸡能生蛋，也要拉屎，我们应该吸取哪一个?"

因此，就出现了屌丝这个词!

在我个人看来，屌丝并不是以财富的多少来分类的，而是以思维来看的，是富人思维还是穷人思维。

富人之所以能成为富人，就是因为他们把有限的精力聚焦到了提升人生境界和生活品质上，他们效率高，所以才能先到达成功的彼岸。

而无数人一辈子都是穷人，不是在关注一些鸡毛蒜皮，就是在跟别人找碴儿、计较、争辩、愤懑，光阴一点一滴就逝去了，更有甚者，还在嘲笑成功者，这般人，废了!

基于此等现象，对生意人和企业家而言，我一贯都有一个价值观，这也是一个重要准则——要想提升你的事业成效，绝不服务屌丝思维的人。

用我们的商业行话来讲，客户定位一定不能低端，因为他们有足够的耐力拉着你前行，他们付出很少却要求奇高，你是没有时间精力跟他们纠缠的。

我们要用有限的精力去服务那些高质量的顾客，果断舍弃一部分钉子户客户，如此，我们的做事效率才能真正提升，企业发展才能真正有盼头。

若不是这样，你的时间精力又耗费在他们身上了，走着走着，你也被拖垮了，回头才发现，你并没有聚焦到让你向上的结果上，换句话说，你本身就成了一个屌丝思维的人，你也要接受批评。

这正让我想起了一个故事：古时候有个人说 $3 \times 8 = 24$，有一个人说等于 23。争来争去闹到县官处，县官听明来由，把说 $3 \times 8 = 24$ 的那位拖下去打了。县官严厉地训斥道：你明知道答案还跟对方争，你傻啊!

在我看来，这位县官的意思很明确，无非就是："你傻啊，明知道 $3 \times 8 = 24$，你还跟这个屌丝争得面红耳赤，不如把这时间花到给老子修水库去，还能挣二两银子，难怪你的生活品质和做事的效率这么低!"

这个世界上并不是所有把时间用得极其饱和有效率的人都是会创造人生结果的人，原因是如果没有站到人生规划的高度和布局，你的人生很容易走弯路，时间用得越多越容易浪费。

我们在进行高效的时间管理之前，必须先想明白我们的人生要去到哪里，然后再安排好时间，否则你用到淋漓尽致的时间可能都是浪费的。

绝大多数人一生没有取得成功或者付出巨大代价，原因在于目的不清，好不容易爬到梯子的顶端才发现梯子靠错了墙。比如，拼命把时间和精力耗在一件事上，最后却发现所获得的根本不是自己想要的。

我们经常会看到这样的情景：一些人在网游上一耗就是半夜，一喝酒就是半天，一打牌就打得筋疲力尽。为什么他们这样耗费时光？因为他们心中缺少目标！没有目标导致他们整日无所事事，没有目标导致他们工作没有方向，没有目标导致他们总是做些低效的或者无效的事情。

成功者都有一个共同的特征，就是他们拥有目标。有了目标才有努力的方向，有了目标才有工作的动力。

7.5　付出是成功的唯一出路

付出是成功的唯一出路。因为，"将欲取之，必先予之"。这是付出的真谛。我想要得到什么，就要先付出什么。为什么我现在的结果不好？客户拒绝我，朋友不喜欢我，家人不支持我，每天都有很多事情困扰着我。

我现在应该静下心来深深反省，我缺金钱，我缺快乐，我缺朋友，我缺客户，造成这一切的原因都是因为我付出的还不够。宇宙有一个因果法则，种瓜得瓜，种豆得豆，这是因果，种瓜想得豆，种豆想得瓜，这违反了因果，是得不到结果的。

我现在的人生都是我吸引而来的，是我的思想造成的。有什么样的思想，就会有什么样的行为，有什么样的行为就会有什么样的结果。我的人生都是我说出来的，如果我整天说的都是负能量的词语，满脑子想的都是负能量的思想，那这些麻烦就真的会被我的思想所吸引，来到我的身边。从今天开始，我要改变这种负能量的思想，我要逆转我的人生，我深深知道，赚钱是结果，没有赚钱的能力才是原因！

如果我还没有成功，那就说明过去我没有种下成功的种子。我没有销售业绩，那就说明我还没有种下提升业绩的种子。我没有好朋友，那就说明我没有种下让别人成为我好朋友的种子。

付出是成功的唯一出路。我知道，在生活中，为什么那个人不跟我打招呼？为什么那个人不请我吃饭？为什么那个美女不和我说话？因为我知道，那个人曾经和他打过招呼，那个人曾经请他吃过饭，那个人曾经帮助过美女。别人是先有舍才有得。我不播下种子就想收获稻谷，不种下果树就想吃水果，不学习销售技巧就想要成交，这是痴心妄想，我知道这并不是我。从现在开始，我要为我的未来播撒成功的种子。

如果想改变命运，要先改变思想，从而改变行为，进而改变结果。因此如果我们希望有好的结果，就要主动去改变思想，在学习的过程中进行深度思考，从而改变，改变是从做决定的一刹那开始，从开始行动的那一刻就开始了！

我知道：世界上没有一件事是偶然发生的，当我看到别人那么成功，一定是别人付出的比我多，当我看到别人开豪车住豪宅，事业有成，功成名就，越成功的人付出的一定比越别人多，当我看到有人在舞台上发表有魅力的演讲，一定是他在台下付出了非常多的精力去练习。

我知道任何人的成功都不是偶然，而是必然，每一件事的发生必有其原因。这是宇宙的定律。我的命运也遵循这个定律。我今天有什么样的思想，有什么样的语言，有什么样的行为，在未来都会变成一个结果。

我知道：如果我的因是好的，那么我的果也是好的；如果我的因是坏的，那么我的果也是坏的。我未来的人生，都是我现在的思想造成的，现在我是种善因还是种恶因，都是由我自己来决定。我的命运不是天生注定的，命运掌握在我的手上。

因此，我要改变命运，必须要先注意我的每一个想法。我的起心动念会引发什么语言、造成什么行为，我的语言和行为会导致什么结果。从现在开始，我要心怀正心、正念、正能量，不断地付出正面，才能收获正面。

当一个人付出的是真心，那么获得的结果必将也是真心。一个人奉献的是爱，那么获得的结果必将也是爱。所以，一个团队想要有凝聚力、有爱心、有氛围，必须要学会付出精神，只有发自内心地付出才能得到客户的回报。

付出就是舍得，道的最高境界，就是大舍，唯有大舍，才能大得。当真正通过一个产品，通过一个项目，去帮助别人的时候，这个社会会回报的，客户会回报的。

我知道：付出就要坚持，坚持就是眼光，我要有眼光，要看得更远一些，眼光是用来看未来的。

为什么很多销售员没有业绩，因为他们有一个穷人的心态，总想一夜暴富。没有付出精神，没有付出就没有回报。就像一粒种子，把它种下去以后，需要浇水、施肥、锄草、杀虫，最后才会长成参天大树。很多人失败的原因就是因为急功近利，想马上得到回报。我知道，天下没有白吃的午餐，没有随随便便的成功，成功不是偶然，而是必然，选择付出就要坚持。

有一位抱着柴火的人坐在寒冷的夜里，对着一只因缺柴而熄灭的大火炉叫道："你什么时候给我温暖，我什么时候才会给你添加柴火。"殊不知，你不先给火炉添加柴火，火炉怎么会给你温暖？

只有当和你交往的人，感觉到与你交往过程中有获益时，人们才会回馈更多。一个只想自己、只算计自己能收益多少的人，最终不会获得他想要的，甚至他永不知道满足。

7.6　成功的方法就是复制学习

竞争对手定位：选对了竞争对手，相当于选对了合作伙伴！

学习定位：向老师学习，跟老师合作，超越老师。

搜狐、QQ、阿里巴巴、淘宝、滴滴打车等案例证明，把世界上已经发生并证明行之有效的商业活动复制到中国来是成功最大的捷径！

成功最快速的方法就是复制。

你要找一个世界级的榜样去学习！学习世界第一，变中国第一。学习中国第一，变某省第一。QQ学习ICQ，阿里巴巴学习亚马逊，百度学习谷歌。

比如华为的任正非向美国学习技术，向日本学习管理。

举例：要做促销活动的时候，我不知道如何吸引客户过来，那怎么办？大部分人存在这些误区。多是靠自己的思维来想，因为自己想到的是最有限的。脑子里没这个概念，也就是说想不到更多的想法，对不对。现在不是流行有事找百度吗？于是大部分人都在网上搜，但是网上搜的时候基础的知识是有的，但真正专业的知识99%是不会公布的。花点小钱去学习别人已经成功了的经验是有必要的。不要在意这些小钱，你摸索三天、三个月，甚至是三年也不一定能摸索出来。但专业人士一句话你就会明白了。有句话说得好，读万卷书不如行万里路、行万里路不如阅人无数、阅人无数不如名师指路。

7.7　成功不是坚持的，而是因为喜爱

小时候，老师告诉我们：人的体内都有一个勤奋的小人和一个懒惰的小人，当你犹豫不决时他俩就会打架。小学时勤奋小人经常把懒惰小人打得落花流水，初中时就打成平手了，到高中时懒惰小人逐渐占了上风。可是到了大学，我忽然发现他俩不打架了，原来，勤奋小人被打死了！

其实，勤奋小人和懒惰小人就是你的意识和潜意识。人的改变就在潜意识，潜意识改变了人才能真正改变，潜意识学到了才是真正学到了。我们常说"只要坚持就一定会成功"，其实成功不是坚持的，坚持是坚持不下去的。所谓坚持，就是潜意识不想做，意识非得逼着它做，意识看着潜意识是看不住的，就像警察无法看住小偷一样。

成功学让我们看到了坚持就能成功的例子，但那样的只是极少的部分而已，人生只有短短的几十年，没有那么多的时间耗费在"坚持"上，用坚持来获取成功，投资回报率太低。

要想做成一件事，必须要引导你的潜意识喜欢，只有潜意识愿意去做了，才会产生持续不断的动力，思想才能冒出灵感的火花。

成功不是坚持的，而是因为喜爱。比如读书，如果你一开始不喜欢读书，当你坚持久了，就变成了一种习惯，自然就会变成一种喜爱。

达·芬奇花费3年时间画一颗鸡蛋。齐白石27岁起，数十年如一日几乎没有一天不画画。

这些人为什么这么厉害，能成为大师？因为他们每天的重复练习，终于将一项技能变成自己身体的一部分，成为一种习惯。所以说，没有所谓的天才，只有重复的练习。没有所谓的才华，是经由反复训练，最后不断修正学习而来。最厉害的高手，往往是将一项技能训练成自己下意识的习惯，所有的反应都不用思考就自动生成。把简单的招数重复练到极致就是绝招。

7.8　人性的终极奥秘

吸引人心的终极成交奥秘。

女人到底想要什么？无论她看起来想要什么，她想要的终归只有两样东西：很多的爱和很多的安全感。

营销又何尝不是？顾客在购买任何一件产品时，一定存在两种典型的心理：一边期待产品的价值，因为他想得到满足；一边害怕，因为他担心购买的风险，你在买东西的时候，不也是这么想的吗？一边渴望得到，一边害怕风险！这就是顾客的人性！

那么，到底什么叫人性？不管以前有多少人定义过，也不管他们以什么方式阐述过，在我看来，非常简单的一句话就可以概括，即那些普遍潜藏在人们心中的、与生俱来的、想做或者不想做某一件事情背后的原动力，就是人性！

为了让你更能理解，我们再继续看几种人性。

自私：自私是人的天性，这是与生俱来的，人们做很多事情，是因为自私，要不然，人们大部分的行为不会产生。你是公司的老板，如果你没有从某些管理机制上满足员工的自私，你想让他全身心地为公司拼命工作，那就是你的幼稚！因为你不了解人性！

又如，众生的人性：名和利，精神。

且看大千世界，芸芸众生，背井离乡，奔波江湖，出世入世，上下求索，寻寻觅觅，他们在寻觅什么？为何而寻觅？他们在寻觅名、利和精神，具体来说，这三大追求是令众生产生行为的三个核心原动力。不管是谁，只要他还身在红尘，就没有办法脱离这三大人性当中的至少一种人性。换句话说，这是营销任何人的三大核心驱动力！

为什么市场上教人演说的培训课程总是最受欢迎，可以说受众生追随，要营销这种虚拟式的产品，其实非常简单，不管塑造多少种价值，核心的宗旨就是拿"名"和"利"搞定你就行了，因为这是任何人的人性，一般人没办法抗拒，有点智慧的演说培训企业就应该这么告诉你，当你学会演说之后，你可以通过演说倍增财富，成为众星捧月的名人！

管理学到底难不难？换句说话，领导员工到底难不难？绝大多数的老板管理出现障碍，都是没抓到根本，所有策略和制度都是外围，所有的激励都没有办法持续下去，尤其是口号性的激励更是花拳绣腿，驾驭人必须从根源人性入手，员工跟你一起做事是为什么？通常情况下，只为名和利。换句话说，要想让员工把全身心交给公司，领导人的核心所为，只是在权衡名和利的分发，一个公司从创业开始，一直到壮大，管理上的核心问题就是这个！

员工之所以辞职，原因林林总总，最真实的只有两个：①钱没给到位；②心受委屈了。这是马云的原话。而员工的心之所以会受委屈，核心的表现无非就是："为什么我干的绩效比他多，而获得的酬劳比他少；为什么我干得比他好，而提拔的却是他？"员工的心理不平衡，是造成他受委屈的根源！

过去的战乱时代，快马厮杀，谋权夺位，无非只是为了名和利。

另外，还有一部分文人志士为了精神！屈原为了境界，以身殉国，投江寻找的是精神世界，因为他不觉得投江是一种痛苦，反而是解脱痛苦！当然，我不鼓励你也这么干，因为你还壮志未酬！

所以，你会发现，现在无数的富豪，功成名就之后，很多都会去干一件事——拜佛，为什么要拜佛？找精神世界嘛！具体一点儿说，他们想去的终极归宿，也就是佛教倡导的所谓世外桃源——极乐世界！

7.9 自私是人的本性

当今世界最持久而强大的力量既不是体制，也不是氢弹，而是人类的本性。统治世界的本质力量是人性，而不是政府。一个人可以改变人类的体制，但不能改变人类的本性。所以遵循人性才能造就伟大的成功。

一位高官到县城视察，县城进行交通管制，几条主路被封锁，行人都被堵在路上，怨声载道。人群中一位年轻的母亲也在小声抱怨，这种侵犯民权的特权现象让她忍无可忍。可当那位高官的车队经过之时，她却摸着孩子的头说："孩子，你将来要是也能这么威风，妈就满足了！"

我们恨贪官，又拼命报考公务员。我们骂垄断，又拼命往垄断企业钻。我们讥讽不正之风，自己办事却钻门盗洞找关系。其实，我们愤怒，不是因为觉得不公平，而是觉得自己处在不公平中的不利位置，我们不是想消灭这种不公平，而是想让自己处在不公平中的有利位置！

不要抱怨，这才是人性的本质。每个人都会选择给自己利益的最佳行为，所以自私是人的天性。一个人不管做什么事，以什么样的理由，其终极目的一定是为自己的，只是有可能他自己都未觉察，还以为是为了别人。

所以，当我们把人性读懂了，很多事情就看透了，自私只是本能，并不是坏事，相反，恰恰是因为自私才有动力，而这正是我们可以利用的。

有智慧的人用无私成就自己的自私，愚蠢的人用自私成全自己的自私。

满足更多人的自私，才能成就自己的自私！

7.10　沟通的艺术

7.10.1　真诚地赞美客户

建立信任最快的方法，就是不断地让客户感觉跟你在一起很开心，跟你沟通跟你聊天是一种享受。因为你懂得赞美客户、认同客户、关心客户，客户感觉到了你的用心，所以语言是世界上最厉害的武器，每一个人都喜欢别人的肯定，每一个人都喜欢听到好话，见到客户如何瞬间打开客户的心门？你一见到客户就要讲客户喜欢听的话，而不是你想讲的话。

各位，千万不要误解我的意思，我不是叫你拍马屁，我是想要告诉你，人都喜欢听好话，不是叫你一味地虚伪阿谀奉承，面对客户要用心去赞美，要真诚地赞美，而不是虚伪地赞美，你的赞美要有理由、有依据，不是凭空乱讲，讲出客户有但是别人没有的优点，而且是你很羡慕的，这叫作真诚的赞美。

比如你的皮肤还不错，看到客户你说客户皮肤真好，也许客户的皮肤并没有你好，客户会感觉你是故意嘲笑他皮肤不好，你就不要赞美他皮肤，你要讲客户的优点。

赞美分为外在赞美和内在赞美：

外在的，比如，你可以赞美客户的身高比你高，客户的身材比你好，客户长得比你漂亮，客户比你帅，客户的眼睛很迷人，客户的头发乌黑亮丽，客户的笑容很甜美，等等。一定要讲客户的优点。

内在的，比如，你可以赞美客户是一个有决断力的人，客户做决定很快我很佩服，客户是一个待人热情的人，客户是一个有远见的人，客户是一个有智慧的人，有爱心的人，等等。

比如你的小孩考试成绩很好，你看到客户的小孩，你不要说你小孩考试成绩真好，客户会认为你在嘲笑讥讽他，你在凸显你的小孩成绩有多好，你要说，你孩子的性格真开朗，我孩子就是一个书呆子，性格就是没有你孩子开朗，我真羡慕你孩子。

这样讲才是真诚地赞美客户，不是虚伪的赞美，你要讲出客户有，别人没有的，你没有的，这才是真诚的赞美。赞美一个人的行为，他就会重复不断地加强那个行为，你批评某一个行为，他就会停止消失那个行为，人会朝你赞美的地方走，会朝你赞美的地方做，所以你赞美客户，能增进你们之间的关系，建立信任。

7.10.2　聊客户的兴趣爱好

厉害的高手见到有意向的客户都不是直接讲解他的公司他的事业，而是跟他们闲聊，当他发现客户很喜欢喝茶，他就陪客户聊喝茶，他发现客户喜欢喝酒，他就陪客户聊喝酒，他发现客户喜欢历史就聊历史。

当他发现有很多老板产品不好卖，不懂营销不懂商业模式，招不到人才，员工素质差，等等，他就和很多老板分享他是怎么做营销的，他是怎么提升团队销售技巧的、怎么带团队的。所以很多老板看到他这么厉害，情愿被他整合。

所以很多人很喜欢跟他聊天，觉得这个人有内涵有深度。跟他聊天可以学到很多东西。所以当一个人喜欢跟你聊天的时候，他就会对你感兴趣，他就会相信你，当你讲对方喜欢听的话，然后再去慢慢引导客户讲出你该讲的话。

所以厉害的高手聊着聊着就会成交。所以为什么别人愿意跟他聊天，喜欢跟他在一起，那是因为他能给别人带来价值。他能给出一些建设性的方法去帮助到别人。

可是很可悲的是大部分的人聊天，说出来的话都没有什么营养，你讲什么客户都知道，不能给客户带来价值，记住只要你讲的话对客户没有帮助基本上讲的都是废话。所以两个人之间的差别就是脖子以上，成功的人为什么会有大成就，因为他懂的、知道的比你多，脑袋决定口袋。想要口袋富有必须先让脑袋富有，让自己变成一个值钱的人，这背后就需要你有深厚的积累和丰富的知识，还有一颗爱学习的心。

记住闲聊是不谈工作、不谈事业、不谈产品的，闲聊的目的是为了拉近心与心之间的距离，因为你没有办法跟一个背对着你的人聊天，只有当客户的心门打开了，客户才会接受你的建议。闲聊的目的是建立信任销售自己。你可以在闲聊当中了解到客户的一些信息、价值观、性格、想法、兴趣爱好，这样你才能够在适当的时候说出客户喜欢听的话。

与人闲聊，就是一种沟通的能力，沟通是一门艺术，是一门学问。

7.11　圈子的力量

请记住，你进什么样的圈子跟什么样的人在一起决定你未来的命运，真的是这样的，咱们中国有一句话不好听，但是就是这么回事，有钱人拉着有钱人分钱，穷人拉着穷人扯淡。

你就仔细回想一下，你就看看人成功跟人失败就决定于你的思维跟你做事情的基本态度。真正会成功的人绝对会改变自己的思维。有人会觉得大家聚在一起抱怨，这样对你来说有什么意义？就是零。但是有些人直奔主题，看看哪些人是拼命上来的人，好歹代表他钱比较多，我来跟他交个朋友应该不会错。

你有没有发现一件事情，你身边有很多成功人士，可能各方面都不见得比你好，但是他有一件事情比你好，那就是圈子比你好，这个人什么都不好，但是他圈子比你好，所以他的人生过得比你好。

今天你是谁不重要，重要的是你跟谁在一起，一根草的价格；如果跟大白菜捆绑在一起，那就是大白菜的价格；如果跟一只鸡捆绑在一起，那就是鸡的价格；如果跟一只大闸蟹捆绑在一起，那就是大闸蟹的价格。

重复一遍：你在什么样的圈子决定你未来是什么样的人。

我们从小每天都被教育"成功没有捷径"，成功真的没有捷径吗？成功的人必须要勤奋，这是毋庸置疑的，但仅有勤奋远远不够，那些在马路边挥汗如雨的打工者，他们付出的艰辛一点儿也不比成功者少，但是依旧生活在最底层。

成功的人一定是他做对了什么，一定是他把自己有限的能力投到了正确的框架，结果产生了巨大的效果，就像上文故事中的那个人，他把有限的资金砸在了正确的框架，结果让他财源滚滚。"成功没有捷径"，如果你相信了这句话，你就会变成普通人。其实，要想成功，有一条最好的捷径就是：哪里有资源，你就往哪里扎堆。谁距离资源越近，谁就越容易获取财富。所以，成功一定有高速公路，这不是白日做梦，当有一天你距离资源很近的时候，你就会发现，赚钱就是顺便的事。

你想成为什么样的人，就要和什么样的人混在一起！

7.12　价值观

7.12.1　什么是价值观

用一句话概括价值观就是：你认为最重要的事情。

价值观对人生的意义实在是太重要了，为什么很多人过得不是很开心，经常情绪化，家庭关系不好，同事关系不好，朋友关系不好，甚至经常浪费时间，目标模糊没有优先顺序，其根本原因就是因为价值观不明确。

因为当我们说某样东西有价值，我们就赋予了它某种程度上的重要性，当你喜欢某样东西，就表示它在你心中具有一定的价值。人生的价值观是生命中最重要的一堂课程。在个人的价值观里，有价值的东西分为两类，一种是终极型价值观，一种是工具型价值观。

如果我问你，你认为最重要的价值有哪些？你的回答也许是爱、家庭、金钱等。在这里，爱就是终极意义上的价值，因为它能引发你的情绪，它带给你的是一种感觉，而家庭和金钱就是工具上的价值，它们只是一种渠道，帮你达成得到爱的终极价值。

如果我问你，家庭能给你什么？你的回答可能是爱、安全感和快乐。这些就是你心中的终极价值，也就是你心中真正想要追求的。同样地，在提到金钱的时候，如果我问你，对你而言金钱真正意味着什么？它能给你带来什么？如果你的回答是自由、影响力、奉献能力和安全感，从中就可以知道，金钱只不过是你达成这些的一种工具，能明白吗？

很可悲的是很多人都没有学过这一堂课，他根本就没有弄清楚什么是他人生的终极价值和工具价值，结果拼命地想要去实现目标，却不知道实现目标的目的是什么，想要得到什么样的感觉，导致他过得不开心不快乐。

记住，每个人追求的都不是具体事物，而是事物带给他的感觉，只要终极价值才能使你的心灵得到满足，让你的人生更精彩，更有成就感。在我看来，人生最大的悲剧就是过得浑浑噩噩，不知道生命中真正有价值的东西是什么，有那么多人在拼命追求，实现目标后依然内心空虚，感叹人生难道只是如此？

想要获得内心真正的快乐，就一定要分清楚何为终极价值，何为工具价值，并且排列优先顺序，捋清楚在你生命中哪个第一重要，哪个第二重要，哪个第三重要等。

7.12.2 找到客户的购买价值观

客户的购买价值观就是：客户认为最重要的事情。

每一个客户在购买一件产品的时候，他在心里面对一件产品、一笔生意也会有一个价值的衡量，有的客户他的内心有很多的需求，那客户的这些需求可能我们没有办法完全满足他，所以我们要找到客户最重要的需求是什么，排列优先顺序，找到客户购买的价值观。什么叫客户购买的价值观？意思就是客户最重要的条件，客户购买的价值观就是客户认为买一件产品他最重视哪个方面。

比如买一台汽车，有人最重视品牌，有人最重视价格，有人最重视操控，有人最重视油耗。比如买一套房子，有人最重视楼层，有人最重视格局，有人最重视价格，有人最重视环境。所以也就是说每一个人在购买一件东西的时候最重视的地方都不一样，在前面一个阶段我们要找到客户的需求清单，而这个阶段我们要把客户的需求清单排列优先顺序，客户第一重视什么，第二重视什么，第三重视什么，最少要找出他前三个认为最重要的，你在塑造产品的时候就可以重点强调，在化解客户抗拒的时候也可以重点强调。

7.13 好处到位，忠诚就是顺便的事

一次，丘吉尔坐出租车去一个地方演讲，司机并没有认出他。中途丘吉尔

突然想去一个地方，于是对司机说："麻烦您在这儿等我一下。"司机很不高兴："这个恐怕不行，我要赶去听丘吉尔演说！"丘吉尔一听大喜，重赏他小费。没想到司机一见到钱，连忙改口说："行行，我就在这儿等您，才不管什么丘吉尔！"

所谓的忠诚都是在一定的"时空角"框架内，没有无缘无故的忠诚。其实，忠诚并不是一个人最终的目的，他忠诚一定是想通过忠诚获得什么，也就是能得到什么好处。当"时空角"一换，这个好处不复存在，或者有另一个好处大于这个好处时，他忠诚的信念就会动摇。

员工不会对老板忠诚，只对老板带给他的好处忠诚。当我们读懂人性以后，很多问题也就会处理了。所以，要想让别人对你忠诚，你就要想办法持续提供他想要的好处。要想留住员工，老板一定要想办法持续提供员工想要的好处。要想留住老公，太太也要持续提供老公想要的好处。

好处到位，忠诚就是顺便的事！

7.14　人生三阶段

人的一生为三个阶段：生存＋生活＋精神。当你处于生存的时候，竞争是激烈并且恶劣的（所以，当你在实事中遇到这种情况时多点谅解，合作共赢），当生存下来并且绰绰有余的时候是追求享受，追求生活，体验生活，并且对精神的需要也到了极大的需求，事事都讲究质量，追求含义，而后是精神，这一阶段就想着利用自己的资源去多做好事，让自己名声在外，并且流传千古！这就是人的发展的三个阶段，对照一下，自己处于哪个阶段，而后该怎么做？何去何从？

7.15　幸福

有智慧、有能量就有幸福。没有智慧、没有能量就没有幸福。幸福的核心来自于内心。

人的能量怎么来? 自信怎么来? 就是因为越多人因为你的帮助, 越多人说你好, 你的自信能量就越大, 你就能降服越多人。

何为智慧? 智是一种能力, 慧是根本。凡是有能力能够进入根本并且能够使用的人, 就是有智慧的人。

如何获得智慧和能量?

(1) 浩瀚的人生经历和阅历;

(2) 高人指点。

7.16 与强者差异, 才能与强者并行

成功者往右, 你最好的办法是向左、向前或者向后, 这样你才能与强者并立在这个世界上。不要试图跟着成功者往同一个方向前进, 这个世界不需要完全相同的两个人, 否则你就是多余的。完全模仿别人的人在其他人看来是没有真正价值的, 充其量只是跟屁虫。

这个世界上没有哪一个伟大的成功者是靠模仿成功的。无论在任何时候、任何地点, 都要保持你自己的关键部分。

拷贝美国的文化造就不了第二个美国。模仿王羲之的书法也无法成为另一个王羲之。很多人学习毛泽东, 甚至于模仿毛泽东抽烟的动作和游泳的姿势, 可是并没有造就第二个毛泽东。

要想获得真正的成功, 自己必须具有与众不同的东西, 在前进中必须要具有自己的方向。

与强者差异, 才能与强者并行! 才能成为另一个强者!

7.17　心随精英，口随大众——大智慧

心随精英，你才能成为精英。心随大众，你只能成为穷人中的一员。心要追随精英，你要知道成为精英的方法，你要用精英的思维和方法获取财富。你要知道他们是用什么方法成功的。

精英之所以成为精英，一定有其独特的思维方式和做人做事的与众不同之处，他们的成功一定是心之所致，他们的行为是在"心"的指引下产生的。

口随大众，就是要为老百姓说些话，你要顺着大众的思维表达你的言谈举止，用大众能够接受或愿意接受的方式说话。否则你就把自己推向了大众的对立面，你必须时刻提醒自己，在广大的大众面前，一个人再伟大也不算什么。

7.18　知行合一

真正看清一个人，不要看他说了什么，而要看他做了什么，看一个人是否厚道，就看他是不是按照自己说的在执行。这其实是一条亘古不变的金科玉律。

永远不要去看别人说了什么，要看他做了什么，因为一个人的选择体现他的价值观，一个人永远在做自认为最正确的事。

7.19　什么是真正的积德呢

积德就是持续地按照规律做事！

假如你做的一件事情是符合自然规律、社会规律、人性规律的，你每执行一次，就是一次波的叠加。波叠加的次数越多，能量就越强大。

修行的最高级法门就是：言行意如一。

任何一个人，都很难完全做到言行意如一，如果做到了，你就成佛了。

不过，只要能够持续言行如一地做事三年以上，你的德行就将超越太多所谓的大师。然后，你自然就会获得非常大的能量和很高的智慧。

每次都是言出必行，积累的时间久了，你一言出，就可以调动有形能量和无形能量。这个时候，术数也好，心想事成也好，对你都是非常简单的事情。

7.20　人生最重要的能力：销售

很多人努力了十年二十年，人生不理想，家庭不幸福，这里面有一个最根本的原因就是你头脑里的信念出了问题。有很多人想直接学方法和技巧，但是直接教他们方法他们也很难使用出来。为什么？因为很多人在内心对销售有一些误区，甚至有些人讨厌销售、排斥销售，很多人以为销售是很低级的事，销售就是卖东西，销售就是求别人，所以他一想到销售就是负面的联想。感觉销售是肮脏、下流、龌龊、无耻的行为，所以当你一想到销售是很痛苦的事情，你就不愿意去做那件事情，你怎么可能会有心情和动力去研究销售呢？你不去研究不用心学习销售，你的销售能力怎么会变好呢？

领导等于销售。

为什么很多老板说业务员难招，业务员流失率很大，我直接告诉你，企业所有的问题都是老板的问题。员工的问题是主管的问题，主管的问题是经理的问题，经理的问题就是老板的问题，也就是说员工收入不高、业绩不理想，我告诉你都是老板的责任。因为有很多老板不太重视销售。他说我是老板呢，我才不用学销售，销售是业务员的事。各位，就这个思想不改，还抱着过去旧社会的思想让中国无数个企业从辉煌到倒闭直至烟消云散。我现在给你揭露一个企业成功的最大的秘密是什么？

凡是企业做得最好最有影响力的，全公司最会销售的人不是公司的销售冠军，不是销售经理，而是公司的老板也就是创始人，也就是说一个成功企业一定有一个擅长销售的领导者。那领导者怎么销售你知道吗？你知道有很多老板开着奔驰宝马去外面做什么？他要去见客户，他要去签订单、签合同，谈合作、谈生意，有没有听懂？他要销售他说的观念、销售他的梦想，他要把他的公司推销出去招商引资，才能吸引更多人才、吸引更多合作伙伴，他要把他的思想放进别人的脑袋，引导别人采取行动。

所以老板就是一个开着豪车的业务员，能明白我的意思吗？所以领导者必须要擅长销售。前亚洲首富李嘉诚 16 岁从销售做起，中国台湾地区首富王永庆 9 岁开始卖大米，马云创业初期挨家挨户地去推广他的中国黄页，世界首富比尔·盖茨每次演讲完、见完他的客户，都会做一个动作——卖他的软件。他们今天的成就，秘诀只有一个，很显然，就是他比你会销售。

7.20.1 团队等于销售

一个企业最缺的不是钱、不是产品、不是工厂、不是技术，而是客户，客户从哪里来，客户是销售团队为你创造的。

一台高铁为什么跑得比火车快，因为火车要靠火车头带，而高铁是每一节车厢都在跑。所以一家企业，老板一个人的能力再强，也比不过一支强大的团队。所以为什么你的企业业绩很难增长？

你会发现有的人，有很多好的产品，但他的产品不是在客户手上，而是在仓库，所以产品再好也没用，因为你卖不出去，很多人弄反了，以为别人卖得好是因为产品好，而你却不知道别人是用什么策略和方法在卖。

7.20.2 收入等于销售

一个人的收入怎么来，直接告诉你，记住，收入来自交易，而交易就需要沟通，需要人与人之间的互动。如果你是一个销售人员，收入不高、业绩不理想，我告诉你有两种原因：

第一种原因：你跟客户的互动太少了，你见的客户数量不够，行动不够。所以业务员想要有高收入必须要做到量大，记住量大是致富的关键，只有大量的行动才能带来大量的结果。

那为什么有的人明明知道这个道理可是他却不愿意大量行动呢。现在直接告诉你原因，因为你的内心有障碍、有恐惧，你不相信客户会向你埋单，你害怕客户拒绝你，你自卑、胆小，所以你有心病，这种情况都突破不了，你学再多的销售技巧也用不出来。

第二种原因：有的销售人员很自信，内心没有障碍，他很努力大量行动，但是业绩收入并不是很高，为什么？因为虽然他很努力大量地采取行动，可是他行动的方向是错的。怎么理解这句话的意思呢？比如，一只苍蝇往窗户上飞100次，没有飞出去，他再飞1000次撞得头破血流，你觉得他能飞出去吗？答案当然是飞不出去。

就像很多销售人员每天"很努力"地用错误的方法在做销售，今天遇到客户的问题拒绝，明天遇到同样的问题还是拒绝，后天再遇到同样的问题还是被拒绝，如果他不懂得去总结，不懂得反省，不去学习和改进，他再怎么努力也只能赚点儿小钱，对不对？所以这种销售人员缺少的是方法，缺少的是一套系统的销售模式。

记住一句话，穷人通常不善于沟通，不懂销售，甚至有的人会有这样一个误区，他以为销售只是业务员学的，销售就是卖东西，我告诉你这都是远古人的思想，在当今这个时代，人人都是销售员，每个人都需要学销售技巧。

7.20.3　人生等于销售

在这个世界上有那么小部分的人，各个方面都很成功，成为别人羡慕的人生赢家。那么他到底具备了什么样的能力什么样的特质才能够做得这么好呢？

我直接给你揭秘，在世界上任何一个成功的人他所有的能力综合起来最终化为三个字，哪三个字，听好，就是影响力，也就是他能影响人。

我们生活在这个地球上，你不是一个人在战斗，而是身边有无数人。如果你有能力，让更多人相信你、支持你、喜欢你，你能够影响人，影响人做决定，影响人采取行动。你知道吗？有多少人成为你的粉丝，你就有多大的成就。

所以你会发现为什么有的团队成员愿意死心塌地跟随一个领导者，你打他都赶不走，就像马云在创业的初期，当时没有资金发工资给员工，当他一站上舞台，一讲完话之后，你知道发生什么事情了吗？不可思议的是，下面的员工竟然回家向亲朋好友借钱给马云发工资，为什么会这样呢？因为马云有影响力。你会发现为什么有的人家庭过得非常幸福，老婆爱他孩子很听话，他做什么事情家人都很支持他，为什么？因为他在家里有影响力。还有为什么有些人不管走到哪里，去到任何的场所，都会成为众人的焦点，别人愿意跟他交朋友，愿意跟他合作，或者加入他的团队，为什么？因为他就是比你有影响力。

那影响力是什么？记住一句话，影响力就是让别人采取行动的一种能力。也就是你跟任何人沟通完之后，别人就会按照你的话去行动。我们今天学的是销售，那销售是什么？听好，销售就是让别人采取行动的一种能力。听到这里有人说不对啊，怎么两个是一样的。对，没错，我现在直接告诉你，影响力就是销售能力，销售等于影响力。刚刚我说，人成功所有的能力综合起来化为三个字，现在把他变成两个字，那就是销售。也就是说会销售就会有影响力，销售能力大于一切能力。所以以后你不要再去研究那些成功人士成功的秘诀是什么，直接告诉你正确答案，他们成功的秘诀答案只有一个，很显然他就是比你会销售，他就是比你有影响力，他讲完话别人就是会按照他的话去行动。

所以记住，未来想要生活过得更好，事业更成功，你这一辈子必须要学会的两个字，就是销售。

所有成功的销售都是教育的结果，我们一定要知道销售一定是通过教育的结果，我们在卖任何产品之前要先卖观念，只有当你的观念被对方深度接受而且认同、感知到，并且深度同频的时候，才能最终达到很好的成交结果。

7.21　抓住当前主要矛盾的思维

7.21.1　对矛盾的认识

任何事物，都具有矛盾性，这是客观存在的。有矛盾，才有落差；有矛盾，才有动力；有矛盾，才促使事物不断发生变化。所以，矛盾是促进事物进步的动力基础，也是事物运动的基础。存在即变化，变化来自于事物内因矛盾和外在矛盾。

矛盾可以理解为问题，也可以理解为冲突。我们所说的思维能力、办事能力，其实就是善于分析矛盾（问题）、抓住矛盾（问题）和解决矛盾（问题）的能力。什么是事物的矛盾？什么是决定事物状态的主要矛盾？怎么把握事物矛盾，并将矛盾处于可以调控的地步，使矛盾依据自己可以控制的方向发展，则反映了一个人能力素质的高低。

事物的矛盾，分为主要矛盾和次要矛盾，主要矛盾可分为主要部分和次要部分。主要矛盾决定事物的发展方向和趋势，决定事物变化的根本原因。次要矛盾则可以干扰事物发展速度、方向等一些因素。当然，随着客观环境的变化以及事物发展阶段的需要，主要矛盾也可能转变为次要矛盾，而次要矛盾则上升为主要矛盾。这里的主要矛盾和次要矛盾，可能是个体矛盾，也可能是相互关联的矛盾体系。

拿一个人来说，他是具有很多矛盾性的，这些矛盾的冲突，可能导致他进步，也可能导致他毁灭。综合起来，有个人前途（理想信念）的矛盾、有家庭关系的矛盾、有物质财富的矛盾，有个人思想与社会主流思想之间的冲突。而且每个人生阶段决定他生命质量和前进方向的，都有一个主要矛盾在起作用。

人生具有各种矛盾，而且每个阶段，都有一种主要矛盾决定自己的阶段性发展方向。如果你的一生就一种主要矛盾决定你的前进方向，则你成就必然大，因为方向始终坚定不改变，矛盾所提供的动力始终如一，成功的可能性肯定比一般人大，这种主要矛盾就是理想信念。看看一些伟人，不管是科学家、政治家还是思想家，他们的一生都是以追求自己的理想信念为目标，始终如一，所以他们取得了伟大的成就。

人是这样，国家何尝不是如此呢？大家可以依照这种思维方向去思考，相信会对国家阶段性发展特点理解得更深刻一些。

要推动世界的发展，需要我们在纷乱的事物、纷乱的思想中，找出当前客观实际最重要的事——对于发展来说，最主要的环节，最主要的矛盾。

战争年代，民族矛盾是主要矛盾，所以有了全民抗战，有了民族统一战线，有了人民战争的汪洋大海。

和平年代，发展经济是主要矛盾，所以有了改革开放，有了以经济建设为中心，有了发展才是硬道理。

总之，人也好，组织也罢，时间精力都是有限的。所以做事情，首先要找出对于当前客观实际最重要的环节！我们不能把自己当作一个全能的人物，这也抓，那也抓，应该自始至终把自己当作一个力量有限的个人或者团体，每个时期都集中力量去做有限的事情并尽可能抓住主要矛盾，集中力量办大事。

而这个主要矛盾中，仍然是分主次的，仍然有某些部分是主要的，这叫矛盾的主要方面。所以我们即使找到了这个主要矛盾，还要对这个主要矛盾一层一层地分析筛选，直到找出这个主要矛盾中最重要的环节。

找到之后，接下来就需要集中我们的主要精力去攻克它了。

毛主席用兵的方法就是，每一战都集中优势兵力，集中六倍、五倍、四倍，至少也要三倍的兵力打歼灭战。所以我们对付主要矛盾和矛盾的主要方面，仍然要用这个办法，集中六倍、五倍、四倍，至少是三倍的精力去攻克它。如果精力分得太散，四路出击，就会顾此失彼，抓不住重点，达不到所谓的"全歼"的目的。

战略就是抓住每个时代的主要矛盾；战术就是抓住每段行情的主要矛盾。

因为生命是有限的，精力是有限的，抓大放小、抓主要忽略次要是科学的选择。

主次矛盾和矛盾主次方面的关系都是相互联系、相互影响并在一定条件下相互转化的。如果没有分辨主要矛盾的能力，总是抓错主要矛盾，那结局可想而知。那怎么才能分辨并抓住主要矛盾呢？

主要矛盾一定是当前影响并决定"现实状况"的"事情"，也就是说这件"事情"基本可以完美解析为什么会出现这样的"现状"，逻辑一定要通。按这个定义，采用排除法，就可以判别一些事情（消息）是不是主要矛盾，那自己就不用在那些事情上花精力，就不会一惊一乍。

7.21.2 如何抓主要矛盾

无论是人生还是别的，抓主要矛盾都很重要。如果不能抓住主要矛盾，一是解决不了问题，二是抓错了，抓到次要矛盾，可能就要完蛋了，错过了解决问题的时机，还可能派生出很多的麻烦。

先拓展讲一下人生如何抓主要矛盾，一个成功的人，最强的能力就是能够发现并抓住主要矛盾，否则你的人生会变得特别平庸，天天做平庸的事，干平庸的活儿，说平庸的话，最后活的是平庸的人生，大部分人都是这样，抓不住生命的重点。

比如一个女孩子读大学，读研究生，那个时候我就说你没有抓住人生的主要矛盾。作为一个女孩子，一定要在大学最晚研究生的时候，解决人生最重要的主要矛盾，找到人生的另一半。这个时候找到生命中的那个人才是主要矛盾，当然学习也很重要，但它才是主要矛盾。

很多人往往这个时候忙着其他的，最后完全耽误了。它不是主要矛盾，也要把它当作主要矛盾之一，因为这个时候才能找到黑马。

等过了那个阶段，你很想忙这个的时候，难度就比原来大多了。等你读完博士以后，令你满意的男生都结婚了，这就是时间段没搞清楚。

很多人就是因为分不清主次，可能在工作单位或者做其他事情的时候，也经常分不清主次，忙一些莫名其妙的事情，而耽误了最主要的工作。

还有很多人在平时生活甚至家庭夫妻关系中也不知道主要矛盾在哪儿，那你会出很大问题的，有人会说为什么回去要被太太骂一通，原因是太太重视的事情你没重视，主要矛盾没抓准，就这么简单。

这可以延伸到很多地方，作为父母，在教育小孩的时候，在哪一个阶段小孩应该形成什么样的习惯，这都是人生的主要矛盾。很多人就小孩在什么阶段应该给予什么样的教育，什么时候应该给予更多的关怀，总是弄错。经常那个阶段已经过了，你又来表现你的关心和热情，其实那个时候已经大打折扣，其实很多人都没有抓好主要矛盾。

这其实就是时间换一下的问题，时间不同，主要矛盾不同，它会相互转化，现在不是主要矛盾，将来可能会转化为主要矛盾。

真正的主要矛盾出现的时候，他没有抓。人生就是在极端重大事情出现的时候，是你最应该重视的时候，考大学，找个怎么样的男朋友、女朋友，找份怎样的工作，都是一些关键的人生转折点，什么时间应该做？怎么做？这其实都是人生的主要矛盾。

我认为抓主要矛盾这个词，是哲学层面的，但我们可以把它广义化，甚至庸俗化一点儿，把重要的事情理解为主要矛盾，但有时候不是这样的，你可以把它变得很广义，你从另外一个角度去思考，人的精力是有限的，当然是希望主要矛盾、次要矛盾都研究得透透的，但你不可能有这个精力。它是没有穷尽的，甚至很多东西根本就不知道。人的精力是有限的，一定要抓住牛鼻子，才能够把牛牵着走，抓它的尾巴是要被它踢的。

主要矛盾太重要了，我就认为它是人生思考问题最重要的一点。所以有些人我就建议他，如果现在家庭有什么问题，有特别烦恼的事情，你需要解决，有一个办法，找到问题的主要矛盾，然后去解决它，才能够走出困境。很多人不是这样的，头痛医头，脚痛医脚，找不到核心的、主要的问题。

如果你看到那些现象，总结出后面的最主要矛盾，用最大的力气把主要矛盾解决了，其实很多东西就化解了，这用在工作、生活、投资中，都是特别重要的。

7.22　精华语录

要会选人，让人才为你所用，人对了，事就成了。事不成，就是因为人不对。

最好的人才在竞争对手那里。

生命的目的在于成长自己。向外求一生不如向内成长自己。

人们因梦想而结合，因爱而结合，打造一个平台吸引高手，让一群人一起去做一件有意义的、对人类有贡献的事情，顺便赚一些现金流和营业额，然后分好名和利。

这个世界上，能量小的人跟着能量大的人，目标小的人跟着目标大的人。

小成功靠自己，大成功靠团队，巨大的成功靠系统，系统是由人组成的，这个世界所有事都是人做出来的，事不成就是人不行。

经营人就是经营人的狼性，要有杀伤力。最好的不是找想成功的人，而是找无路可退的人，这种人动力足，狼性强。

选人选对了，无须经营。选人选错了，劳民伤财。

想要白手起家，先要让自己成为能白手起家的人。要么让自己成为别人的贵人，要么寻找到更多的贵人。让别人来着你办事，这叫吸引。

人生只有两个核心，一是家庭，二是事业。事业是财富的来源，家庭就是你身心灵修炼的场所，女人要辅佐男人，男人要有阳刚之气。男人为事业而活，女人为家庭而活。

成功不是靠自己，成功是靠别人。你不去为别人付出，不去跟高人连接，一毛不拔的人，谁跟你玩？会做人的人永远会吸引很多会做事的人帮你去做事情，你可以什么都不会，你只需要去修行自己的能量就可以了。

与狼共舞的前提是你要成为一匹狼。进入成功人士圈子的一种捷径就是贵人引荐。要让成功人士看到你身上的潜力，因为任何人都是从一无所有开始的。你没有潜力要去努力，你连努力都不去做的话就真的没有救了。如果你很有潜力，又很会做人，又有一个贵人引荐，你将瞬间进入一个大的圈子。什么是圈子？一个贵人拉着你的手推开一扇门，里面有一群高人，那群高人随便给你句话，你便平步青云，少走十几年弯路。这就是为什么要跟高人交朋友的原因。

能用钱解决的事就不要说话。钱是能通情的，这是人性。你能给对方钱，对方就知道你会做人，会做人就是道上的人，是道上的人就一起做事。你不会做人就先去学习，学到会做人再一起做事，不然双方无法沟通。

要么不讲，要讲就要直指核心，讲对大家有帮助的东西。高手都是直指核心。

女人不花钱，永远没气质。男人不花钱，永远没气场。想成为老板先要花出自己的气场来。没有哪个省钱的人会有气场的。没有气场怎么会吸引一群人，没有一群人怎么会有天下。你不需要能力和技巧，你只需要吸引有能力和技巧的人为你做事。

乌云之上，晴空万里。乌云之下，电闪雷鸣。你今天问题和烦恼太多就是因为你境界不够。境界修一分，能力提高十分。你没有能量和气质，学领导力和演讲是没有用的。听众只会看你在台上演讲的表情、眼睛、动作和散发的能量状态。人们只会感受到你散发的能量和气场。什么是好的演讲？就是行云流水，气场感到非常舒服。出神入化的前提是能随时驾驭自己的性格。

你过去的思维没有达到你想要的结果是因为你的思维错了。你试着换一种思维，你可能走出新的路。走老路到不了新地方，用老思维达不成新结果。

宇宙是轮回的，是因果的。你花的钱都会回流到你的生命之中。钱是越花越有。你想赚钱要先会花钱，你想获得要先付出。

高手都是为别人着想的，成人为己，成己达人。成功最好的方法就是帮助别人成功。

成交大师的最高境界是爱。佛祖的最高境界就是无欲无求、普度众生，最后得到天下。想成为佛祖，先学佛祖境界。不要学怎么成为佛祖。

为什么夫妻之间离婚？因为不在同一层次了，老公在外面优秀，老婆在家里生锈。或者老婆在外面上班学习，老公在家里按部就班，产生了差距。

很多人命不好，是因为没有跟命好的人一起玩儿，不在命好的圈子里不断地为你加持。

谈合作的最高境界就是：我来做完所有的事情，你负责收钱就行。

先把客户带到沙漠，再卖水给他。

你要根据客户的不同需求，设计不同的产品。

让客户在愉快的体验中，钱被不知不觉地偷走。

要学会互为贵人，不要让帮你的人寒心。

第8章
商 业 模 式

8.1　商业模式简介

企业要成长的核心是基因要对，基因不对，你再怎么努力都白费，商业模式就是企业的幸福基因。

什么是核心竞争力？就是别人拿不走、偷不来，是你自己独特的东西。

什么是商业模式？商业模式就是企业家为了最大化企业价值而构建的为企业利益相关者提供服务的交易结构。

商业模式的创新是跟竞争对手区隔开来，其目的是垄断市场。

要达到这一点不仅要改变盈利模式，更要打造"壁垒"。

如果没有有效地设计壁垒，这会导致竞争对手容易复制或模仿。现在很多创业者都是这样为别人做了嫁衣。

成功的商业模式有六大特征：

（1）一定要有独特的价值，这个价值体现在你的服务、技术、品牌、人脉、资质等。

（2）难以模仿。一个很重要的原则就是自己可以复制自己，别人难以复制。(只有三个条件可以实现这个：一、技术；二、品牌；三、核心资源。什么叫核心资源？比如我们的人才、我们的文化、我们的资质等。)

（3）是脚踏实地的，可操作性的，可实现的。

（4）轻资产。

（5）有高收益。（高收益的两个特征：一、利润的空间大；二、多点收益。）

例：中山公园以前是卖门票赚钱，是单点收益。后来改成公园免费进，门票免费，靠什么赚钱？①游乐场一张票跟你分利，5元一张票，我赚2元，你赚3元；②里面的商铺，一年一家收5万元；③你在这里搞一个活动，我一次收你2万元场地租金；④婚庆公司做摄影，你一年交我5万元，公园里面随便拍。

（6）未来可想象空间大。

例：把南阳宾馆改名为香格里拉，就可以全世界复制。把黄山改名为黄山牌食品，就可以全世界复制。

商业模式创新的七大密码：

（1）点燃目标客户的触点，怎么点燃？从行规造成客户的痛苦或客户梦点入手来创新商业模式。

例：施乐公司做复印机，大公司、政府部门要买复印机，我免费给你安装，我送你复印机，但是我只要给你复印，每复印一张纸，赚你一毛钱。

例：飞机的发动机提供商把所有权和使用权分开，改为按飞机飞行的小时数收费。

例：吉列剃须刀加上几个刀片，送给部队战士使用，刀架不赚钱，但是刀片赚钱。

（2）自我革命：改变企业价值的来源和生存方式。

（3）改变定位。

例：把指甲钳从轻工产品改变定位成礼品，把它变成不同的系列，爱心系列、亲情系列、商务系列、孝心系列、友谊系列等，这些不同的品类就做出了一个非常庞大的产品链。

（4）改变价值链的运动方向（往上游移动或往下游移动来改变你的商业模式）。

例：做纸的，我就开始购买森林，控制原材料。

例：做药的，开始购买养药材的基地。

（5）跨界整合，打破边界（行业可以跨界，产品可以跨界，品牌可以跨界，市场可以跨界）。

例：我做房地产的，去做旅游，叫作旅游地产。

（6）共赢（从固定成本结构到可变成本结构）。

例：猪八戒网，你要设计一个创意，你不用去养一个设计人才，你只需要发布一个消息很多人就给你设计，设计完后你看中哪一个方案，你就埋单，你没看中，不用付一分钱，以成果为导向来收费。

例：员工不发工资，比如直销、保险公司，都是员工不发工资，全部是靠绩效工资拿钱。

（7）从重资产变为轻资产。

例：苹果公司这么大的公司，它没有生产线，靠别人给它代加工，而它占领了产业链的高端。

今天，各行各业市场都有新的领导者出现，往往不是因为他在商业游戏中玩得更好，而是因为在玩不同的游戏。

商业模式的改变有一个重要的思维起点就是，你一定要有自己的客户鱼塘，你有鱼塘你值钱，你没鱼塘，赚再多的钱你的公司也不值钱（一定要把客户留在自己的鱼塘里）。

例：开发小的 APP，在京东发货单上加一个小的说明，扫一下二维码，我给你省 10 元，下载一个 APP，以后所有在我的 APP 上下单的，可以免费试用 7 天，满意再给钱。

商业模式第一原则："轻"。

（1）尽量少花钱：少花钱能把事干成了，这叫本事。

（2）花也别花我的钱：用社会上的钱来办事。

（3）花我的钱也别花现在的钱。

（4）每分钱都要花在刀刃上。

（5）不要轻易把钱用死：钱转起来才能赚钱。

将他人的核心价值变成你的附加价值，你将无往而不利。

例：85℃面包店的主张是买面包送咖啡，星巴克开到哪儿，我就跟到哪儿，打得星巴克毫无还手之力。

8.2　免费＋会员的商业模式

免费＋会员的商业模式：

（1）口号"全年免费洗车"：条件是你要付100元办会员卡，办会员卡后，客户以后都会来这家洗车店洗车，顺便购买其他的产品，洗车店从其他产品上赚钱。

（2）广告"1元买1瓶螺旋藻"：前提是花150元买一个产品（相当于151元买2样产品，但是给你的感觉是占便宜的）。

（3）咖啡厅：只要交1000元就可以办理一张会员卡，一年365天每天都可以来店里喝一杯咖啡或者别的饮品，以后消费打9折。咖啡厅还经常举办酒会、音乐会、电影之夜，也有销售艺术品、衣服、家具设计作品，还卖啤酒和红酒。

（4）餐饮店：①"进来吃饭，酒水免费任你喝"；②主营鱼火锅，将近20种酒水饮料免费喝。

餐馆经营本身不赚钱，利润来自酒水生产厂家的返点。为避免浪费，也会规定：开瓶不喝完者，按双倍价格收费。同时，请勿将免费酒水、饮料带出本店，违者以15元一瓶计算（餐馆本身不靠鱼火锅盈利，但是他是酒水饮料的分销商，通过酒水厂家的返点盈利）。

（5）摄影店。和企业单位签订一份备忘录，摄影店免费提供单位的座谈会摄像（摄像不收钱，收后期剪辑的钱）。

（6）婚庆公司：公司免费提供一份年会的策划方案和一位主持人，收其他项目的费用。

（7）物业公司不收物业费，改做服务，收取服务项目的收入，比如卖肉，免费送货上门。

（8）度假山庄：举办每周一次的相亲会，来这里饮料和小吃免费，相亲需不需要吃饭？于是靠客户来酒店吃饭赚钱。交纳2000元的会员费，可以享受3000元的消费额度和一次免费旅游（在旅游中抽取提成）。以后举办婚礼、周年庆都可以来山庄享受优惠。

启示：把同行的收费变成自己免费的前端，靠后端嫁接销售其他产品获利。

8.3 商业模式的 29 种模式

（1）跨界经营。

例：①报社在报纸上打广告，这是一种新的经营；

②卖报纸的时候顺便卖牛奶；

③把读者组织起来搞培训，甚至把读者组织起来卖房子。(资源深度开发)

例：物业帮助楼盘打扫卫生，提供保安服务。他在传统的物业之上还为居民提供家政服务，为整个楼盘提供农产品销售，在小区里做电视屏，给每家通网络。

例：菜叶销售"3000 元成为会员，给 3000 元的有机茶叶，给 3 年无公害有机水果，在我们指定的高端会所免费使用场地 52 次"。

（2）规模效益，它能够给顾客提供独特价值。

例：如家酒店要订购床单，一个酒店 100 套床单，2000 个连锁酒店就是 20 万套床单，够一个服装厂一年的产量，这样就可以把采购成本降下来。

（3）加盟模式。

例：麦当劳。它用客户的钱加盟，然后用自身的管理和客户合作。所以它先赚一点钱，把它的成本收回来，然后通过原料赚钱，通过房租赚钱（利用社会资源）。

（4）平台模式。

例：淘宝。马云建立了一个平台，做中间商。这个平台将卖的人和买的人用廉价的方式结合在一起，三方都得利。

（5）免费模式。

例：支付宝。先是免费让大家用，买卖双方自己交易，等用户数量达到一定程度以后，它又可以收取别的费用。

（6）合作性竞争。

例：因特网。你登录我的网站，我一分钱不要，免费用，但是在大家点击的过程中，我的网站就会变成一个平台，这个平台可以重复销售。当用户量达到一定程度的时候，在它的界面上随便做个广告就能赚钱。

（7）异质性经营。

例：湖南的大米在湖南不值钱，枸杞在宁夏不值钱，羊肉在新疆不值钱，但是这些产品到了北京或别的不产的地方就值钱。

（8）独特卖点。

例：奔驰的独特卖点是舒适尊贵，宝马的独特卖点是驾驶乐趣，沃尔沃的独特卖点是安全。

（9）价值创新。

例：①一个杯子由喝水的功能上升到纪念的功能。

②脑白金原来送的是喝的东西，现在送的是一份情感。

（10）稀缺产生价值（企业要做的是创造稀缺或者发觉稀缺）。

例：分众传媒的电梯广告。电梯这些地方还是市场的空白地带，就意味着还没有人发现这些地方的价值，没有人意识到它的价值就说明它还是个稀缺资源。

（11）廉价资源。

例：电梯间的广告对于物业来讲收钱很少，这对分众传媒来说就是廉价资源。

（12）功能组合，多功能化，混搭。

例：原来只做印刷行业，现在用印刷的底子来做老鼠夹子，两者结合。

（13）围绕着产品的周边做开发（资源深度开发）。

例：讲师在讲课之后卖他的 DVD 光盘课程，并帮助 A 同学融资做服务，帮助 B 同学卖产品，帮助 C 同学借助讲师的资源打开销售市场（这就是用产品经营做基础，用产品之上的人脉资源开发做整合）。

例：一个公司卖汽车，之后做 4S 店，再提供维修、提供保险、提供相应便宜的配件。

（14）流水线模式。

例：在新东方，一个学生进来以后，专门有老师教他做填空题，专门有老师教他做选择题，专门有老师教他做改错题，专门有老师教他考试技巧，等等，整个流水线走完了，出来就是成绩的提高。

（15）价值链开发（着重研究在哪些环节能给顾客带来价值，能给自身带来价值）。

例：海尔一年用 10 万吨钢材，当然它可以同时买 30 万吨钢材，因为批量买的便宜，然后再把 20 万吨用不上的以较高价卖掉，这中间就可以赚到钱。

（16）产业链、价值链的延伸。

例：万达把住宅卖掉，把商业地产留下。留下来一部分做百货、一部分做影院、一部分做酒店，这就是超级专业化的组合。

（17）抓大放小，树立标志性产品。

例：要像做总统套房那样做宾馆。总统套房并不是用来住的，它代表着一个酒店的最高档次，要给那些最有代表性的人提供服务，通过总统套房带动普通住房。

（18）让客户占便宜。

例：①各种日本越光米。泰国香米都无限量免费续添；

②茶水不用付费，无限续杯；

③筷子用缅甸的鸡翅木加工而成，上面激光雕刻"雕爷牛腩"的 LOGO，这些筷子都是全新的，客人用餐完毕后，服务员会给它套上特制筷套，当成礼物送给顾客。

（19）模仿。

例：麦德龙的店开在哪里，红星美凯龙的店就模仿着开在哪里。

（20）卡模式（先收费后服务）。

例：中国移动开通存 100 元送 100 元的服务，收了费存在你的卡上，然后再对你进行服务的模式。最终为中国移动带来了大量的现金。它可以用这些钱去做别的事，这就出现了跨界经营。

（21）给顾客更多付费的选择。

例：苹果有 iPad、iPhone 等多种产品，有 32G、64G、128G 等多种类型。

（22）低成本战略。

例：沃尔玛集中采购，砍掉多余成本，为顾客提供质优价廉的产品。

（23）股东模式。

例：好声音导师的收入模式是以技术入股，享受彩铃分红。

（24）捆绑一起卖，薄利多销模式。

例：一次性买 980 元的面膜送 980 元的化妆品冰箱（面膜 980 元 5 折拿货其利润是 490 元，扣掉冰箱的 200 元成本就是 290 元的利润）。

例：①儿童人格培训机构以全面免费幼儿教育培训的名义，大量吸引流量后，通过对接钢琴、舞蹈、绘画等已经成熟的教育机构分成。

②整合的 40 个幼儿园每年必须采购的产品如文具、玩具等以团购的方式赚差额，也就是降低了幼儿园采购的成本。

③通过 APP 广告点击来收费。

例：买房子送智能家居和 3 年无公害水果。

（25）圈子模式。

例：①珠宝店。加入会员费 2 万元、5 万元、20 万元、50 万元。比如客户交了 2 万元，那么 2 万元以内可以无限次换珠宝，也就是说今天这个场合适合戴玉就拿玉，明天适合戴翡翠就换翡翠。每次交 1‰的清洗费就可以。一年后可以随时退会员，可以全额退款。

②5 万元跟上面的一样，区别在于每年可以给 5 万元的 5%年化率分红，也就是 2500 元，20 万元是 8%，50 万元是 12%年化率。

（26）1＋N 模式。

例：通过这个 1 的产品，可以整合 N 个行业或者产品，给客户提供增值服务。

（27）抱大树策略。

例：我首先找了当地的中国联通。

给联通 300 张钻石 VIP 卡，持卡可在聚尚咖啡每天免费喝一杯咖啡，终身免费。

只限每个月话费 500 元以上的联通 VIP 客户。

这样的卡对于联通来说非常好，因为联通每年都要维护这些客户，一旦维护就要产生成本，跟我们的合作给他们大大降低了成本，并且这张卡的价值非常之高。

对于我们来说，用区区 300 张卡的成本，几乎是零成本，跟联通成为战略合作关系，对于我们的宣传来说帮助很大，因为那张卡右上角写的是"聚尚咖啡"，左上角写的是"中国联通"。后面写的是，凭此卡每天免费一杯，终身免费！

那么可能你会问，如果这些人天天来免费喝怎么办？

其实，我是做过市场测试的，因为我们给的是话费每月高于 500 元的人，这些人要么是老板，要么是业务量很大的人，这样的人来咖啡馆不是一个人来，最少要带一两个人来，这就等于每次都是买一送一或买二送一买三送一。

（28）类金融模式：发行货币，赚取税收。

快速成功的核心秘诀：使用别人的时间，使用别人的金钱。

例：传奇游戏首创游戏免费体验模式，玩家可以先免费玩游戏 40 小时，但是它靠什么赚钱？靠卖点卡。它出了一张卡，玩家需要冲 30 元买点卡才能买游戏时间玩。（先把卡卖给你，你再慢慢消费掉。）

例：麦当劳通过加盟连锁，先一次性支付 10 年的租金（如 40 万元）给地产商，以廉价的方式把店铺租下来，再把店铺租给加盟商（如一年 8 万元），还要收取每年 5% 的加盟管理费。（用店铺控制住了加盟商，使得加盟商不会随便乱来。）

（29）锁定后端复购模式。

例：鞋店提出活动，凡买我店里的一双鞋，下一季度的一双鞋可以免费更换或者抵 50 元现金使用。

8.4 商业模式的 26 种案例

（1）当某个产品需要培育习惯才能被客户接受的时候，先用刚需产品前置销售，将软需产品捆绑赠送，再靠软需产品后端赚钱（组合产品销售）。

例：移动机顶盒公司（农村开发困难，大多数农民都不购买机顶盒，怎么解决？）。

1）拿钱投资开一家农资公司专门卖农药化肥。因为农村家家户户都需要购买化肥。300 元的机顶盒开户费，180 元第一年的收视费以及无线移动机顶盒，塑造一下价值，争取标个 600 元，把这些打包成 1080 元的赠品，免费赠送即可。

2）和当地镇政府合作，把这个服务当作一个惠农政策推出，面向农村推广。

（2）汽车机油（单卖机油很难卖，组合产品销售容易）。

从卖机油跨界到卖汽车整体性能提升服务。

例：做一个册子，帮助你解决汽车问题，客户见证和公司介绍，480 元的汽车服务只能管 20 天，你要是想要一年的服务，价格是 4000 元，活动期间只要 2000 元，并且一年内的机油免费送，还签订八大保障协定，保证你的汽车不会出问题。

（3）找到 4 个商家来平摊广告费用，各负担 25%。作为回馈，他们可以从你的广告位上获得一块宣传空间，因而，你相当于没花一分钱就得到了一处广告空间。

（4）养生机构月利润 10 万元的营销秘诀（从企业对顾客变成从企业对企业的模式）话术"我可以给你们公司提供每个月免费的身体健康检查和一项养生服务，或直接打包价购买养生套餐"。（B2C 到 B2B）

（5）美发培训业连锁。我来帮你做美发培训，用一折或二折的费用来做到整个公司的培训，而你本身这些培训的费用如果没有支付的话，我们用另外入股的方法帮你抵消掉。（我先愿意提供你服务，回过头来可以创造自己的价值）

（6）净水机的前端免费+后端耗材收费模式

1）"只要你家里有净水机正在使用的，不管你的净水机已经使用了多少年，打个电话给我，我们立刻会派人把你的净水机拆下来，把我们价值 8000 元的全新的净水机装好"。

2）每月需要换一张滤网，每三个月需要换一个滤芯。

（7）汽车生产厂家。找到配件生产厂家，以让他们作价入股的方式获得生产线，再让所有下游销售的这些厂商，全部用你销售的产能作价入股进入我的公司。

（8）蒙牛没本钱做生意的资源整合办法（以终为始的思维）。找到经销商，让经销商先给钱，生产出来以后会按低于市场价供应给他们，并承诺上市以后会按经销商投的钱的多少给予股份。

（9）润滑油。

营销模式：

1）充值 1 年的润滑油钱，以后打八折。

2）客户只要转介绍 1 个客户充值，马上送一瓶润滑油。

商业模式：将润滑油免费送给物流公司使用，物流公司节省的油费，比如节省了 10%，也就是 2000 元，那么润滑油公司拿 1000 元，物流公司拿 1000 元。

（10）组合销售，提供更多价值。

例 1：从卖豆芽到卖有机绿色食品的供应商，增加品种，从别人那里采购黄瓜、土豆、豆腐等。把所有产品都做成一个小包装，放到超市、酒店、餐馆、菜市场，并打出口号"买豆腐送豆芽"。

例 2：从一个律师到组建律师团队，邀请所有企业的老板来听他免费的法律讲座。讲法律服务的好处，以及之前打过的反败为胜的例子。同时教大家如何规避法律风险。让企业家聘请律师团队，一年之内出现任何法律问题都帮他解决。（提前收费）

（11）维修。免费提供维修培训，要求如果学生开店了，我要占股 10%。同时配件从我这里进，价格不会高于外面，靠配件赚钱。

（12）包子店做连锁。

1）寻找各个小区的包子店，那些没有品牌的夫妻店，说"我有办法让你每年多赚 5 万元，我们给你提供装修资金 1 万元，按我们的要求装修"。

2）挂我们的招牌。

3）购买我们专业的蒸熟包子的设备。

4）从我这里进面粉和肉馅。

5）把品牌进行包装，寻找投资，用投资的钱开直营店。

（13）美发连锁店。每家店开业后大量收会员，圈钱再去开店，开到 100 家店。让每家店长控股每家店，所得收入分成。关闭掉收入不好的店，让会员去其他店消费。（类银行模式）

（14）预先消费，慢慢还钱。

1）打广告"免费送电动窗帘"筛选出有经济实力的客户。送货上门安装，同时安装室内监控等其他收费产品。

2）"免费试用 3 个月，3 个月内不满意随时拆下来，你不需要付费"，再打电话询问情况，"如果你 30 天内付费的话，只需要打 5 折，而且还送 iPad 一台"。

（15）美容器械商家的反向利用"混业模式"。

1）跟美容院说："我不卖器械给你，而是跟你合伙来赚钱"，"你只要提供一块 2 平方米的空间即可，我把我的器械放到你这里，而且派一个人过来帮你做活动，做宣传"。通过器械卖增值服务给你的老客户。我每天向你收取 10 元的器械租赁费。通过服务赚到的钱，大头归你，小头归我，你完全无风险"。

2）等美容院尝到甜头后，再把器械卖给他。

（帮助别人实现"混业模式"，跟别人来分钱，那么别人的客户群体就立即变成了我们的客户，整合一定比从头创建快。混业模式本身就是一种整合模式，但由于是基于同样的老客户群体，所以市场风险很小，成本很低，见效很快。）

（16）大学培训机构。给学生提供实习机会的机构给学生发积分卡，学生到超市消费可以累积积分，机构向超市要提成。

（17）食品公司。每年食品企业都免费赠送 1000 户高端客户 2000 元米油盐，每个高端客户定期存款 10 万元到某银行。定期存款 10 万元，可以有高额利息，2000 元的食品。对于银行 VIP 客户，甚至银行还放开信用卡额度的话是不是相当于自己存的钱还可以拿出来。

（免费的商业模式，移植第三方支付的商业思维。）

食品公司最终和银行商定给予高达年化率 4% 的回报，10 万元×4% = 4000 元/人，食品公司多赚 2000 元/人，同时用这个模式，很快打开市场，获得更多客户，两个月时间增长 200%，赚了几千万元，这就是商业模式的厉害。

（18）洗碗机。和饭店老板签订合同，签订 2 年的服务合同，每月只需 1000 元的服务费，2 年期满后，自动洗碗机免费送给饭店。

（19）卖水泥浆设备。把设备送给对方，提出未来降低成本部分的 70% 给我厂家，30% 给对方。

（20）卖钢琴。靠开钢琴班招收大量学员，再靠卖钢琴赚钱。

（21）医疗设备厂。跟经销商说："你只要买我 40 万元的耗材，我就白送你一台设备（赚后端耗材的钱）。

（22）热回收设备（协议控制）。我给发廊免费提供热回收设备，条件是发廊要找我买每月固定消耗的消毒毛巾、洗发水等产品。

（23）卖鸡蛋（先收费，后服务，以终为始的思维）。

例：你要卖鸡蛋给别人，可是没有本钱买母鸡，怎么办？

先找到有鸡蛋需求的人群，提出合作方案："只要先交 1 年的鸡蛋钱，本来一年要 500 元的费用我只收 300 元"，再用收到的钱买母鸡生产鸡蛋。（鸡蛋每天可以生产出来给顾客，母鸡还是你的。）

（24）板材雕花公司跟装修网合作。找到各大装修公司洽谈："只要你在装修网上做 5000 元的广告，就送你 5000 元的板材雕花业务。"顺利谈下了很多装修公司的雕花业务，然后两家公司平分赚到的钱。

（25）淘宝成功的原因。

1）淘宝实行免费模式，不收取入场费，只收取一部分开店押金，让更多人进来。

2）淘宝卖直通车和广告位（停车费），还收取技术服务费（停车费）。

3）支付宝上有大量交易的现金，而这些钱，淘宝无需支付利息就能使用，能用这笔钱进行金融理财产生更多的钱。

（26）如家酒店成功的原因。

1）把不必要的支出项目给取消掉，比如游泳池、浴缸、冰箱、桌子（减少成本）。

2）提供更重要的核心价值，比如舒适的床。

3）增加收费管道，比如卖方便面、饮料。

放置 4 本经管类的书提供观看，可以卖给顾客。

第 9 章
商业模式案例

9.1　用别人的钱办自己的事

全球打价格战最厉害的案例中有一家公司叫格兰仕。

当年的微波炉 2000 多元人民币买一台,格兰仕七次降价,每次降价 25%,打到什么程度,打到全球的品牌就剩下几个了,格兰仕成为最大的一个品牌,占全球微波炉 75% 的市场份额。

比如说卖鞋的,这个鞋子的进货成本是 100 元,他是一个省的代理商,要卖货的时候可以卖 150 元、120 元、100 元和 90 元。

我就要问各位了,你想卖多少价位比较好,批发价多少,有很多人想的问题是当然能卖 150 元最好了,但是卖 150 元,卖货量不够大,所以来上课了。

我就跟他讲什么是价格杠杆,价格杠杆是可以使用起来的。如果这个鞋子的成本是 100 元的话,你再怎么便宜,便宜不了 100 元;如果 90 元呢,答案是现货现款,买一双 150 元,如果你向我进 10 万元的货,先把 10 万元给我,你慢慢地提货就 120 元了。

如果你这个城市向我进 50 万元的货,我都不赚钱,把钱给我,一年之内,50 万元的货提走。如果你给我 100 万元的话,我就 90 元给你,一年之内把货提光就可以了,各位听懂这个意思了没有?

那我就问你了,如果这样的话,你觉得这种模式设计完之后,会出现什么样的一个情况，我告诉各位什么样的人都有，有人会选择 150 元一双，有人会选择 10 万元，但是说实话，付 50 万元和 10 万元的最多。那是什么概念呢？

真正的游戏规则是怎么做的，是别人看不到的认为不可能的事。当时我跟他说了，亏钱卖货还能挣钱，他不相信，因为没人相信亏钱卖货还能挣钱，但是当我们了解了这个原理之后，你就知道这是一个系统。

企业家受的教育往往是拍脑袋，但是不好意思，如果企业家把财富系统学会，这才是人生真正的方向，引导你真正赚钱的方法。

接下来再分享一个重点案例，珠宝案例，珠宝会所是一个模式。

现在我们来设计简单的珠宝会所模式，这是来自于什么地方呢？来自于跟我们合作的会员。

他是做珠宝的也是做翡翠和玉的，也做很多的产品，这家公司呢，是我们公司的合作单位，目前的规模是 500 多家店，整个的行业地位呢，彩色宝石第一名，现在是我们一个很重要的合作伙伴。各位要知道一件事情，珠宝这个行业它要分析一下，比如说对于哪些是钻石和黄金，我来问一下，钻石和黄金跟翡翠和玉有什么区别。钻石和黄金有个特点，这个东西有一定投资价值。

比如说今天我向你借了 10 万元，有一天你来向我要钱，我说没有，没有我就拿块金砖给你吧，往桌子上一拍，你一看重量差不多，拿着金砖就走了。

请问各位，你为什么可以拿着金砖走了，因为你一算，市价 240 元一克，好了，一算差不多。

为什么有价值呢？因为拿回去之后你也可以把它卖掉，对不对？

反过来如果我今天欠你 10 万元，你来要账，我说钱真的没有，我给你块玉吧，我拿一块和田玉给你，请问各位你要不要？

很多人不敢要，为什么不敢要，除非你很懂行，不懂行你不敢要，我也不敢让你要。因为它没有什么价值，所以说现在珠宝行业是比较乱的，珠宝行业就两个方向。

比如说钻石是可以增值的，它是多少分，超过 30 分以上的钻石都很难作假，做不了，拿放大镜一看，有编码，一看编码就知道了，切工、净重都知道了，钻石和黄金是可以被衡量的，但是不好意思，珠宝没法衡量。

我们设计了一个挣钱的方法，很简单，比如说现在有珠宝，你来我这里买货。买货的时候你要买珠宝，买的时候你的目的是什么？戴吧。

那好，假设今天我开了一个珠宝会所，开业之后你来买珠宝，买多少呢？

假如说买了 2 万元的珠宝，这个价格可以调的，买了 2 万元的珠宝，干什么活儿呢，你就把 2 万元的珠宝拿走，这个珠宝是什么珠宝呢，我就不说了，可能是翡翠也可能是玉也可能是绿松石，也可能是青金石，等等。

你拿了珠宝之后呢，你把它带走了，但是我要问你一个问题，你买的珠宝是你的吗？还是为了戴，这是两种概念。说老师我买完了就归我了这就是我的，那你就拿走。如果你买的是为了戴，那好了，跟你谈谈条件，你付 2 万元，戴后随时把珠宝拿回来，可以给你退的。

第二件事，你付了 2 万元，你说我买了一个珠宝，珠宝可以拿走，同时你说那我要换，为什么，上个月我穿的是民族风的衣服，我可能戴的是玉，土玉。下个月我去一个顶级的奢华会所，我要戴钻石项链，请问各位可不可以？

只要钻石项链没有超过 2 万元的，拿珠宝回来换，不用加钱，各位听懂了意思没有。简单说一说为什么，你把珠宝拿回来我清洗一下、处理一下回头再摆出来。这次说参加女儿的毕业典礼要可爱点的，你就戴个米奇的，下次参加一个正式的活动，你要戴个翡翠的，如果再有参加活动呢，你就戴珍珠的，因为你穿的衣服颜色比较深，比较合适珍珠。

那我来问一下各位，这个业务有没有市场，这是一件什么事情呢？接下来我们升级一下，说补 2 万元成为我们这里的会员，那你为什么成了会员，原因很简单，本来是买方，成了我们的会员，何以这么做呢？

只要你付了钱，可以付 2 万元，也可以付 10 万元，也可以付 20 万元。属于一般翡翠，豪华的也可以付 50 万元。但是不好意思，你付多少钱，在这个店可以拿多少钱的珠宝，各位听懂了没有？

如果付 10 万元就拿 10 万元的珠宝，你再拿回来的时候可以换，说不喜欢就可以换，到年底了，把家里的珠宝拿回来，拿回来之后把这个钱退还给你也可以。各位听懂这个意思没有？

我要问的问题是我挣什么钱，第三方的钱，2 万元，什么也抵不了。房子有房租，还要雇人清洗，当然这个珠宝搞坏了你得赔钱。你说拿出去是五颗钻石，拿回来是四颗，那你得把钱补回来，能不能理解这个模式呢？

解决一个问题，中国人永远喜欢什么事都是拥有，车是我的，房子是我的，珠宝也是我的。但是现在不一样了，随着 "80 后" "90 后" 新潮时代的来临，他们不喜欢拥有了，喜欢瞬间的美丽，那怎么办？

我们设计了这个模式，这样的话就有人存 2 万元，有人存 5 万元，有人存

10 万元，有人存 20 万元。我需要跟各位说的事情是，如果允许把珠宝带回去，并不见得每个人都会达到会员的这个额度。各位听懂了这个意思没有？

同时也意味着有多余量，这个多余量有多少呢？比如说你现在付 10 万元进来，好了，这 10 万元的客户在公司里面当然有权利戴 9.99 万元，也有权利戴到 10 万元，可是我们这个公司设计的珠宝价格，不是按照你这个来的，我们是没有正好 10 万元的，你觉得多少价格是比较合适的？你最起码设计一个 10 万元以下的珠宝，七八万元是可以的，五六万元也是可以的，两件不够，一件多，你想戴的话，得付更高的费用，各位听懂了没有？

手里有大量多余的现金，随着这个过程变得越来越好，开这个会所，开完了之后收会员，你绝对有权利把 2 万元一副的珠宝拿走，不再拿回来无任何的怨言。如果你拿回来，定期回来聚会，聚会的时候，咱们就搞活动，活动干什么活儿呢？

今天的活动叫如何鉴赏和田玉，明天的活动是如何看翡翠，每个礼拜搞一次。这个柜台，比如说是 2 万元以下的珠宝，然后，另外一个柜台是 5 万元以下的珠宝，再下一个就是 10 万元以下的，再下一个是 20 万元以下的。柜台不一样，挑选的地方不一样，2 万元的挑不了 5 万元的，10 万元的挑不了 20 万元的。各位能理解这是什么意思吗，那我问各位的问题是，都在一个厅里，活动是一起搞呢，还是分开搞？

2 万元的放在一起搞，5 万元的放在一起搞，还是大家都分开搞，选择哪个方案？是放在一起搞。这样的话人都有攀比心理，人怕的是比较，一比较我这一块你那一块，你那一块我这一块。

一个公司要懂得培养客户，培养客户是什么意思呢，培养客户的消费习惯。人与人最怕的是什么，是比较，尤其是女人跟女人在一起，一比较我这个比你的好。

好了，就慢慢地升级，升级完最高的级别之后，这个人戴的可能反而并不是最好的，他戴的可能是非常适合自己的，因为贵的只有那么几种。

但是我告诉你有很多时候在我们的操作过程中真正把货物拿出去的成本，大约占了 30%，也意味着收会员费，按收到 1000 万元的会员费用，真正的成本是多少呢，300 万元？另外 700 万元怎么办？自己使用。

第二轮结束，这不是关键，一般的珠宝店是这样开的，就是卖珠宝一次性买卖。做会员叫持续买卖，人越多就卖得越多，也就挣得越多。

好了，接下来珠宝不是卖的模式吗，消费者可以相信玉很好，要提三个条件，你看，我们这里顶级的会员费是多少，各位，市场价格多少钱，100万元。

因为真正的珠宝戴着的，不要说一块翡翠五六百万元，那个太高级了，正常戴的话要上百元上千元才行。那 100 万元存进来不用取，为什么，把钱存在我这里，等于换珠宝戴了。

但是你存在银行还有利息呢。所以这样，如果你存我这里，100 万元的会员把钱存进来，首先可以戴 100 万元的珠宝，同时呢，我给你每年 6%的年化收益，也就是说一年要付对方 6 万元，1000 万元要付 60 万元。各位听懂意思了没有？

为什么这么做呢，有什么意思吗？如果存 2 万元戴习惯了，不错吧，把钱存进来，首先在公司里面，100 万元的珠宝随便戴。当然只能挑比 100 万元少的，不能挑比 100 万元多的。每年按照你存进来的钱，给你 6%的年化收益，我来问各位，为什么这么做就是资金，这样做的目的很简单，就像很多爱好珠宝的客户，人家怎么想的，银行存的钱也就是 3 厘多，这里年化收益是 6%，还可以把珠宝戴得更高级一点。珠宝是你自己拿着，他一算，不如存到你这里来，索性把银行的钱搬到这里来，干的是什么，干的也是投资。

这是第三步，这样的话，公司的现金会怎么样，会更多，但是对于老板的挑战也就更大。原因是你拿了 100 万元的钱有 6%的年化收益，那我们对外赚的钱要大于 6%才行，是不是啊。这个要你在财富秘籍系统里学，如何挣更多的钱。

好了，接下来是第四步，这个都不是关键，戴珠宝的人很有意思。各位，你是玩珠宝的而不是戴的。每个家庭每个美女都有自己喜欢的珠宝，只要买玉的都不止买一块，买了很多块的。家里是不是有珠宝，没事的时候，家里的珠宝放在什么地方呢，保险柜里，放在那里干吗呢，又不能挣来钱。

如果你愿意的话，你把你自己喜欢的珠宝留在家里，传家宝留在家里，你把不太喜欢的租给我。各位，听懂我的意思没有，然后咱们就评估价格，怎么评估呢，你给我的珠宝评价是 1 万元，我店里摆上去就是 1 万元。如果你评估下来是 3 万元，我店里摆上去就是 3 万元。珠宝放在你这里不行，要放在我会所。

各位明白吗，我来帮你，没事就洗洗打理一下，再给你一个欠条。只要把珠宝放在我这里，是珠宝啊、玉啊、翡翠啊就可以，我每年给你5%的收益。各位听懂了没有。

请问为什么这么做？货是用钱来买的，你开个店是不是先把店装修好，然后你自己把货摆上去，你要花1000万元把货进回来。我要问的问题是这1000万元花的是谁的钱，你自己的，然后你干活儿时用1000万元撬动了3000万元的营业额。这1000万元你得自己出。

但是现在呢，你们把珠宝拿进来就是你们把你们的货租给我，你并没有花1000万元去买珠宝，你给他的是什么东西，是一张欠条，每年5%的利息，拿1000万元的货去干什么，开下一家店。最后你干的是把店装修好就行了，把珠宝收进来然后再租给他们就可以了，大家此刻明白了吗？

好了，记住两句话：产品是载体，公司是平台，货是客户的，所以说店里面是没货的，这个是理论值。

实际上店里还放着货，为什么？因为顾客拿回来的什么货都有，你并不确定哪些货是你的，哪些货不是你的，你并不确定这个店里卖的货是不是合适的。实际上是一件事情撬动几件事，现在呢，我们把这个方法称为"一房九卖"，就是一件事变成九笔钱出来。

原来讲课是一房一卖、一房二卖、一房三卖，现在变成一房九卖。我们设计了一笔钱九笔花。

一个企业想要有大量的现金，也就是说公司是平台，产品是载体，当然这件事情一个人是很难完成的，有一群人才能完成，取决于你们的数量和质量。

9.2 挖掘客户需求

案例1：做婚庆的，做一次婚庆大概收客户一万元。

我问他："收一万元你能赚多少？"

他说："很多都外包了，一场下来能赚三千多元。"做一场婚庆还有很多外包，你的车辆各方面都要外包，能挣三千元就已经很不错了。

我就问他，我说："你为什么不赚两万元呢？"

他说："赚不到。"

我说："怎么赚不到呢？"

他说："赚两万元的话客户就到别的地方去了。"

这就是竞争的问题，因为客户有选择，所以价格由客户来定，我们要做的是让客户没有选择，剥夺客户的选择权。

我就问他："正常的是男的找婚庆的比较多还是女的找婚庆的比较多？"

他说："女的。"

咱就不管男女多少，我给你假设一个女的来问婚庆的场景吧，女的来问你，说做一个婚庆多少钱，你说一万元，人家问能不能便宜一点儿？你说这已经是最低价格了，都是这个价格。客户说那我再看看，到别家看看她再也不会回来了！

我刚刚讲过挖掘附加值的策略，是将产品重新塑造价值，重新谈价格。原理是什么？我们做生意有竞争，它的核心只有一个：就是剥夺客户的选择权。如果客户不成交，他将损失更大，也就是谁能提供更多的价值需求，你多提供一份，客户就愿意多付一份费用。

你不要先跟客户讲价格，应该先挖需求，应该这样讲：我想问一下美女，请问："你想做什么样的婚礼呢？"

她说："我们也没有经验。"她当然没有经验了，有经验就是二婚了。

她说："我们想搞一个热热闹闹的，把婚庆办得很好的就行。"

我说："你说的就是那种主持人上台主持，长辈发红包，三拜这种普通的婚礼吗？我们不做那种，我们只做主题型的婚礼。

我们推出任何一个婚礼都有一个主题。比如说我们要做王子与公主的爱情故事，在男方心里面，他们都渴望女孩是天使、是公主。

所以我们这个主题婚礼，就是在结婚那天让你从天而降，插上洁白的翅膀，穿上洁白的婚纱。而在女方心里面，她们渴望男方是白马王子，所以在那天他会骑着一匹白马，威风凛凛地飞奔而来。

当他走过来的时候，我们就用特技让你从天上飘下来，正好落在马上，一起奔向幸福的殿堂。这只是其中的一部分，这就是我们做的主题型的婚礼。"

你知道她听完什么感觉吗？客户马上就会觉得，这样的婚礼太浪漫了，得多少钱啊？其实当她问那句话的时候，就代表着她原来想拿一万元办一场婚礼，现在已经感觉到自己的钱够不够？不够吧！这个时候你告诉他我们这里比较便宜，只需要三万元就可以。

各位！想要这样婚礼的女孩子一抓一大堆，每个女孩子结婚都渴望刻骨铭心，她如果不办这个婚礼，将来就会抱怨：由于没有办那个王子与公主的爱情故事而遗憾终生。

你之所以没有这么做，就是因为你不懂商业规律，不懂得如何去挖掘客户的需求，不知道怎么塑造产品的附加值！他不单单只满足客户对婚礼的需求，还满足了这个女孩子的浪漫与想象，对吗？

满足了她对爱情的刻骨铭心，所以让你满足的需求越多，就能创造出更多的价值，产品自然就能卖出高价。各位！懂了没有？

案例 2：现在有很多私立学校在招生的时候很难！因为现在公立学校都是免费的了，那么私立学校招生的时候也可以用这个方法。

你送孩子过来上学，我们可不是随便收的，学校是什么地方！是培养孩子成为栋梁之材的地方。你对孩子有什么要求，你想让他成为什么，先让家长写出来。

写完了以后招生的老师就带着家长了解学校，不仅详细介绍家长列举出来的要求，还把家长没想到的也详细介绍一番，我们学校还教什么什么，把所有成才的方法全部展现在家长面前。家长在孩子的教育问题上是最受不了这些的。

那么招生老师就用这一招，来一个搞定一个，来两个搞定一双。记下来：企业家不要去赚那些辛苦的钱，要懂得利用杠杆，用规律杠杆去撬动价值，赚智慧的钱。我们要懂得开发产品的价值，来把你的产品卖出高价。

很多老板都抱怨，生意不好做，同行竞争太大，就连利润空间都没了还怎么卖高价？那么我来告诉你，人之所以痛苦，是因为没有方法。

是你没有把客户的需求开发出来，是你没有把产品的附加值塑造好！那么什么是产品附加值呢？就是你的产品除了满足客户的刚性需求之外，还能满足客户的哪些需求。这些需求你还没有开发出来，所以你才卖不了高价，才陷入激烈的竞争当中！

就是要先把客户的需求开发出来，再用你产品的附加值来满足客户更多的需求，那么你的产品就可以卖高价。客户在这个产品上还有哪些需求？都可以作为附加值策略。你要问一问自己，我能给客户提供什么样的附加值。

案例 3：有一个学员，他是做特殊用纸的，短短两年时间不到，他在这个行业已经做到了全国最大，那么他是怎么做到的呢？

他是生产红包用纸、花炮外包装，还有对联纸的，原来他在中国市场有十多家竞争对手，现在全部被他打倒。

他是怎么做的？原来他只知道用压价格的方法，别人问他一吨纸多少钱？他就告诉别人一吨纸多少钱。客户说先考虑一下，这一考虑，基本上就没戏了，损失了好多客户，后来不用这个方法了，那么他再找到老板的时候，老板说"你那一吨纸多少钱"？他说请问你们用纸最担心的问题是什么？我们是想寻找长期的合作伙伴，不想做一锤子买卖！

我们要做长期客户，首先就要满足你所有的担心、所有的顾虑，所以我是来协助你的，解决你所有的担心。因为你昌盛了，我们才能昌盛。哪怕今天我一张都没有卖给你，但是我也要先了解你的需求是什么，你所担心、你所顾虑的是什么？

对方讲了一条他最担心的问题。他说除了这些难道你没有第二种顾虑了吗？第三种、第四种，等等！把这些问题点都给他列举出来，对方说有，然后他说，我将会满足你什么什么，写了十条的需求。

这一招下来，客户说你怎么不早说呢？他去每个厂家都用这招，人家都问他，你怎么不早说你能解决这些问题呢？

其实他很想说，我也是刚学的这招。这个时候请问他在干什么？将对方引入哪里？引入价值战场。他所承诺的事情别人可以达到吗？别人也可以。但别人没有讲出来。他讲出来了，客户就跟他合作。别人不知道怎么样输送价值，而他知道。

其实很多老板在经营的时候，整天抱怨利润低，生意不好做，钱不好挣，其实你不知道，你只拿回了利润的10%，还有一大部分的利润你没有拿回来，这些利润本来就属于你，我们把他拿回来没有人会有意见，他原本就属于你。只是你不知道他的存在，有机会再和大家分享……

大家记下来：在整个商业系统中，最基本最基本的两个问题，一个是客源，另一个是成交。

如果客源增大两倍，你的成交比例不变，你的业绩利润就会增大两倍以上，如果客源不动，你的成交比例翻两倍，也是增加两倍以上。但是如果你通过策略，客源大两倍，成交也大两倍，那就是提高四倍的成交率。所以说我们学习要学对原理，要了解商业中真正的价值。

无论什么时候，失败和成功就是一层窗户纸的距离，可是这层窗户纸很多人就是找不到捅破它的方法。

9.3 商业模式之协议控制

营销模式运作的核心是先聚人气，后聚财气。(想办法控制客户，锁定客户，让客户产生稳定消费。)

商业模式运作的核心是资源，它的所有指向是控制资源，让资源给它产生稳定的收益。

赚小钱靠时间和体力，赚大钱靠智慧和资源。

现金流指的是运作社会及未来的钱。

水厂的返购协议控制模式：

（1）一户一年 500 元的水费，消费一年后全额返还；

（2）条件是来我指定的地方旅游 2 次。

（3）和物业合作，每成交一户给 50 元。

（水费虽然全免费，但是提前收到了大量的现金流，同时促进了自己开的旅游观光地的发展，只要人气来了，自然会在旅游观光地消费花钱。）

行车记录仪的协议控制商业模式：

（1）免费安装价值 300 元的行车记录仪（成本 100 元）；

（2）到我指定的消费地点消费，停车费、物业费我来交（和消费地点合作，收取提成）。

协议控制的商业模式：

（1）找到有机化肥厂，说"我把一部分定金给你，你给我生产多少我想要的配方的饲料，但是这个饲料只能卖给我，如果你卖给别人的话，我会追究你的法律责任"。

（2）跟化肥经销商说"有机化肥质量比正常肥料好，但是价格跟正常肥料价格一样，你们愿意采购就签个协议，给 10% 的订金，我生产出来卖给你，卖不掉我原价回购"。

（3）我把订金给工厂，工厂生产完后给经销商，经销商卖完后把钱给我，我再把钱给工厂。

9.4　产品免费送

要搞清楚一个观念：你和客户不是买卖关系，应该是合作关系，客户有机会参与你公司的运营，有机会参与你利润的分配，有机会参与荣誉的分享，有机会参与项目的建设，这是四个业务的核心。

永远记住：客户的关系不是单纯的买卖关系，在进一步分享之前，我想首先跟大家分享挣大钱的几个点，如果你每一条都符合每一条都做到了，你会发现挣钱没有那么难，没有那么累。

（1）不赚一次性的钱，什么叫不赚一次性的钱呢？就是我们之前做生意，不管是卖产品还是做服务，你会发现我们要打很多的广告，或者是通过业务人员不断地上门拜访、打电话、发短信、发微信，好不容易把客户拉到你的店里，客户把钱给了你之后，你把产品或服务给了客户，你会发现想让客户再一次把这部分利润给你的时候，你还是要持续不断地打广告、发短信、上门拜访，这种钱叫作一次性的钱。所以如果你挣的是这种钱，你一定要注意了，这种钱一定会赚得很累。

注定你这个老板会越做越辛苦、越做越痛苦。

（2）不赚大额投资的钱。什么叫不赚大额投资的钱呢，其实生产制造型的企业，你会发现一条生产线买回来，昂贵的费用，真金万银地花出去，可是有一天我们没有把它卖出去，变成什么样子，都成废铁了。

记住，亲爱的朋友，我们今天买过来的这个设备花的是真金白银，它的寿命并不是它生产产品的真的寿命，而是他生产出来的这个产品在市场上消费的这个阶段，有多长久，这注定了这套生产线的寿命有多长，对吗？

如果买回来一套设备，只是用它生产出来的产品在市场上只流行了两年，只能卖两年，哪怕这个设备有 20 年的使用寿命，有 18 年是没有效果的，它还是注定了第三年要变成废铁。所以千万不要赚那种大额投资的钱。

当今社会其实有可以花很少的钱，甚至不用投入什么钱就可以赚钱，甚至可以赚很多钱的事情，我们真的没有必要去做那些大的投资。有些朋友可能会说：老师，你在骗我们，我们现在花了很多的钱，想挣钱都很难，怎么可能会不花钱或者花很少的钱，不可能有那么多的机会挣更多钱。

亲爱的朋友，你一定要记住，在这个世界上你不知道的并不代表没有发生过，你没有看到的并不代表它不存在。在以后的课程中会跟大家分享很多可以不花钱甚至花很少的钱就可以赚很多钱的项目。

（3）不要赚利润过低的钱，我问过一些问题，我问利润在 10%以上的朋友请举手，有 20%~30%的人会举手；当我问净利润超过 30%的时候，几百人的会场只有那么几个人举手。

也就是说现在的老板，他们的净利润能获得的额度会越来越低，越来越小，这真的是很可怕的事情。

各位亲爱的朋友，我一直在讲现在拿到的所有的利润，其实只是拿回来利润的 10%左右，也就是意味着还有 90%，庞大的利润，这些利润本来是属于我们的，为什么有 90%的利润呢，以后在系统中会讲到。

我们拿回来没有人会有意见，拿回来也是合理合法的，为什么没有拿回来呢？就是因为我们不知道，不知道这三个字太可怕了。我们不知道那利润也是我们的，我们也可以拿回来，所以我们白白地丢弃在那里，浪费在那里，真的是非常非常可怕的事情。

可是有很多老板拿回来只有 10%，然后天天在那里干吗，在那里抱怨挣钱越来越累，挣钱越来越难，挣钱越来越痛苦，挣钱越来越少了。

亲爱的朋友，不是挣钱越来越累，挣钱越来越难，而是我们大脑当中赚钱的方法、系统和策略太少了。你挣钱的方法、系统和策略越少你赚回来的钱就越少，这是成正比的，所以我们要不断地学习，你能拿回来的利润才会越多，同意吗？

（4）不断使用时间换钱的钱。

河北石家庄有个正定县，那里有一个马家老鸡，那个老鸡真的非常非常好吃，我每次去石家庄都要去正定买几只鸡。

可是你们见过卖鸡的它竟然可以在一个案板上把上千只鸡做成熏鸡，很大的一个场面，很宏伟。这个老板可怜到什么程度呢，他一年只有 5 天休息时间，大年三十、初一至初四加起来总共五天，初五就开始出摊，从初五卖到大年二十九，他说是没有任何时间能走出这个店的，白天在卖做好的鸡，凌晨呢，大概两三点就要起床开始加工那么多的鸡，问他为什么不可以学学麦当劳、肯德基，做一些连锁店这样不是很轻松吗？然后又可以赚到更多的钱，对吗？不用说，他的店如果不是在正定只有这一家，如果在石家庄开个十几家的话，他的营业额至少增长十几倍，他的利润增长十几倍也是非常简单的。

但是因为他是祖传的手艺，祖传的秘方，再加上现在祖传的思想就是我们只可以开一家，绝对只传男不传女，只能传给自家人，任何人不能让他干吗，不能让他看到做鸡的过程，所以他这辈子只能做一家店，一家店你算吧，虽然有一千多只鸡，但是利润是固定的、有限的，也就是说这辈子他能赚多少钱？按每天卖一千多只鸡计算，然后这个利润是多少乘以多少年就可以算出多少，这就是不断用时间换钱的，对不对？

所以千万不要学这种赚钱，你一定要学会倍增自己的时间和利润，这样的话，你的收入才会爆炸式地增长。

（5）不赚有上限的钱，讲的就是思维的方法，我有个朋友的朋友，他是做农村发电机的，就是偏远的农村不通电，才会买他的发电机。

中国有多少个村子现在没通电的？有 4000 个村，那想想他的机器卖多少？1000 元一台好了，1000 元乘以 4000 才多少？400 万元，再加上机器的成本和推广的成本，能赚多少钱？

可以想象得到，基本上没通电的村很偏远很贫穷，就算买发电机去，他拿什么来用？电视和电冰箱区别在哪里？而且推广成本也变了，他的钱一定会有上限的，对不对？

那这个过程当中，如果他不懂得把握自己上限的这个瓶颈，这个天花板突破的话，他的钱还是能计算得出来的，这样的话想获得很大的财富，几乎是不可能的。

（6）最重要的，大家一定要记住，随着我们移动互联网的兴起，微博、微信各种 APP、软件不断地兴起，再加上各种商业模式的创新，有很多朋友发现通过移动互联网可以有很好的机会，就盲目地上马新产品，很多朋友又有众筹模式、平台模式、各式各样的模式。

很多人就开始思考我做一个这样的平台，我做怎么样的一个商城，我做怎么样的一个模式。虽然前期要投入，烧掉很多钱，那么我能不能有一个很好的回馈呢？他们算来算去觉得这个回馈都会非常大，都会非常好，但是他们资金不够，找到很多朋友来合作，以钱来烧钱。

各位朋友，这是一个天大的陷阱，你的机会、你的前景越好，你的危机就越大、你的危险性就越大。为什么？因为这条叫作千万不要赚大佬会抢的钱，什么是大佬，类似马云、马化腾等这些人。

如果他们随便抢一抢你的生意，你就彻底完蛋了。不管你有多少钱在烧，对不对？如果你做一个商城，你做一个什么平台模式，只要他们觉得蛮好的，这个东西可以做大可以赚钱，他们随便找几个人成立一个部门，你很快就会被打下，对吗？

千万不要赚大佬会抢的钱，实在太危险了，这里你会发现这个钱不能挣？那个钱不能挣，到底什么钱才能挣呢？我们后面还有很多个点在系统中会讲到。所以这几点大家要认真地区分对比，看看是否符合你的要求，那接下来继续分享案例。

大家知不知道如何把别人挣钱的产品免费送出去，有没有想过这个问题，当你把别人挣钱的产品送出去的时候，那么你的客户自然而然就吸引过来了。当然要做到的就是双赢，那么大家想不想知道这是怎么一回事呢？

大家来分享一下，那个学员是开饭店的，当时在当地是转业过来的，他们说都不懂，听说饭店还可以挣钱，一股脑儿地钻进去，开了家饭店，结果呢，因为管理不当陷入了困境，跑来找我叫我帮帮他，不然他就被逼得走投无路了。

我就了解了他的情况：地段不错，人流量也蛮好的，不知道为什么顾客消费就是少，因为投入了大量的成本，所以导致很被动，资金断了，被逼得也没有办法了。

经过一系列的沟通，我了解到他这家饭店没有做过任何推广和宣传，也没有进行过任何优惠活动，人家都不了解他家的店，最后结合实际情况，我给他的方案，我说你可以这么做，首先将饭店名气打起来，可以先和生产酒家谈判，当时我介绍了第一个学员，是生产酒的，让他们认识先谈好，但是有一个条件就是包装盒由酒厂设计，然后由酒厂制作。

没有资金怎么办，接下来你再找一些需要做广告投放的公司，如房地产、培训学校、宾馆等有广告需要的公司，跟他们谈判，告诉他们现在有一个非常好的宣传机会，在酒盒上面打广告，那酒上面有哪些广告可以打。酒盒不是有4个面吗，前后左右上面内盒都可以做。

当把广告商的钱收来之后，他自己没有打广告，为什么，他就开始送酒，横幅一拉，某某饭店免费送酒，那请问去的人多不多，然后他的广告一下子就起来了。他送的是一般的酒，人家来消费免费领酒，他就送优惠券，如果去酒店消费，消费多少送价值高端的酒，那请问去的人多不多。

大家一想肯定有两个问题：第一个问题是他有没有亏钱，当然是没有的，因为在这里不好讲，一讲就会透明了。第二个问题是大家又可能去问来免费领酒的人会不会多是一些占便宜的人，比如说老头子、打工的，这个怎么解决各位？既然来占便宜的，那我们就用让他占便宜的推广方法。如果领酒的人推广出去优惠券，有人来消费的话再送酒。

各位，你知道吗，现在每天有多少业务员在帮他推广，听懂了吗，各位。对于几个投放广告的公司来说，这次活动人非常多，起到了一定的宣传作用。

对于酒商来说，一次性销售这么多酒也是非常好的，对于客户来说领到了免费的酒非常开心，同时也达成推广业务。对于饭店来说，吸引了大量的客户，而且也因为送免费的酒，在当地一下子打开了名气。

所有的人都达到了共赢，这个效果是非常好的。把别人赚钱的产品免费送，当你换个角度做生意，那效果就会截然不同。

9.5　捆绑薄利多销模式

面对价格战，捆绑薄利多销是最好的方法之一。

案例分享 1：

有个朋友做女性化妆品冰箱，创业初期就遇到了瓶颈，因为这个产品对于消费者来说是陌生的，也不是刚需的产品，所以需要教育客户的时间跟成本，一个化妆品冰箱的成本是 200 元，卖 300 元，中间扣除运营成本也就赚 50 元左右，这对于初创型公司来说生存都难。

见面具体了解情况后给他重新设计了盈利模式，其结果就是同样的化妆品冰箱，不同的盈利模式，利润增加了近 6 倍，如何实现的？

化妆品冰箱顾名思义就是装面膜、化妆品等，所以从刚需开始切入。

让他代理现成的品牌面膜，在 5 折拿货的前提下，多弄出一个 980 元的面膜套餐，送价值 980 元的化妆品冰箱，也就是说一次性买 980 元的面膜送 980 元的冰箱，其结果就是他在卖面膜的同行之间有了竞争力，那么我们来算算具体能赚多少。

980 元 5 折拿货其利润是 490 元，扣掉冰箱的 200 元成本就是 290 元的利润，跟原来的卖法比利润翻了将近 6 倍。

这个事为什么能操作成功呢，这个朋友一开始要做冰箱的原因是，身边女性资源多、是需要存放面膜等。

这个方案很好地解决了提高成交率的问题，但是冰箱本身就不是重复消费的产品，所以想持续赚钱还要升级商业模式，具体的就不在这里公开了。

这就是捆绑薄利多销的方式，不再局限于非要在自己的行业赚钱，而是找更好的盈利点去竞争。

案例分享 2：

深圳某幼儿人格培训机构打市场的时候遇到了麻烦，就是收费收不上来，最主要原因是消费者对人格培训到底值多少钱没有概念，也就是说完全没有系统的盈利模式，从免费体验再到收费这条路行不通，也很费劲。

后来经过半年时间的磨合后，重新给他们设计了商业模式，因为他们已经在中国教育部立项了，国家也给他们颁发了两个牌照，这就是绝对的政策壁垒，所以一旦全面免费那么引流是非常简单的事。

重新设计商业模式跟盈利模式后，从原来的盈利难变成现在的 8 个盈利点。

第一，以中国妇基会名义全面免费幼儿教育培训，吸引大量的流量后，通过对接钢琴、舞蹈、绘画等已经成熟的教育机构分成。

第二，目前整合的 40 个幼儿园每年必须采购的产品，如文具、玩具等团购的方式赚差额，也就是降低了幼儿园采购的成本。

第三，通过 APP 广告点击来收费。

就这三点已经是非常大的盈利点了，因为这个项目目前正在运行，为了对项目的保护，剩下 5 个盈利方式就不公开了。

9.6 培训机构案例

在中国人的固有思维中，都喜欢花钱投资硬件，不喜欢花钱学习软件。什么是硬件？什么是软件？硬件就是看得见摸得着的东西，软件是你有什么样的思维，它决定你要使用什么样的硬件。

为什么讲这个？请问，这个学员花 4000 万元的焦点是放在哪里？是不是花钱投资在硬件上，而一个软件思维极度发达的人，他就会注重企业的通路。大家都在种果树，我在搞果品销售公司，一下就掐住企业的喉咙。

为什么大多数人会犯这样的错误呢？因为所有人的思维都是由软件来决定硬件的。大多数人愿意花钱买硬件，不愿意花钱来学习提高你的软件思维。觉得软件思维是看不见摸不着的东西，还有一些不懂的人认为培训讲师是骗子。

他们并不知道在经营企业的过程中，你使用什么样的硬件是由你大脑中的软件来决定的，软件才是你经营企业的第一设备。

真正成功的企业家是先学习软件思维，再去经营企业。但是大部分企业家都是摸着石头过河，看人家怎么做，也学人家怎么做。效果好不好，他们也不知道，所以企业越做越累。

比如一个做培训学生的机构，我说你为什么发传单呢？他说因为别人也这么做。我说好，现在我们换一种思路来做，又会是什么样的。

请问，你最重要的目的不就是招学生吗？在这个事情上，商业中最大的魅力是吞并别人，是以别人的成果作为你人生的起点和开始。当所有人都在线下销售保险的时候，马云在互联网卖保险。等大家的保险意识增强了以后，他一下子就吞并了别人所有的成果。

有一帮现成的学生已经培养得很好了，你知不知道，请问初中生在哪里？是不是在学校，是不是在其他辅导机构？

我说何须一百名员工，如果课程是现成的，在推广的过程中，我的第一个策略，就是选用 3~5 名员工去寻找辅导机构的老板。辅导机构容不容易找到？

你找到学校，学校附近都有辅导机构。你的第一个策略：只需要 3~5 名员工，把这些辅导机构的老板聚到一块儿，因为你的课程与他们不一样。而且，你只要把他们聚集到一个会场里，一场活动就把他们成交了。或者单独找辅导机构的老板用成交方法去与他们成交。

从那天开始，他们将源源不断地为你输送学生，而且是等学生报了名交了钱，你才给他们提成，见不到学生你不需要支付一分钱，而且都是重量级人物来给你介绍客源。

你有没有注意到一个问题？你有什么样的软件思维，就决定你要使用什么样的硬件设施。按照你的软件思维你要找 100 名员工到街上发单子，而且效果好不好还不知道，这就是你的软件思维创造的结果。

你拥有不同的软件思维，那你所使用的硬件设施也是不一样的。

五名员工就可以完成的事情，而且效果非常好，你这五名员工也不需要学习管理，不需要学习团队打造。而你却全然不知道，你所花的钱，事实上一点儿意义都没有。

当你懂得了软件思维以后，才能决定这个项目开发该使用哪些硬件、哪些钱、哪些资源。所以，记下来：使用的一切硬件设施是由什么来决定的？是由你的软件思维来决定的。

但是我们中国的企业家恰巧问题就出现在这里，他们往往忽略了这种软件价值的存在，他们并不知道在这个世界上，所有有形的物质都被无形的东西所掌控着。

没有人靠运气就能成功一辈子，这是人性中的贪婪和侥幸。我们经营商业一定是由软件来决定硬件。

9.7　洗车店案例

首先采访一下大家，假设你有一辆车子价值 50 万元，是不是要购买保险，那么现在，你的车子保险是保在平安保险公司，保险费是 1 万元。现在呢保险也是在平安保险，保险费也是 1 万元，什么都没变，在我的洗车店里代办，一年内免费洗车，不管你来多少次，你愿不愿意？

这个消息一公布的时候，大家都知道哪个圈子传播速度是最快的，肯定是老板。

老板认识的多是一些高端的人脉，因为老板经常去应酬，比如说，今天晚上一起吃饭，有十几个人坐在一起，大部分都是有车的人，对不对。

这十几个人当中呢有没有人在这里说：某某的洗车店，只要保险在他这里代办，还是同样的保险公司，同样的保险费用，一年内免费洗车，不管你去多少次。

老板们在饭桌上一算，一个月洗车 6 次好了，一年就 12 个月。12 个月乘以 6 次，一年就要 72 次。

每次去洗车的时候要付 30 元，算一算是 2160 元，只要保险在这个洗车店里代办一年就帮车主省下来 2160 元，感觉值不值？

那么请问有没有人感兴趣，会不会下次保险到期了，就在洗车店这里代办，有没有可能性？

然后，这十几个人会不会再去聚会，再谈论这个故事，肯定有很多。他用了三个月的时间就有500辆车子在这里办保险。

顺便说一句：大家请记住，那请问洗车店有没有亏钱，肯定是没有，为什么？因为他把保险公司提成的钱直接给洗车工人。

一般一辆车子提成是500~20000元，那么他给洗车工的价格是8元一次，按一年72次来算是576元，也就是说保险公司提成的钱足够付洗车工的费用还能赚一点儿钱，所以我们在设计商业模式时一定要做到前端免费，后端赚钱。

只有前端免费了，才能吸引更多的流量进来，那大家肯定会想，这样有很多人，让我们怎么赚钱呢？

但是我不免费还能赚点儿钱，现在还能挣什么，三个月的时间有500辆车子在他这里办保险，每辆车子平均是8000元保险费，那么总共是多少呢？500辆×8000元=400万元，这是三个月的时间，他用这个方法用了一年，在他的洗车店里面总共有2200辆车子。

那是什么概念：2200辆×8000元差不多是2000万元，那么保险公司知道了，担不担心？肯定担心。请问保险公司赚什么钱？他们玩的是金融，然后有两个保险公司聘他当副总，然后每个公司给他多少钱？年薪加各种保险提成，请注意是各种保险提成，费用一年纯利润就有410万元。

如果他洗车的话能不能赚到410万元？洗死也挣不到。各位同意吗？大家一起来想一下：如果这么多人进来了，还能挣什么钱，既然洗车店和保险在一起，那么可不可以卖其他的保险，可不可以？

保险公司人员出去见客户，一天也见不了几个，还带着很多礼品去到客户的办公场合，他们犯了最致命的错误。

你去办公场合见客户，是不是老有人找他，是不是他有很多事要处理，因为这是他的地盘，他想静下来，但是别人不允许，他根本没有时间静下来和你聊天。这种现象多不多？

当你在休息厅坐下来的时候，你还在回味女孩的时候，那个女孩就坐在你的对面和你聊天，聊你喜欢的话题，把张总的家庭背景人脉、性格爱好等大致了解个全面。

比如说，她问：张总，这辆车子是50万元，您的身价至少有100万元了吧？请问您的成功方法是什么？这个时候，一下就忘记自己姓什么了，有没有可能性？

何况对面坐着的那个女孩子用崇拜的眼光看着你，那么找到客户的需求后，又认识了李总。用同样的方式了解，那么你有没有可能让张总和李总两个人认识，让他们合作，帮助他们的事业更加辉煌。

帮助张总认识更多的人脉资源，张总会不会感激你？李总会不会感激你？肯定会的。请记住：永远是先了解客户的需求然后帮助他。

有句话说：滴水之恩，当涌泉相报。一般的理解是别人帮助过我们，我们一定要用泉水来回报人家。现在反过来说，我们帮助别人越多，那回报得就越多。这个时候，张总和李总知道那个女孩子是做保险的，如果张总有需要购买教育险、意外险、疾病险等，就会先从这个女孩子那里购买。

如果他自己买了，会再介绍朋友来购买。请记住：当你有了人脉资源的时候那就是财富。人脉不是你认识多少人，而是有多少人认识你并且愿意帮助你。

当时，有个客户的老公是在海南做房地产开发的，房子面向大海有个沙滩。去过海南旅游的人都知道那边的风景确实不错，但海南的房产基本上被谁买走了？

来旅游的客户看到这儿风景好打算住下来不想走了。有些人是为了养老，有些人是偶尔过来休闲的。因为风景实在太美了，空气又好，但是房子卖不出去，没有销路是因为没人脉，怎么办？那么这个洗车店干了件什么事情呢？

他在地产开发公司也就是说跟这个客户的老公谈，说我可以带人来看你的房子，每卖出去一套，你就要给我 3% 的提成，去旅游的飞机票让房产公司出。

大家可能不知道包机的费用，包机的费用很低的，来回用不了多少。那住的地方呢，房产公司自己也开发了酒店，反正去就行，住宿吃饭在他的酒店，来回的机票也没有多少，房产公司二话不说就同意了。因为他们正愁房子卖不出去。只要报销来回机票就行，而且还能带来这么多的高端客户。洗车店通知所有的客户，海南免费旅游包飞机来回，一切免费，那么去旅游的人多不多？肯定多。

去海南旅游，吃住都在这酒店，随便看下他们的楼盘，房子就卖出去了。

有些人是单纯的投资，有些人是打算养老，有些人是为了休闲，反正是各有需求，总共就成交了 8000 万元，那他 3% 的提成是多少，240 万元！

这就是人脉资源带来的财富。当有这么多客户的时候就要挖掘背后的消费习惯。

问大家几个问题：平常消费的地方有哪些？会不会去酒店吃饭，会不会去旅馆，会不会去电影院，会不会去茶楼聊天，会不会去足浴店，会不会去美容美发，会不会保养车子，会不会去 KTV 唱歌，会不会酒后代驾，这是车主的基本生活习惯。

但是有很多地方没有折扣，就是没有打折的，有些不会打折是资金管理分散，卡又多，很多卡加起来充值的钱就有很多了。

比如说，一个店充值是 5000 元打 7 折、2000 元打 8 折、1000 元打 9 折，平常的话会充值 2000 元，对不对？充 5000 元又太多，感觉划不来，但是每个店都先充值，真正打折也打不了多少，而且每天带这么多卡在身上非常不方便，而且经常不知道卡放在哪儿，有时还忘记了密码，对不对？

现在呢，他去和所有店的老板先谈，就拿足浴店的老板举例吧。假设之前洗车店有 3000 个客户，而且足浴店基本上给客户最高折扣不超过 8 折。那么我的方案就是让他只抓住一个核心点，如果我能为足浴店带来 1 万个客户（客户的系统中会讲到如何裂变到 1 万个客户），你能给我的客户打 6 折吗？

各位，如果你是足浴店老板，你干不干？我想肯定是愿意干的。如果能新增 1 万个客户，这笔买卖绝是对划算的。学员就这样拿下了所有和车主消费相关的店。

洗车店给客户的价格是 6.5 折，洗车店从中抽取了 0.5 折的利润。当然相对于很多办卡的客户来说更愿意。只要一张洗车店里的卡，最重要的是充值后以比原来更低的折扣去消费，你愿不愿意办？

当然也是和消费场所协议好：每个季度或者每个月结一次账。各位，能想象出是什么吗？

各位，一个客户不多，就存 2000 元，100 个客户就是 20 万元，1 万个客户呢，就是 2000 万元，这还是保守的数据，不包括多存的，不包括在其他地方盈利的。各位，2000 万元给你一两万没有任何问题吧，有没有问题？

当然关于现金流如何放大这中间许多运作提成，等到下一次资金运作提成中会讲到，也就是类金融的一种，大家只要改变模式，这洗车店就能做得很好，大家有没有悟出什么？

不挣钱，那是一直按照你的思维、你的固有挣钱方式在做，挣不到钱那是必然的，当你的商业模式设计好了，任何产品都能卖出价值，不在乎它到底值不值钱，重要的是你能透过它挣哪里的钱，商业模式就是解决挣钱的问题。

这家洗车店的模式颠覆了整个洗车行业，让基本不赚钱的行业成为相当赚钱的行业。

所以在座的各位仔细想想自己企业的商业模式，你能不能做到像洗车店那样，当然也不是完全套用这个模式。

9.8 洗碗机案例

有个企业家做的是自动洗碗机，他这个自动洗碗机能够完成所有人工洗碗的步骤，而且机器洗碗的质量超过人工洗碗的质量，洗碗的速度达到三个人洗碗的速度。他的机器已经拿到了国家发明专利，并且具备了规模化生产能力，但他目前遇到的最大的问题是自动洗碗机很难打开市场，因为自动洗碗机售价过高，为此非常烦恼，特意跑来问我：老师，为什么一个能节约成本的机器都无法得到大规模的使用？

我说你这台自动洗碗机除去所有的生产成本、分摊研发成本后，你的最低售价是多少？

他说是 2 万元，我说你所推广的客户是哪些，他说是所有的中小饭店。

各位想一想，对于一个中小饭店，拿 2 万元去投资一个洗碗机器，很多老板是不愿意接受的，而你正好卡在这一关，他说老师你说的正是我遇到的这些问题。

我说你这种情况有很多企业都遇到过，你要用我所讲的"大项目分拆"来解决。我告诉他，你换一种思路，你跟饭店的老板商量每个月给 1000 元的服务费，与他签 2 年的合同，2 年合同期满后，自动洗碗机免费送给他，也就是说每个月 1000 元的成本。饭店的老板完全可以接受，因为可以完成 3 个人的工作量，我们按平均每个人的工资 2000 元来计算，3 个人是 6000 元，再乘以 12，一年就是 72000 元，两年就是 144000 元，再减去要付的机器费用是 2.4 万元，就可以节省 120000 元的成本，请问你是饭店老板，你要不要？

那请问本来的机器是多少钱？2 万元。现在呢？2.4 万元，请问增长了多少的利润？那销售量呢，本来一个月卖 5 台，现在一个月卖 500 台，请问增长了多少业绩？

再讲一个案例，比如说练瑜伽，一年要付 2000 元的年费，但是很多女性都不去，为什么？一、怕坚持不了一年；二、一下子拿出来 2000 元会心痛。

如果你按照我今天所讲的大项目来分拆，按一个月 180 元来收费，按月来付费，请问你去不去，很多人会去的。

任何行业只要把思路换一下，先把客户吸进来，再按我们学习的商业模式的系统设计如何赚后面的钱，各位明白吗？

用这种大项目分拆减少首次投入的成本，用 2 年的时间来分拆这 2 万元的成本。这样对于很多中小餐饮的老板是完全可以接受的，你们看，这样的话是不是瞬间增加了业务量？

所以说大项目分拆，小项目重置，也是一种引流的方式，重点是你怎么去把握、怎么去设计系统模式。

9.9 超市案例

要讲的主题案例是："免费送股份"让持续亏损的 43 家连锁超市扭亏为盈，欠款 270 万元不用还！

这是一家定位于乡镇的便利连锁超市（这里不便公布公司名称）。

接触到这家公司时的现状是：

（1）公司已经拖欠了近 2 个月的员工工资；

（2）欠供应商货款 270 万元，供应商得知公司问题后也停止供货了，天天有人去公司催债；

（3）80%的店面出现亏损。

如何运用"免费思维"将超市扭亏为盈呢？

做到的结果：

（1）40 天内收款 200 万元现金；

（2）拖欠员工 2 个月的工资，员工自愿换成超市的购物卡；

（3）仓储物流成本砍掉 60%；

（4）欠供应商的 270 万元不用还了。

如何做到的？这是各位看官最关心的。接下来听我分析！学《免费模式》课程，我一直在悟两个字"吃亏"。最终我发现，免费的思维就是吃亏的思维。就这样无条件地吃亏，无条件地付出，无条件地给予，无条件地爱你。

因为谁也无法拒绝一个发自内心爱你、对你好的人。所以就做生意而言，永远要把合作商、员工、顾客放在安全的位置，咱自己吃点儿亏，不让他们吃一点儿亏，这样他们就会追随你。

（1）从人性的角度出发，我把店都免费送给了员工，就这样收款200万元，非常轻松地完成了。

如何操作的？了解了公司整体情况后，我就到店里去了解销售情况，分析其亏损的原因。第一个原因，由于拖欠员工工资，员工没有积极性。第二个原因，由于公司资金链断裂，供应商不给供货，货品短缺。其实和店长聊天的过程中，大家对店都很有信心。

43家店走访完毕后，我就选择了6家店，把店里80%的股份送给员工。每个店选两个股东，每个股东收3万~5万元押金（根据店的面积收），不经营了退还押金。

这6家店爽快地把钱交了，把合同签了。因为员工都知道这个投资情况，更了解店里的经营状况。

核心：没让员工吃亏，投资几十万元的店才收他几万元押金，还送他80%的股份。

这6家店改革试运行一个月，这个月期间，我们把所有的资源都倾斜到这6家店，保证这6家店的老板们能赚到钱，并且在超市把日常食品鸡蛋、大米等亏本卖，增加人流量（如鸡蛋平时卖9毛每个，成本5毛，赔本卖3毛，每人限购，引爆客流）。

一个月的试点过去了，7月2日，我们开了个全体员工的启动大会，现场给这6家店的老板们分钱。这场启动会结束，43家店全部送出去了，加上原来的店收的钱一共200万元现金。从此以后公司开启了新纪元，由原来的雇佣制改变为现在的创业合伙制。

（2）当员工都变成合伙人的时候，欠的工资都折成购物卡了。因为他还可以卖掉，所以除了离职的员工，其他员工都换成卡了。

（3）当员工都变成合伙人的时候，仓储物流成本就下降了60%。每个月公司只免费配货三次，如果你的超市再让配货，就需要承担车费。

所以员工都提前根据销售数据囤货，囤多了过期了自己承担。以前都是公司囤货在仓库，会出现过期等一系列问题。现在仓库转移到员工家里了（因为员工都住在店附近），店里没货了就回家弄两箱。

给老板打工的时候，员工怎么都不肯把货放在自己家里，没货了就等公司配。所以人只操心跟自己有关系的事，目前这个连锁超市是店店盈利。老板自己赚什么？20%的股份，43 家店加起来不少了，看懂了吗？

一个店，两名送股份，店长 5 万元押金，副店长 3 万元押金，不干就退还。

如果店长不愿意，那就开员工大会，愿意的就报名，放押金做店长，拿店长工资和股份，只要有信心的都抢着干，那么老板干什么事呢？拿着押金去找铺面再开店，只要做这个事就可以了。至于怎么解决 270 万元债务的问题，这个是关键点。

当然这个问题肯定不是用收到押金的来解决的。如果这样那就是没智慧了。至于怎么解决的，看看以下解决方法：

十几个供货商共 270 万元，跟供货商说，现在逼着要钱也没有，但是如果继续合作的话从现在开始每次进货现款现结，我现在生意好了，以后现金进货了，如果各位供货商同意把各自的应得欠款转化为进场押金，那么我们继续长期合作。

如果有哪位不愿意那么我们解除合作，我再找别的供货商谈，照收进场押金还欠款，因为每个供货商各自欠款不多又想继续做这笔生意，而且彼此都熟悉，所以也都同意了。

关键点：员工没积极性，给他们80%股份自己分配，还不用开工资。老板赚的20%是纯利润，还不用管理。

9.10　菜谱杠杆借力方案

挨家找饭店跟他们谈，说免费送菜谱相册给他们要不要？告诉他们，他们原来的菜谱太过于单调，过于简单化，我们免费送一份高大上的相册给你们，有几桌送几桌。

这些菜谱相册的等级就和我们以前读书时毕业照留念相册的等级一样，有好的有差的。如果你是这家店的老板，别人免费帮你设计菜谱图片还送这个给你，你要还是不要？

有的人就想，城市套路深，免费的东西不是好东西，这时老总说，这里面会不会存在什么套路啊，而且我送这么多东西不亏本亏死我，我要怎么盈利赚钱呢？

他的朋友不慌不忙回答说，不用急，我们先来整合下游。你去跟饭店老板谈，相册免费送给你，不用你掏一分钱。但是我们有个协议，你们饭店原来边缘采购的一些物品能否跟我们采购，比如吃饭时用的餐具或者是食用油之类的，你看下你手头上是否有这些资源。

等你谈好了下游，我们再去跟上游的一些商家谈下合作，比如美容院或者一些其他教育培训机构，说我们这边有做招商，你们要不要投放广告进来，我们在相册里面放一些你们的宣传广告。

不知道大家看到这里的时候是不是感觉场景很熟悉，现在的一些书籍与相册都有采用类似这样的众筹活动，书还没有出来，钱先收到了。

就这样，公司老总就在他附近的饭店挨家挨户地谈，不仅解决了羊毛出在羊身上的问题，做相册的钱不用他出了，他又能赚到饭店持续稳定的现金流。

不知道大家看到这里大概理解这个案例的思路没有？再给大家整理一下思路，公司老总先掌握一些饭店边缘类采购的资源，比如食用油。

万一人家不愿意采购呢？这些只是预测。然后找到饭店免费送菜谱相册，继续签协议，你的某些采购要跟他购买，必要时交定金，买到一定量退还钱。再继续找附近原来出钱打广告的异业互补用户的商家，索要打广告的现金费用。

9.11　员工分红模式

服装店每年赚 20 万元，那么现在免费送给员工 80% 的股份。以前是员工到月领工资，赚多少钱和他们没有关系。现在我交给你们管理，如果你经营不好亏本了算我的，赚钱了算你们的。

工资照发，现在一年能赚 20 万元。比如一个店有 5 个员工，1 个店长，1 个副店长。我拿出 80% 的股份，也就是一年 16 万元，让店长拿到 50% 的股份可以分到 10 万元，副店长拿到 30% 的股份可以分到 6 万元，那么我一年还有 20% 的股份。

但是店面是我投资的，我担心员工经营会出现问题，所以你们要交给我押金，我才好放心给你们管理。

我们白纸黑字写下来，签合同，一年以后如果你退出不想干了，那么押金退还给你，再把 50% 的分红 10 万元也给你。这样做对于员工来讲，没有任何风险。

然后，交了 10 万元押金的来当店长，交了 6 万元押金的来当副店长，也就是你交 10 万元押金一年可以分到店里收入的 50%，交 6 万元押金可以分到店里收入的 30%。注意，这家服装店的所有权没有变化，老板还是持有 100% 的股份，员工只是享有分红权和收益权而已。

因为现在是员工自己管理，参与分红，所以他们比以前拿工资会更加有责任感，对于店面经营会更加有动力。同时，我们可以拿收到的押金 16 万元继续开店，开店后继续拿押金，继续开店。如此反复，就能开到 200 家店。那么每家一年赚 4 万元，200 家就是 800 万元。因而我们有了规模效益和品牌优势，使得我们的成本进一步降低，收入进一步加大。

第 10 章

实体店营销案例

10.1 立即提升营业额

10.1.1 窗帘店立即提升销售额 37% 的方法

客户来咨询,赠送一本如何装饰的小册子,这本小册子回答各种问题,并且示范如何用窗帘美化房间。然后进行跟踪,回答问题并提供建议,像室内设计师一样,结果有 50% 以上的客户会成为顾客。(客户跟踪)

10.1.2 客户终身价值

(1)让私人诊所火爆的秘密:在客户当天诊断回家后、第三天后、一星期后,按照相应的时间节点给客户打电话进行病情沟通。(保持沟通)

(2)比如之前顾客购买了维生素 C,大约 2 个月的量,那么在时间快到的时候,立即电话回访,推出一个促销活动,告知现在购买有优惠。比如推出家庭组合套餐,推出营养品搭配套餐。

10.1.3 街边早餐店,火爆秘诀

招牌上写"免费赠送卤干子、卤鸡蛋、鲜豆浆",在这里买碗 3.5 元的热干面,不仅附送鸡蛋或干子,门口的豆浆还可以随意喝。

10.1.4 路边羊肉串烧烤

现在路边吃烧烤最担心肉质是否新鲜，于是在烧烤现场，一条条羊腿挂在挂钩上，让人一看就知道是不是羊肉，是否新鲜。把以前在家里操作的工序，全搬到烧烤现场。信任一下就解决了，价值也体现出来了。

10.1.5 列地图

专门批发酒的商家做了一个很简单的整个批发市场的地图，详细地把酒市场的地图列出，重点突出自己的店的位置，然后在市场门口免费发放给进来批发市场的人。(吸引其来自己的店)

10.1.6 加码销售策略

（1）针对每一款要卖的冰箱，去市场中找到相对应的碗、盆之类的进行搭配，冰箱可以不赚钱，这一类的整套用具可以狠狠地赚一笔。

（2）培训师。一位专业培训师，他的 120 分钟培训收取 3000 元的费用。我就建议他提供一个机会，让他的所有听众购买他的作品和光盘，也就是他培训的"加码"服务，他的听众中有六成购买了产品。

10.1.7 摆地摊车辆的小贩

（1）将其中 3 辆车免费使用，只要这 3 辆车有空闲下来，任何带着小孩的人都可以免费使用。

（2）将半小时 10 元修改为 5 分钟 3 元。

（3）准备一些小礼品（气球、小卡通）免费发放给过往的带小孩的父母。

（4）与附近的幼儿园联系，免费提供玩具车，定期举办赛车比赛。

10.1.8 排行榜牌子

"点菜率最高的前 7 名"上面列示了这 7 个菜名和介绍。"大家都喜欢点这 7 道菜，不知道为什么"。

10.1.9 延迟付款

家装装修。推出了"先装修，后付款"的承诺，把一个装修工程分为若干个阶段，每做完一个阶段就验收一次，客户在验收之后付款。这个策略推出后生意无比火爆，客户数量稳居当地第一位。

10.1.10 理发店

办理 VIP 卡后，每次理发后的 5 天后可享有免费的修理修整服务，在 5 天内感觉发型不满意的可以重新理。

10.1.11 火锅店，一个策略开业火爆

"30 万元以上车的车主，优惠 20%~50%。"

10.1.12 如何让代理商进更多的货

已有 A 品牌，再创造一个成本低、利润高的 B 品牌，告诉代理商每进 6 个 A 品牌就送 1 个 B 品牌。

10.1.13 在店门口放置当红明星的人形立牌，吸引粉丝拍照参观

10.1.14 购买越多越优惠

（1）干洗店：洗一件衣服 8 元，但是它提供客户洗三件 20 元的服务。

（2）第 2 杯半价。

（3）打包交易：比如电脑，你同时购买电脑、投影、激光笔、音响，我们给你一个打包价。

10.1.15 提供更长时间的选择

（1）男士袜子：创造了"袜子包年""定期配送""像订阅杂志一样订袜子"的销售模式。

（2）鲜花：顾客一次性购买 1 年的鲜花，在顾客下单后，可以选择将鲜花分批次配送。将鲜花送到顾客手上的周期可以是一周或者是一个月。

10.1.16 打造独特卖点

（1）把普通酱油改成儿童酱油。

（2）江中集团开发了一款饼干产品，通过添加"猴头菇"的成分，赋予了产品"养胃"的卖点。

（3）在苹果上贴膜，赋予"喜""福""恭喜发财"等字，增加了苹果的价值。

（4）雀巢宝路薄荷糖的产品包装上写得清清楚楚，因为宝路薄荷糖不是普通的薄荷糖，而是有个圈的薄荷糖。(有个圈的薄荷糖，最简单也是最经典的产品差异化诉求。有个圈的作用不在于圈，而在于制造识别，制造差异化。)（没有意义的差异化也是有意义的。简单的识别差异化，也能让客户更容易更轻松地认出你、记住你、选择你。)

10.1.17 超市，便利店

做一个展架，划分为 12 个格子作为广告位，卖各种生活服务：家政、二手家具、收废品、电脑维修等。每个格子每月收取 1000 元。

10.1.18 人性利益：顾客不是喜欢便宜货，而是喜欢占便宜

有一家自助餐厅，因顾客浪费食物而提出："凡浪费食物者罚款十元。"结果生意一落千丈。后经人提点将售价提高十元，标语改为"凡没有浪费食物者奖励十元"。结果生意火爆且拒绝了浪费行为。

10.1.19 个性定制

可以在红酒上个性定制"××，祝你生日快乐""××，我爱你""老妈，辛苦了"等字样。

10.1.20 地砖店

（1）对手只用嘴巴介绍自己的地砖，而你就用锤子边锤边介绍地砖，这样就能形成直观视觉冲击上的差异，视觉冲击越强越好。

（2）你把顾客带到一个黑暗的小房间，然后用手电筒照着地砖表面，让顾客从各个角度观看，并做详细解释，这种换场景、增加道具的介绍，能够瞬间让你显得专业。

（3）用客户见证手册。

（4）对手只是口头承诺质量保证，而你却将按了手印的《质保承诺文书》送给对方。

10.1.21　面包店按时计价

这家面包店做足了"新鲜"，为了保证新鲜度，所有面包带有出炉时间牌，实行"一时一价"每过一个小时就降价 5%。让消费者选择是为了新鲜而买不打折的新鲜出炉的产品，还是为了省钱买打折的相对不新鲜的产品。还规定了"过时强制下架"的标准，即针对不同产品的美味寿命，确定下架的时间。比如，大部分甜面包将采取"超过 6 小时即下架"。

10.1.22　超市借助多肉植物提升客单价

超市分析客单价，平均消费在 30 元左右，于是推出低价换购。顾客看到加 2 元就可以得到一盆多肉植物，立马就会买够 58 元的东西，超市立即提升了营业额。

10.1.23　增加创新产品的表现形式

烤鱼店：火焰醉鱼（把红酒浇在鱼上用火焰烧）。
足浴店：倒牛奶在足浴盆里。

10.1.24　彩票店的异业联盟

废彩票可以投入到回收箱，进行一次抽奖，奖品为各个小店的代金券。

10.1.25　跆拳道馆（增设直观价值判断点）

让孩子每周给家长盛一次饭、洗一次脚。(解决客户直观的问题)

10.1.26　名片加一句话，赚钱多一倍

（1）家庭菜馆。
1）单次订餐达 80 元，送 10 元煲汤。累计达 800 元，送 100 元券。
2）名片使用专用的订餐手机号，顾客可用微信点菜或接收菜单。
3）名片的正反面均预贴了双面胶，方便顾客将名片贴在墙上。
4）用微信记录每次订餐者的消费额。
（2）服装店。将漂亮包包放在店里最显眼的地方，并在名片上写上"单价 1800 元高贵名包，若你和 3 位亲友团购，各只需 300 元"，名片上附上这个包包

的照片和介绍。

10.1.27　异业联盟

5 个建材业不同领域的品牌开始尝试互相推荐顾客。消费者在这 5 个品牌中，如果购买其中一个品牌，价格可在原有优惠上再降 1%。买 2 个品牌，可再降 2%。买 3 个以上，可再降 5%。

10.1.28　甜品店新增早点项目

与小笼包小贩经营者达成协议，可以在甜品店前面卖小笼包。每天只收 10 元租金，靠小笼包招来人气后，甜品店提供封装好的甜豆浆、豆花和稀饭。（若是对方带给你的客户多于你带给对方的，适当地给予一些提成佣金，会让合作更加长久。）

10.1.29　油漆店

为你的产品进行套餐打包，分为高档组合、经济组合、工程组合等。（不仅减少客户挑选时间迅速成交，而且能降低服务成本和不必要库存，更重要的是，套餐打包能销售更多的东西。）

利用羊群效应，每天在墙上挂一个销售更新表。今天卖给哪家客户了、客户的简单情况等。

10.1.30　异性打折

一位或多位同性顾客一起来吃饭是从来不打折的，但只有一种情况下是打折的。"你带女朋友吃饭打折（带别人女朋友也行），带一位女性朋友吃饭打 8 折、带两位女性朋友吃饭打 7.5 折、带三位女性朋友打 7 折、带四位女性朋友打 6.5 折、带五位女性朋友打 6 折。"

10.1.31　夫妻活动

美容院推出这样的活动："只要你的老公能够说出爱你的三个理由或是你最大的三个优点，只要用手机拍摄成视频并发给我们，那么就能享受一次本店的一个××顶级优惠或礼品。"当你收集的视频多了，还可以和客户协商一下，把视频上传到各个平台、网站，同时打出"××美容院，夫妻情感加油站"的口号。

10.1.32　小型游乐园

女装店在橱窗旁边弄了个小型的游乐园，还有专人帮客户看管孩子。这样可以让客户尽情试穿。由于这个游乐园位置非常醒目，路过的客户几乎都能看到，这样也吸引了大量带小孩子的过路客。

10.1.33　增添乐趣

弄了一些书籍和象棋、玩具等，让等待的客户可以玩耍，减少等待时间。

10.1.34　免费模式

火车站旁边的小茶室门口摆了一个×展架，写着"等火车很无聊？不怕，我们这里提供免费的Wi-Fi。担心上火车后手机没电？不怕，我们这里提供免费充电。是不是有消费陷阱？不贵，花5元买一包瓜子就行，2个小时的Wi-Fi随便用，免费的电随你充"。

10.1.35　百货超市、儿童游乐园

只需要在超市充值或直接消费满1000元就免费送一张儿童游乐园年卡，这样对于顾客来说是超值的，因为到哪里购物都是购物，到这里购物还有年卡送。

10.1.36　餐厅的抽奖免单策略

所有顾客点餐吃完后都可以抽奖，有机会抽中免单的奖励。有免单机会的心理使得顾客点餐会点得很多，同时会吸引更多的顾客过来。

10.2　尖刀产品引流

拓客很重要的一点是：不要去打扰别人，而是要合理地给别人一些利益。

我们设置体验产品流程的关键所在是：减少客户的顾虑，减少客户的付款阻力，提高购买信任。

对于服务性质的生意，可以很容易设置体验产品，就是将服务内容减少一点儿，周期缩短一点儿，价格调低一点儿，就可以设置出体验产品了。

10.2.1　瑜伽馆

（1）任何人可以免费无限期在会所里练习瑜伽（免费产品，低成本）。

（2）只需 1 元钱就可以获得专家老师的 3 天授课（体验产品）。

10.2.2　理发店

以洗剪吹作为尖刀产品，每月一次，一次 38 元，包装成年卡，只需要 150 元。先把这个服务卡销售 500~1000 张出去，锁定客户。只要后端的产品体系打造好，前端必定找一个高频的产品作为尖刀切入，获得持续沟通跟进的机会。

10.2.3　足浴店

（1）印刷 1200 张价值 30 元的足浴代金券送给已办会员卡的 400 个客户，每人 3 张，然后对客户说："我们在本月 1~4 日有 4 天活动，这 3 张友谊卡你可以免费送给身边喜欢足浴休闲的朋友，在活动期间，你的朋友持这张卡就可以抵扣现金消费 30 元。"

（2）发短信给老客户："尊敬的××你好，本中心×月×日开展回馈老客户活动，凡活动当天带朋友过来，两人消费，1 人免单，多人以此类推。"

10.2.4　婚庆公司

（1）印刷了《婚嫁宝典》免费送给准备结婚的朋友。因为除了婚庆公司，还有珠宝店、婚纱影楼、婚嫁用品店、酒店、礼品店等很多商家都需要宣传自己。婚庆公司作为组织者则不需要支付任何现金，只负责印刷与发行即可。

（2）把《婚嫁宝典》放在结婚登记处，而结婚登记处就作为礼品送给新人。建材、家居《家装宝典》，美容化妆《美容宝典》，服装鞋帽《服装搭配指南》，教育培训《孩子培养计划》，酒店餐饮《美食指南》，娱乐休闲《城市生活》。

10.2.5　宣传赠品

只要从人们生活、工作、学习消费的四个场所去寻找，就可以找到无穷无尽的宣传赠品。

（1）生活场所：挂历、年画、食谱、水杯、水果篮、垃圾桶、摆设品、装饰品、水果刀、闹钟、扑克牌等。

（2）工作场所：鼠标垫、便笺纸、台历、名片包、垫板、资料夹等。

（3）学习场所：笔、草稿纸、文具盒、书包、橡皮、书籍等。

（4）消费场所：购物篮、纸巾筒、展架等。

10.2.6　房产中介

针对业主们的渴望，整理了一本教业主如何把房子租给合适的人，把房子快速卖出高价的秘诀，并植入大量以往如何帮助业主租售房子的案例，然后在电子书里面植入有咨询与交流的 QQ 群号，鼓励业主们加群交流，并将电子书在当地的论坛与 QQ 群里面传播，最终获得了大量加群交流的业主。然后设置一个房产顾问 QQ 号，供业主随时提问咨询。

10.2.7　茶楼

（1）做一个代金券，里面有 5 种茶，铁观音、大红袍、普洱什么的各一壶，把各种茶印上去，总价值几百元。

（2）买 200 元的茶叶就送给他 1000 元在你店里可以消费的充值卡。这卡里的钱可以抵现金用，但只能抵一项费用。要么付房费，茶钱另付现金。要么付茶钱，房费另付现金。这样送的卡有价值，并且能保证每次来都有现金收入。

10.2.8　报纸

只需要做一份价值 1000 元的《××报纸传媒广告诊断表》，把两种广告类型的元素和衡量标准都详细地制成几张表格，并在后面附上消费者心理的原理和一些我们曾经操作过的经典案例，免费送给每个商家，在表格后面附上一句话："请用此表的标准来规划您的广告，使您的广告更有杀伤力！您也可以咨询我们，让我们的广告顾问为您出谋划策！——××报纸传媒。"

10.2.9　英语培训

（1）第一份礼物，价值 68 元的儿童英语学习指导光盘一张。光盘里详细介绍了如何让孩子学好英语的方法，以及这家英语机构的独特教学理念（只要登记一下联系方式，就可以免费领取）。

（2）送一堂价值 180 元的英语公开课，家长可以带着孩子在周六的 14：00~16：00 时来免费学习。

（3）在周五，通知所有的家长，确认明天的课程人数并告诉家长，只要明天到场，还有礼品赠送。

（4）公开课。找出学校最优秀的老师，来展示学校的师资力量。在课程最后，推出参加培训的价格（一次性成交很难，把步骤分解，一步步引导成交就容易了）。

10.2.10　录像带

（1）录制录像带，找到与自己的目标客户有交集的商家。

（2）与油漆经销商、油漆厂合作："只要有客户一次性购买 5 加仑以上的油漆，就赠送一份录像带。"也就是把录像带直接作为促销油漆的赠品吸引更多客户购买油漆。把录像带卖给油漆厂。

（3）录像带里有联系方式。还录制了其他录像带，买过他的录像带的可以直接找他购买。

10.2.11　古筝培训机构

"100 元学古筝，免费练琴一个月，保证参加者一定学会一首古筝曲子。"

10.2.12　举办聚会

比如，对于培训机构，可以举办一个生日会或演奏会，对我们的学员说，可以带他们的朋友一起来参加聚会。为了更加有效果，最好制作出聚会的入场券，凭此券方可入场。然后给每个参加聚会的学员 5 张入场券，让他们带上同学朋友一起来参加。

10.2.13　蛋糕店的自动增加客源模式

（1）如果你能填写你爸爸、妈妈或孩子的生日、电话联系方式，我们就赠你半斤点心，还有抽奖活动（中奖者会电话通知）。

（2）每天都会有人过生日，以发短消息或打电话的方式来进行蛋糕促销，送货上门，货到付款。

（3）"由于你是本店的老客户，给你打 8 折。"

10.2.14 LED 灯店

（1）找到供应 LED 电源的店，LED 灯组、电路的店，说："只要在你这里买了 800 元以上货品的客户，我就可以送他一个 388 元的广告字。"

（2）当客户来取样板时说："因为你是刘老板的客户，所以也是我的 VIP 客户，除了有免费样本拿之外，我赠送你一张价值 3000 元的储值卡，每在我这里购买 300 元的广告牌时，可以用储值卡的 10%抵扣现金。"

（3）和移动公司、沃尔玛、中国农行等知名企业合作，并为其指定标牌供应商，提高公司整体形象。

10.2.15 免费给明星、意见领袖赞助使用产品，让他们写评论，引发议论

10.2.16 包子铺开业，用大妈火爆客流

一家包子铺开张，印了 500 张传单去沃尔玛门口发，只发给大妈，并说凭传单免费领包子。第二天很多大妈来排队，一人发一个包子。

10.2.17 水果店

拿出某个单品做活动，比如香蕉，以便宜到令人发指的价格，火爆客流。然后，每人限购。顾客又不可能只提个 1 斤香蕉就走了，基本都还会买其他水果。这样既能形成便宜实惠的认知，又能火爆客流，营业额也能暴涨 。

10.2.18 小区开发商搞活动，你和开发商联合促销

"今天下单购买房子，还赠送 10 平方米的瓷砖、地板"，这些就是精准客户。客户买房，直接送"10 平方米瓷砖"券，凭券就可以来店领取。这些业主如果要拿着券兑换你们的瓷砖，那肯定整个房子都会购买你的瓷砖，因为瓷砖要一体的，总不能不一样，弄五颜六色的。而且业主又舍不得丢掉这"10 平方米瓷砖"，这样你的瓷砖就自然而然地销售出去了。(这就是鸟笼效应，给予客户一个无法拒绝的赠品——鸟笼，他自然就会购买你的产品——鸟。)

10.2.19 婚纱影楼

（1）由每一个参与合作的商家各提供500元的现金抵用券。集合成一个大红包，里面一共有3000元与婚庆有关的现金抵用券。

（2）影楼在每一个展点都打出标语："凡过来咨询婚纱摄影的，都可以享有免费实拍，同时赠送3000元的幸福红包。"

（3）其他合作商家在他们的店面，同样宣传"进店咨询即可免费赠送3000元幸福红包"。影楼的500元优惠券，通过其他5家合作单位，快速传递到潜在客户手中。

10.3 零成本获取客户

10.3.1 借力

（1）借力超市客流，超市附近的摄影器材店案例。打出广告"凭购物小票，可抵扣现金20~40元"。

（2）饮品店和周边店面合作。比如美发店、文具店、洗衣店，拿着对方结账单，超过一定金额就可以在自己这儿5~8折购买一杯饮品。

10.3.2 幼儿早教机构招人不必给死工资

将以前免费提供的公开课，制作成收费课程卡，标上100元的价格，然后交给妇婴店等，所得收入100%全部归妇婴店所有。

10.3.3 杂志如何零风险获得2万订户

杂志社跟化妆品公司合作，客户只要购买180元的化妆品，就送她240元的时尚杂志（化妆品公司承担36元的杂志成本，杂志社取得了大量的现有客户，还获得了大量后续可能订阅的客户量，客户量多了，广告商给的广告费就多了，而杂志社的成本保持不变）。

10.3.4　异业联盟

在早餐店每位新客户消费满 100 元送 40 元超市积分，可到超市消费抵总价 10% 的消费金额，40 元抵完为止。在超市消费满 100 元可再送一次获得早餐店积分的资格。

10.3.5　房地产商

经营者给我 5 年的租金 60 万元，每年返还给你 12 万元，5 年后全部返还。要求平常销售额达到一定量，时间到后立马返还。如果超过一定的量还会返钱给经营者。

10.3.6　珠宝店

客人拿珠宝来店里估值后可以存放在店里，店铺每年给予 5% 的年收益率。客人买珠宝后，在 1 年内可以退或换，折损率会根据时间长短来调整，7%~15% 的折损率（既然客户会来寄放珠宝，同时他也会来顺便购买其他珠宝）。

10.3.7　一个策略，火爆海洋馆

广告口号"儿童到海洋馆参观一律免费"。

10.3.8　代金券

给喜糖店提供 10 元一张的代金券，每张卖他 5 元钱，让他卖给喜糖店的客户，引导客户到我们店里消费。喜糖店卖不掉随时可以退。

10.3.9　软件

（1）软件产品作为子弹头产品，前端免费提供，收后端的软件开发服务费，硬件设施费。

（2）把子弹头产品卖给代理商和合作商。让他们去帮你销售子弹头产品，免费送给客户，收上门实施费就好。把费用全部让给你的代理商，把焦点放在软件研发升级和后端营销上。

10.3.10 合作

装修店和地砖店合作，提供成本 500 元、价值 3000 元的餐桌给地砖店，帮他促成成交，每单收取 500 元。装修店给用户免费设计图样配合餐桌，推荐整体定制家具。还可以推荐他买定制的椅子。还可以和保洁公司合作，提供免费保洁服务 1 次，和保洁公司分成。

10.3.11 蛋糕店

除了做节日促销和店庆促销外，还设置了一个"每日活动"促销，就是每天都做一个小的促销活动。比如，周一购买吐司果酱送折价券，周三购买明星产品享八折优惠，周日奶茶第二杯半价。

10.3.12 地砖店

和物业合作，让物业挂条幅"买地砖 100 平方米以上送 2000 元物业费"。

10.4 锁住客户

（1）只要你今天投资 12 元购买 6 张面值 2 元的餐券，就可以不花一分钱得到 12 元的美餐，并且餐券在今后抵现金支付。

（2）充值 3 倍金额，本次消费免单（比如本次消费了 100 元，那么只要充值 300 元，本次消费免单）。

（3）做张消费卡，分别是以后消费依次优惠 9 折、7 折、8 折、9 折、5 折（因为有之后的 5 折的诱惑，会吸引客户不断过来购买）。

（4）余钱锁客主张。

例：比如，客户消费后需要找客户 12 元，收银员提出"余下的 12 元如果不找的话，下次来消费可以抵 24 元使用"。

（5）一次性充值多少钱，以后打 8 折，并马上送一个产品。只要介绍一个客户，马上送一个产品。

（6）给老客户免费保养服务，再推出"原价 5888 元的年卡现在只需 4888

元，同时送 5 张保养卡，每位持卡过来充值的会员返还 20%金额给送卡的人"。

（7）充 500 送 500，充 1000 送 1000，每消费 100 元返还 20 元。

（8）只要登记信息，今天的消费打 8 折，打掉的 2 折存进会员卡里。

（9）超市。会员交 110 元的会费，有资格在一年内享受消费总额 2%（最高750 元）的返现。

（10）西装店。"买一送九"：从下个月起，连续送 9 个月，每个月一件，而且要顾客亲自到店里来取，同时还承诺，顾客带来的朋友也有礼物送，只要此人以前没有在这里买过服装。

（11）电脑店。增设"每月一次的免费电脑检查"服务，然后把服务转包给专业的电脑维修部。相当于免费为该维修部介绍生意。借助每月一次的检查，可以增设很多促销的机会。

（12）一次婚礼，终身服务。在我们酒店举办婚礼的每对新人，在婚礼一周年、二周年、三周年及未来的每五周年的纪念日，均可在我们酒店享受免费双人浪漫晚餐。并且，在酒店的餐饮及家庭宴会消费享受特别优惠（既在前端提供了更强大的成交主张，又在后端锁住了客户的消费）。

（13）顾客买单后，"加 1 元抽奖"，顾客自己亲自抽出的代金券，就会非常珍惜。你的代金券被使用率就会提升。

（14）卡片背后依次是"5 元、1 元、4 元、1 元抽奖"每次消费可从左到右，按圆圈内金额抵现，最后依次抽奖，最低奖项为 6 元抵现，最高可获得 50元充值卡。

（15）只要你免费登记成为我们店的会员，同时把你今天消费的这 100 元充值进会员卡里面，那么你这一单马上就能享受我们的会员折扣了，折下来的金额我们会返还到你的会员卡里面，下次如果有机会来本店消费的话，不但能继续享受我们的会员折扣，而且你卡上的余额还可以直接抵现金使用。

（16）小吃店老板，比如客户买了 6 元，她对客户说你买够 10 元并扫二维码加我微信打 8 折，一般客户都会同意。当你加了她个人微信后，如果你把小吃拍照分享到朋友圈，她还会返 5 元红包给你。

（17）把会员分四级，普通会员、银卡会员、金卡会员、钻石会员。

你现在已经是我们的普通会员了，你只要再消费 9000 元就可以升级成为我们的银卡会员。只要是银卡会员就可以享受，送一个男士手表，或者送一个旅行箱包，或者可以享受港澳三日游。

你把很多的赠品和升级的机会分享给他，相当于你在用语言不断地提醒他。让他总想着，我还差几天就能升级，不断地提醒他。

所以最理想的会员制是什么？就是你先给他分级，把每个等级的标准制定出来，然后不断地去跟他提醒，提醒他升级。

10.5 客户转介绍

10.5.1 奖励推荐者

只要介绍一个自己小孩的同学家里的联系方式，那么推荐者与被推荐者都可以免费获赠价值 2000 元的电子书大礼包。

10.5.2 学生公寓迅速火爆出租策略

（1）话术"你现在是我们的老客户了，有一个珍贵的合作机会。每介绍一位新客户你都可以获得一天的免费服务。"

（2）让客户将自己朋友的手机号记录下来。服务员会当场发送一条短信给那些朋友，短信上有该客户的手机号后四位。

（3）作为介绍代码，只要那些朋友到公寓消费出示该短信，那么这位朋友就会计入该学生的介绍推广成果里，并消费打 8 折。

10.5.3 烧烤店

店主会经常赠送菜肴，并且对一些有影响力的人免单，很多人不好意思，经常带人来捧场（搞定影响力人物）。

10.5.4 儿童游乐场的转介绍机制

（1）凡是在优尔博购买设备的客户，都享受 5 公里保护机制。

（2）只要是老客户介绍新客户，那么新客户购买总额的 10%以代金券形式送给老客户。

（3）公司每月设计的"婴泳行业杂志"免费给新老客户传阅。

（4）被推荐的加盟商，每次每年订货，推荐人都可享受相应奖励。（人们为什么不愿意转介绍呢？原因很简单：①动力不够，也就是好处不多；②阻力太大，也就是坏处太多。所以想让客户帮你转介绍，你务必先帮客户解除这两大障碍，也就是放大动力，减小阻力。）

10.5.5　围棋网站

（1）一个学生留下他和他同学的联系方式，围棋网站会免费赠送 DVD 给两个人。

（2）牙科：赠送的 U 盘上有一行小字"持本优盘可享受免费洗牙服务"。

10.5.6　闺密式营销

一位女士购买后，劝其购买闺密套餐，给个双份优惠价，赠送一份礼物给其闺密。可以在赠送给其闺密的产品里，加入一个利益引导。例如，一张代金券，吸引其闺密购买产品，变为新顾客。或者是新顾客优惠套餐，只要是新顾客，就可获得某某优惠。

10.5.7　护眼仪

和美容院合作，让客户边做美容边体验，充值 500 元送护眼仪一台。"字母卡"形式，推荐 3 人买仪器，返还 500 元给客户，再招他们为代理。

10.5.8　友情奖励

老客户充值 300 元送 200 元，还送 10 张友情卡，每张卡里面都有 1 道 40 元的菜和 20 元的代金券，只要他的 10 个朋友单独来品尝激活了卡，那么他充值的 300 元每月返还 30 元现金给他。

10.5.9　婚纱摄影公司

（1）推荐 3 位好友，享受免费服务。告诉新人，只要你能在婚礼上或以后推荐 3 位即将结婚的情侣，我们就会在你结婚 1 周年的时候免费为你们这对新人拍摄周年纪念照。

（2）给予宾客福利。新人举办婚礼时，给予新人福利。所有参加婚礼的宾客，都会获得一张免费拍照券。凭此券，可免费拍摄一张全家福，或者是情侣照，以此感谢所有出席的宾客。

（3）对于摄影公司而言，赚钱的门道多得很，如拍摄 5 组照片，你只能选 2 组，如果你想要其他的，就得出钱。

10.5.10　人多成免

比如，我们是培训公司，要举办一个企业家收费论坛，那么你可以告诉顾客："你只需找 2 个同伴一起报名，就可以免去 1 人的费用。"

10.5.11　汽车销售

在客户购买新车后的一两天内，就赠送一大束气球，送到客户办公室（只有这样，旁边的同事才无法忽视）。并且附送一张感谢信和一些赠品。当然，最重要的是该汽车经销商的销售目录单。这张单子上，写有最新的车型和价格以及优惠政策。并且，这些单子不止一张。

10.5.12　定期活动

比如你是健身俱乐部，定期举办各种主题 Party，让会员邀请他们的朋友一起来参加。

10.5.13　利用空闲资源

一家网络公司，提供 SEO、建站以及培训等服务。他们拥有一个设备齐全的会议室，有良好的投影、麦克风等会议工具。于是，他们在会议室闲置的时间里，免费提供会议室，还免费提供会议影印服务及饮料。有许多缺乏良好会议设施的企业、组织都非常愿意来。

而这家网络公司，只是用会议室的闲置时间来做这件事，平常空着也是空着，不如拿来作为获取潜在客户的渠道。

通过这种方式，他们获取了与大量潜在客户接触的机会，并在每次的会议上，都会以会议协办方的身份向参会者介绍自己的企业与业务。这种方式，有会议举办方的信任作为背书，并且举办方会进行适当的介绍，这家网络公司因此而获取了大量的付费客户。

10.5.14　同行互推

比如，中小学辅导机构，客户因为居住的地方远，不愿意选你的时候，你就可以推荐给同行，获取相应的报酬。

10.5.15　活动奖励

房地产商："我们可以提供一个折扣优惠，如果您能够提供 10 个有效推荐人的联系方式，我们将给您××的折扣。并且，如果他们也购买了这里的房子，我们将再次给您××的奖励"。

10.5.16　葡萄酒的博客营销

只要博客满足以下两个条件就可以收到一瓶免费的葡萄酒。

（1）此前至少 3 个月内一直写博客，读者多少不限。

（2）已届法定年龄。

（3）收到葡萄酒并不意味着你有写博义务。你可以写，也可以不写。可以说好话，也可以说坏话（巧妙借力于那些知名的博主，让他们自动自发地写文章和评论。从而把产品信息与价值快速传递到名人的关系网络中，引起强烈的轰动效应）。

10.6　库存处理

10.6.1　比如你是服装行业，有几千万元的库存，该怎么办?

我们都知道，一件衣服比如说成本只是 200 元，那它一般是 3~6 倍的定价，那么 200 元的衣服它就定价在 600~1200 元，那么如果你的衣服由于季节性的问题，或者说由于设计的问题，由于销售不畅的问题，有一部分积压了，这个时候该怎么办？

"不卖产品卖会员"（组合提供价值）。

你不要总想着把这件衣服卖掉，比如说这件衣服成本是 200 元，你就跟客户说交 200 元成为我的会员，以后买衣服一概打 8 折，同时这件衣服送给你。

这叫一箭双雕的解决方案。首先，你实际上是相当于把这件成本 200 元的衣服变相卖掉了，对客户来讲，他掏了 200 元成为会员，而且还得到 200 元的赠品，他得到双重的价值，很容易决定掏这 200 元。你这个衣服本身是否是时新，客户是否是百分之一千的满意已经不是最重要的。你可以把库存当作鱼饵，换成更大价值的客户资源。

客户到你身边了，你未来上新款再卖给同样一批客户就很容易。所以更多处理库存的问题都是你思维的障碍，并不是说本身客户不想买、不想要。

10.6.2 红酒（提升产品价值，组合销售）

（1）原本 2000 元的高端红酒单卖很难卖，就可以通过提升产品价值，组合销售。提出口号，买 9.8 万元的高端红酒可以参加 9 天的红酒别墅旅游。

（2）庄主合伙人。投资 76 万元可以得到 76 万元的红酒和 2% 的股权。

10.6.3 低端库存白酒的超市抽奖处理策略

和超市达成合作，利润分成。顾客买满 50 元可得一张抽奖券，100% 中奖。奖品分为 1~5 个等级，5 等奖就是白酒一瓶，1~4 等奖随意安排。顾客也可以花 8 元买一张抽奖券。

10.6.4 库存毛巾

买满 50 元苹果送××超市价值 38 元毛巾一条。

10.6.5 鞋垫如何 1 天卖 100 万元的方法（从企业卖给顾客到企业卖给企业的模式）

例：把鞋垫从一双设计成一盒 12 双，一盒一百多元，针对企业进行以物易物。以"给企业员工福利"的角度去谈。企业出一半钱，员工出一半钱。企业不给现金，而是给购物卡，用购物卡来置换，再出售给回收购物卡的人（这个方法用来批量出货、清库存都可以）。

10.6.6 滞销草莓 3 天脱销的营销绝技（离过年只有 3 天，还有很多草莓未采摘卖出，如果 3 天后卖不出去就会烂掉，怎么解决?）

（1）搞定影响力活动宣传媒介。找到村长广播"告诉大家一个好消息，过年了，从城里回来的孩子们可和家人一起到××大棚参加摘草莓比赛，赢了的可以免费带走自己采摘的草莓，摘多少奖多少。比赛从 26 日早上 10 点开始。如果你觉得自己本事大的可以来比比，不参加的也可以去加油助威，都去乐呵乐呵，请大家相互转告。也感谢××草莓大棚提供这次活动的机会。"

（2）比赛规则：①每场比赛时长为 20 分钟；②不准破坏棚内草莓；③以称重为主，谁摘的多，给谁免单，其他人每斤 13 元。

（3）找托儿在一旁烘托气氛"要比赛的赶快比，赢了免费，输了也不亏，反正家里是要吃的，也可以送礼，比你平时买还便宜 2 元"。

启示：如果你要策划一场活动，请务必把消费者为何要参与的理由充分表达出来，这些理由必须能够打动他们。如果你要策划一场大型活动，一定要学会整合有影响力的机构一起参与进来，会立刻提升整合效率和活动影响力。

10.7　趣味营销

10.7.1　鸡蛋换黄金，珠宝店火爆客流

市民只需拿 10 个鸡蛋，到店就能换一个黄金转运珠，活动每天限 100 名，再使用加码销售和追销（把广告费给到消费者）。

10.7.2　利用实事热点

花 99 元买屈臣氏产品，送《微微一笑很倾城》的抱枕。

3 月 7 日女生节。

百度糯米创造了"3·7 女生节"，3.7 元看电影，现场还有美男模特专宠。

10.7.3 酒吧

女士穿短裙享受打折，穿得越短打折越多；

女士穿裙子与高跟鞋 173cm 以上打 8 折，178cm 以上打 7 折，180cm 以上打 6 折。

10.7.4 牙科诊所

口号"年龄可以当钱花"。

老人凭身份证来做种植牙，在优惠价基础上，60 岁减 600 元，70 岁减 700 元，以此类推。

10.7.5 菜场

在旁边建了个露天游泳池，凡在本菜场买菜够 38 元的，就能获得一次免费嬉水的机会。

10.7.6 社会交往策略

超市开在工业区，很多工人下班后的娱乐活动非常少。于是超市在广场放露天电影，把周边打工的人都聚集到这里娱乐。

10.7.7 人民币

凡是编号尾数为"0"的 100 元或 50 元可以增值 20% 消费，编号尾数为"00"的增值 20%，编号尾数为"000"的增值 50%。

10.7.8 回转自助餐厅

其中几个碟子底部，印上"中奖"字样，只要你选择了该碟子，则该碟子免费（只要你在用餐时发现自己中奖，就需要主动告知服务员，服务员则当场收走中奖碟，不计算该碟食物）。

10.7.9 饭店

饭店"一元菜活动"：49 元办个会员卡，会员可以在 7 天内点 1 元菜，再送 10 个"一元菜"，供会员在开业活动结束以后来享用。

10.7.10　某商场的优惠让利活动

（1）每购物满 100 元的消费者，可以获赠 110 元代金券。持有此券，可以在本商场所有支持"优惠购物"的店铺里换领价值 110 元的商品，代金券当日消费有效。

（2）每家店都在服装陈列架上贴上了标签，注明此列服装属于"优惠活动"范畴，而没有注明的服装就不参与活动。同时，参与优惠活动的服装，最低价标注的都是 7 折，而没有标注的最低却可以到 4 折（相当于标注的衣服打了 4 折，而给人的感觉就是占便宜的）。

10.7.11　露天篮球公园

改为健身俱乐部模式，不按次消费，按月卡、季卡、年卡消费，同时在周围设置墙体广告位，出租。

晚上开辟一个区域，做露天烧烤。教学办班，教篮球技术。

10.7.12　餐饮店

（1）"进来吃饭，酒水任你免费喝"。

主营鱼火锅，将近 20 种酒水饮料免费喝。餐馆经营本身不赚钱，利润来自酒水生产厂家的返点。为避免浪费，也会规定，开瓶不喝完者，按双倍价格收费。同时请勿将免费酒水、饮料带出本店。

（2）只限会员，需要办 99 元会员。

10.7.13　小卖部

（1）需要购买个抽奖机，安装个 LED 广告屏，顾客每次消费要留下姓名、联系电话、消费金额等资料。

（2）每天抽奖一次，抽取上月同样日期的中奖名单。每天一名，返还他当天全部的消费金额。然后在广告屏公布中奖名单及金额。中奖顾客没看到的，就打电话通知。

10.7.14　宾馆

（1）口号"吃饭免费"；

（2）"进入大厅一分钟无人接待，住宿免费"；

（3）"早晨在后山听不到鸟叫声，住宿免费"；

（4）"卧具上发现头发，住宿免费"。

启示：势均力敌的时候，一定要找出对手的死穴，才能胜出对手。

10.7.15 前端提供价值

汽车销售直营店聘请一位资深的汽车教练，在 4S 店开设了一个免费学车的培训班，通过报纸招纳一些想学车的人。

10.7.16 产品差异化

泛美航空公司将给顾客提供一份 8 页的旅行小手册，里面会告诉你如何办理一切的手续、海关的规定、旅行中的注意事项。此外，泛美还提供租赁汽车及导游服务，这些服务是其他航空公司做不到的（产品差异化）。

10.7.17 请消费者参加有奖竞猜

这双鞋要用多少张牛皮？用多少斤铁钉？猜中了给予奖励。

10.7.18 数字定价

香港回归日的房价定为 1997.71 港元。

10.7.19 奖励

将一枚价值 4000 元的金币粘在墙上，谁能徒手把他拉下来，金币就归他所有。

10.7.20 热点事件

把轰动性新闻事件的东西借光摆到自己的店里，并标价 1 万元售卖。

10.7.21 闹钟

在每张餐桌上放一只闹钟，用以计算进店顾客的时间。客人如在规定时间内吃完饭，餐馆就给予优惠价。闹钟的另一个作用是顾客监督店家，顾客进店后一分钟没有服务员来接待，店家将赔偿一道菜。点菜后 3 分钟没有上菜，将赔偿 50 元怠慢费。10 分钟没上菜的将免费招待顾客。

10.7.22　赠品

厂家将随香皂附赠名叫"宝宝乐"的泡棉。这些泡棉的形状，有的像小鸭，有的像小鱼，能使孩子们乐于洗澡。

10.7.23　试穿

除臭鞋垫卖给消费者时不是一双全卖给他，而是先送一只给他穿，并告诉顾客，一双卖的是 6 元，你如果不相信这双鞋垫的科学配方和神奇效果的话，可以先拿一只去试穿。如果那只脚有效果了，你可以再买另一只，到时再付齐 6 元。

10.7.24　名人效应

推出一系列名人最爱吃的菜肴并广为宣传。还在厅内塑了一座名人吃饭的雕像，栩栩如生，让客人拍照留念。

10.7.25　意见奖励

"凡来本店用餐者，对本店的服务态度、卫生、饭菜质量提出意见的，奖励奶茶一杯或人民币 10 元"。

10.7.26　销售方法

定价 1000 元的商品打 7 折出售，不如以 1000 元成交后，再赠送 300 元的赠品。

10.7.27　礼品

从展销会的第一天起，主办单位将在会场内热闹的地方随机拍摄照片，全是选取顾客进入镜头。一直到第 5 天、第 6 天（即展销会的最后一天）将在展销会会场顶楼陈列冲印后放大的顾客照片。凡在这一天前来指出自己在里面的，都可得到一份贵重礼品。帮亲友、同事指出者，也可得到纪念品。

10.7.28 吸引眼球

把崭新的席梦思床垫当地毯铺在大厅过道和门口，在旁边树了一块牌子，写道"踩坏一根簧，送你十张床"。

10.7.29 面包店提出和商店合作，提供面包

"凡某日上午 12 时以前光临本商店者，均可得到一袋礼物——免费午餐"。

10.7.30 新开的酒店

登报纸寻求酒店名字，参与者可得一等奖 1 万元，二等奖 5000 元，参与奖 2000 名，送酒店菜肴一份。

10.7.31 政府合作

小张找到政府相关部门，跟他们洽谈"我投资在各个社区建设宣传栏，6 平方米的宣传位置，其中 1 平方米提供给政府做各种宣传，剩下 5 平方米，我去找各个品牌商家打广告，把最好的品牌商家推荐给社区群众"。谈好之后又找到一些品牌商家"我已经跟政府谈成合作，准备在各个社区建设广告位，如果你们提前出资预定，我给你们 6 折优惠，否则建成之后，一律全价"。

10.7.32 卖橘子

（1）找来一个纸箱和一块纸牌子，上面写着"只要你有本事，就可以免费拿橘子"。

（2）设计好游戏规则，只要猜中纸箱中橘子的重量（左右偏差 2 两范围），除了免费得到箱子里的橘子外，还额外无偿赠送 5 斤，并且另外购买可享半价。如果没有猜中，必须最低以原价购买 10 斤橘子。

（3）找一家水果摊合作，把我们的运作方式告诉他，通过活动帮他带来人气，并且不管送还是卖，每出货 1 斤橘子，都给他 5 毛钱的费用，唯一条件是，活动在他店里进行。

10.7.33 清洁公司的植入式联盟

（1）跟当地环卫合作，所有户外的垃圾筒我来给你更新，只要上面标上我

的公司的名称。

（2）跟大型酒店合作，你们的洗手液我免费给你们提供，只要放上我的
LOGO 就行了（做品牌能见度）。

（3）免费给机场航空公司做保洁（造势、借势）。

10.8　众筹案例

众筹开店：

比如一个顾客投入 5 万元，给这个顾客价值 5 万元的服务项目，并且给 VIP
权限。这个权限分为顾客权限和销售员权限。顾客权限就是享受 VIP 折扣。销
售员权限就是你带的顾客，给你高于普通销售员工的提成奖励，然后可以有分
红。分红满 5 万元后，安全出局。

例：酒吧众筹

你投入 1 万元，你带客户来消费，给你股东级别的销售提成，并且享受酒
吧 1% 的股权，有效期 1 年。1 年内，你赚到 1 万元后，1 万元的众筹款退给你。
1 年后，没有赚到 1 万元，我们依然会把这 1 万元退给你，同时股权收回（酒吧
直接消费，报预定的手机尾号就可以确定这个是你带的客户）。

例：小超市、便利店的"客户+销售员+股东的众筹模式"

对周边居民推出众筹方案，众筹 2000 元可获得 2000 元的产品，如米、油、
生活用品，然后赠送一个普通会员的身份。在这个普通会员下面，你享有 10 个
普通会员的推广名额，根据购买的金额，你可以获得会员积分奖励 5 : 1。同时，
你的 10 个下级会员消费，你也会获得积分奖励 10 : 1 积分可以兑换产品。

例：面包店众筹

总股价 30 万元，自己出 10 万元占 30%，其他 20 万元分成股份，每一股
2000 元，每人最多 5 股，入股多少，就送价值多少的面包券。你可以在任何一
家众筹店里消费，还参与分红。每股 2000 元送 20 张 100 元面包券，可以送给
亲朋好友。股东消费打 9 折。

例：冰激凌加盟店如何一年开到 1000 家

（1）找到大型连锁超市、电影院、酒店，把销售柜台铺到他们的店里。

（2）开一场招商会，把每个终端打包变成一个个理财包。1个包5000元，你投资5万元就可以买下未来这个终端的收益权。你跟冰激凌店分红，保证每年5%~10%的收益。

例：美容店的融资方式

（1）购买白金会员卡，如果上市成功，投资者获得2倍原始股。

（2）上市没成功，投资者获得2倍价值的美容套餐服务。

例：生产厂家

（1）找上游供应商，每股6%，合作条件是：上游供应商购买机器后以租赁的方式投资（机器仍属投资者）。

（2）再找下游分销商，以每股3%入股，每人投资50万元。

10.9 具体案例剖析

10.9.1 养生馆

给老客户免费保养服务，再推出"原价5888元的年卡现在只需3888元同时送5张保养卡"。每位持卡过来充值的会员返还30%金额给送卡的人。每位会员还可每次带两位客户过来汗蒸，原价68元的汗蒸茶仅要30元一杯（用汗蒸茶项目来收回汗蒸成本）。

10.9.2 酒店

（1）只要出租车司机介绍客人入住酒店，每间房奖励30元，当场兑现，并建立档案，超十次奖100元。

（2）只要客人拨打珠江114订酒店，114客服就会推荐本酒店。

（3）去繁华地段的酒店找销售部经理说："有客人订你们酒店觉得贵的、太吵的，我们和你合作，你们推荐到我的酒店，每个房间提成30元，月底结清"。

（4）凡初次入住的客人，原来158元一个晚上的客房，现在花158元可以住两晚。给客人办VIP卡，卡里送158元，下次免费住酒店。另外，以后入住享8.5折优惠，此卡可以送亲朋好友。

（5）如果下次来住酒店，只要拨打电话，免费接送或出租车免费。

10.9.3　麻辣烫店

（1）每天都会在门口贴出"今日已消毒"的告示并把小店收拾干净。

（2）在摆放麻辣烫的窗口前贴着各个供货商的联系电话，其目的就是让顾客吃着放心。如果顾客不放心，可以致电供应商，供应商都是正规厂家。

（3）凡是顾客点完餐，就摆放一个沙漏，沙漏时间为 45 分钟，如果 45 分钟内吃完就打 8.5 折。

（4）如果顾客在小店连续消费 5 次以上，下次用餐可以免费喝一瓶饮料。消费 10 次以上，结账时可以享 7 折优惠。消费 15 次以上，第 16 次用餐时可以享受半价优惠。会员生日就餐可以享受半价优惠。

（5）播放热门电影。

（6）与周边的烤串店或小饭馆合作，顾客在他们店里就餐时，如果愿意点自己的麻辣烫，可以给店家 30% 的毛利。

（7）推出月卡、季度卡、年卡。

10.9.4　美容院

4 月倾情回馈方案。

活动时间：4 月 16~30 日（15 天）

活动内容：1. 凡老顾客回店，均赠送"经络疏通"项目一次；

2. 凡老顾客购物，均赠送"××面膜"一张，满 88 元，即赠送 3 张礼券；

3. 充值 680 元赠保温壶一台，加赠经络排毒 2 次，总价值 500 元；

4. 充值 1380 元赠省力拖布一套，加赠经络排毒 2 次、经络疏通 2 次，总价值 800 元。

礼券：1. 凭此券可免费享受 ×× 美容项目一次；

2. 凭此券可领取 ×× 面膜一张；

3. 此券一人限用一次；

4. 此券可赠送。

10.9.5　菜籽油

（1）将专业压榨菜籽油改为儿童营养菜籽油（因为消费者更关心自己孩子的健康，以孩子专用营养油定位，将避开市场各类油品的竞争，取得一个新的蓝海市场）。

（2）将每斤的价格提升至 20 元（因为消费者在没有接触到产品之前，衡量价值的唯一标准就是价格，而且有利于后期的促销）。

（3）将买 5 斤送 1 斤改为免费送 1 斤（这样才有吸引力，可快速获得顾客响应）。

（4）只需免费来领取 1 斤油后就立刻告诉他，今天购买，20 元 1 斤的营养压榨油仅需 6 元 1 斤，仅限今天，今天一过，一律恢复原价，并且现场用原材料压榨给顾客看。

（5）顾客走的时候免费送给他 5 张卡，每张卡都可以免费领取 1 斤压榨油，只要他送给 5 个朋友都来免费领油，20 元 1 斤的油他可以终身享受 8 元 1 斤的优惠会员价（让顾客主动转介绍，并且锁定其消费）。

10.9.6　电器商城的售后服务

（1）免费赠品：适用于该电器的擦拭毛巾；

（2）免费服务卡：①免费上门保养维修一次；②旧电器以旧换新免费上门接收；③电器使用故障人工服务台。

（3）一个精美的小册子，命名为：某电器使用及保养小窍门。

10.9.7　演唱会

（1）演唱会当天，凡是来听演唱会的，市内都可以免费接送，接送车有××房地产商赞助租赁大巴车，这样大巴车上也可以做广告。

（2）关注微信就可以获得免费接送的机会。

（3）凡是进场的都可以参与抽奖，然后放几个大抽奖箱，箱子里都是卡片，卡片的背面可以找人赞助。比如××超市赞助了一台冰箱，××家具赞助了一个茶几，没抽中的都有代金券。

（4）凡是来看演唱会的，都可以获得一张纪念卡，此卡可以享受免费理发、免费汗蒸 5 次，免费健身一个月。要想让商家更加愿意来赞助你的广告位，那么纪念卡可以让这些赞助广告位的商家享受一定的优待，也将是一个卖点。

10.9.8　商场招租柜台

（1）一个摊位一次性收10年租金5万元，每年退还10%，还包括利息。另外每个摊位每月再收取比市场价低2/3的管理费。

（2）租户每租用一平方米摊位，就能在新塘已买下的土地中获得一平方米的地皮。

（3）打造美食城。首推大酒店的格调，管理与大排档的价格和服务相结合的模式。三层大厅分别经营广东风味、外国风味和南北小吃，摊主各自经营，食客统统坐在中央，服务员统一雇用。客人喜欢谁的食物就点谁的食物，各摊主不能随意拉客。按月收租金（用天下的钱和天下的人来经营事业，我售出的是一种服务）。

10.9.9　餐饮酒楼

（1）提炼独特卖点"10分钟上菜，超时第一道菜免费"。

（2）利润产品：将招牌菜酸辣田鸡分为"纯正野生酸辣田鸡"68元1斤，"农家酸辣田鸡"38元1斤，"正宗酸辣田鸡"28元1斤。

（3）举办吉尼斯世界纪录。每天即时公布最高消费额，超过当日纪录的，赠送现金券20%。超过历史纪录的，赠送现金券50%。

（4）宣传单：限时免费抽奖！100%中奖！奖品价值2~400元！地址"解放路××号"。

奖品分为：餐巾纸（15%中奖率）；可乐一瓶（25%中奖率）；餐券20元（30%）；餐券200元（20%）；餐券400元（10%）。每次最多可抵20%总消费额。

（5）你们只需要关注微信号，留下电话号码，将全部免费拥有一张8.5折优惠券。"独自来本餐厅用餐可享受8.5折优惠，与朋友一起来可享受8折优惠"。（注：此券仅限8月5日~9月1日有效。）

（6）每次就餐都列入数据系统里，每天抽取×名幸运会员，给予免单待遇。一周后，收到短信，顾客获得免单待遇，只要一个月内来消费，直接免掉100元。

10.9.10　加油站

（1）充 500 送 500，充 1000 送 1000，每加油 100 元返还 15 元。

（2）在加油站的一侧装配一台全自动洗车机，凡在加油站加满 100 元均赠送免费洗车卡一张，3 日内有效。

10.9.11　保洁公司

在促成本次交易或增加满意度的同时，还为下次销售其他产品或服务打下铺垫，凡是完成这个使命的赠品，都叫作双向促成赠品。

（1）保洁员对客户说"其实你今天可以不补交这 16 元，只要你升级成为我们的 VIP 客户就可以了"。

（2）"你只需要在这张卡里面充值 600 元就是我们的 VIP 客户了。除了不需要补交 16 元之外，还可以享受 3 种特优待遇：①充值 600 元的可抵 800 元消费；②送价值 180 元的木地板打蜡一次；③送价值 80 元的浴室喷头清洁、饮水机清洁 2 次"。（最后再向顾客推荐钟点工 VIP 卡的同时，又嵌入了木地板打蜡、浴室喷头和饮水机清洁 3 个双向促成赠品，又为今后长期的木地板打蜡、浴室喷头与饮水机消毒业务做好了铺垫。）

10.9.12　婚庆用品店

（1）联合金饰店。活动宣传"全城买金饰最低价"为噱头，联合金饰店促销资源推出购买金饰现金抵用券。

（2）整合促销资源。举办幸运大抽奖活动。推出"50 元买走价值 1800 元的床上六件套"这个超级有吸引力的价值主张。客户只需要支付 50 元，就有机会买到价值 1800 元的床上六件套。

（3）活动规则：凡参加本次促销抽奖活动的客户，需要预先交纳 50 元报名费，领取一张报名券。活动每 30 人一组，大家把名字写在报名券上，由现场任意指定一位客户上去担任抽奖嘉宾，当抽奖嘉宾抽出哪一位幸运客户时，该客户就可以直接拿走价值 1800 元的床上六件套。相当于该客户花 50 元买走价值 1800 元的床上六件套。

（4）没有被抽中的客户，凭借报名券，可以获得婚庆用品店的 200 元现金抵用券，同时可以获得金店的 100 元现金抵用券，相当于 50 元可以充抵 300 元。

（5）为了提高客户积极性，同时整合了 KTV、美容体验券，凭借报名券可以在合作的 KTV 中免费唱歌，享受一次免费的美容体验。

（6）通过抽奖，除了中奖的一位客户之外，每次抽奖就都锁定了 29 位客户，他们拿到代金券，大多数人在现场消费了相关的产品。

10.9.13　电动车店

（1）打造了三个项目，免费补胎、免费修刹车线、免费全车线路调整。这三个项目成本低、易损耗，所以频率高。这样操作了不到一个月，人特别特别多，人气是不是起来了？

（2）接下来第二步怎么赚钱呢？

换电机控制器、换蓄电池、换轮胎，通过这些利润产品赚钱。

其他的店就是小夫妻店，他这样操作以后，请了 4 个员工，这还不算完，真正让他发财的地方在后边。人气多了以后，他就开始联系河南的电动车厂家，找了一家质量不错的电动车生产厂家，贴牌生产电动车，比市场上的电动车，价位要便宜几百元，而且也有"一年内出问题免费修"的承诺。

只要有顾客想定，只需要交 50~100 元的押金就可以了。一个星期内电动车就能发过来。通过这种方式，一天最多能够卖出去几十辆电动车。

这还不算完，他又找到镇上其他卖电动车的店铺，跟他们合作，他负责跟厂家谈，然后谈好利润，其他电动车厂家也按照他的模式销售，只要提前交 50~100 元押金就可以了，通过这种操作方式，在一年内，赚了一大笔钱，买车买房。

第 11 章
商业模式之免费模式

免费模式，轻松获得海量客户。

QQ、微信、360、国美、苏宁、淘宝，各种巨头都是利用免费模式快速起家。其实我们普通人也是可以的。

"免费模式"是商业模式中非常常见的一种手法。它把过去的盈利点砍掉，借此吸引并锁定海量客流，从而靠其他增值服务来盈利。

"免费模式"不仅是靠免费服务吸引客户这么简单，其成功的关键在于，让客户建立起对产品的使用依赖，从而不得不长期持续使用本产品与服务。简而言之，就是让客户"上瘾"，然后绑架客户在其他地方产生消费而进行盈利。

营销归根结底就是先聚人气、后聚财气。

也可以说，您跟您的潜在客户只差一个免费的产品，也可以说是一个鱼饵产品。因为免费就是一个鱼饵！

11.1　增值模型

增值模型就是提供增值服务来让客户形成回流。

很多的时候，客户买一件产品，买完了以后就断了联系，这样想形成客户持续的消费是很难的。

这就需要用到增值模型，比如说买了一件西服，以后这件西服可以享受终身免费干洗，这是不是就是一项很好的增值服务，并且完成了客户的回流。客户经常来干洗，下次买衣服的话还会考虑这家。

4S 店提供免费洗车，也会形成回流，回流多了，就会形成消费。

其实我们经常能看到加油站都配有洗车机，一般加 200 元的油可以免费洗一次车。这个其实也算是增值模型，但是这个方式并不是太好，这个模式只是提供了一个优惠措施，形不成回流。那怎么来形成回流呢？比如说办 500 元的油卡，免费洗车一个月，并且油卡还能打九五折。

其实 500 元的油也就半个月就用完了，但是有 1 年的免费洗车，是不是半个月油用完了以后还会在这里加油，还会再办一张油卡。

其实这样才能算是形成了一个客户回流，不仅仅是增加了本身的一个竞争力。

增值模型的核心就是：把客户给养懒，让客户离不开你，形成回流。

你能让客户一直和你有交流，这个客户就一直都是你的。

11.2　时间模型

时间模型的意思就是在特定的时间内对顾客进行免费，或者低价。

其实很简单，假如是一个饭店，一般都是晚上生意好，中午生意不太好，那好，中午没人，那就中午打折，比如午餐半价。

对餐饮来说，不管是房租，还是人工，硬性成本都没增加，毛利润一般都有 60% 左右，这样来看，虽然是打了 5 折，但是还有 1 成的利润。

像旅游景点很多也在这么做，旺季全价、淡季半价。

移动也有忙时通话、闲时通话；平时流量包、夜间流量包。

时间模型就是平时该怎么用怎么用，平时不用的时候，低价来吸引你用。

除了这样的模式，还有一个方式是做自己的节日，在我看来靠自己的单店来做更有效果。

11.3　跨行业模型

跨行业模型就是改变自己的销售方向，挣别的行业的钱。

就像加油站，加油站做的也不仅仅是卖油，还有超市、洗车。特别是超市，中石油在 2015 年便利店平均年销售额就达到了 62 万元，中石化的便利店已经是他们的一个非常大的利润来源。

就像第三方支付模型其实就是跨行业模型，很多时候挣的都是广告的钱。

由于互联网的影响，现在很多人不再去书店买书看书了，很多书店都受到了影响，其实这就可以使用跨行业模型来操作。

既然没人来买书了，那书直接免费看，只要交 30 元的押金，就可以直接把书拿走，看完了再还回来，还可以再拿其他的书看，这样只要押金，不需要租书的钱。

书一般的成本也就是 30 元左右，交 30 元押金，如果书丢了，不还了，这样也并不亏，但是也不挣钱。

这样就考虑要挣跨行业的钱了，租书看书的，一般都会租自己需要的书，比如说，考研的会租考研的书，学英语的会租英语书，这样就免费让大量人过来租书，虽然书不挣钱，但是这些人会有其他的需求，学英语的可能要报班，考研的也可能会报班，这都是利润点。

这就是不挣书的钱，挣培训的钱。

当然不一定只是书店能这么玩，水果店其实也可以挣跨行业的钱。

开一个水果店，直接把水果零利润来卖，是不是会有很大的客流？客流来了以后，如果有一块区域是专门做金融产品的，比如卖保险、卖基金，这样就会有人来买这些产品，这样就把挣水果钱变成了挣金融钱。

跨行业模型的核心就是流量，前面宁愿放弃一些利润来扩大流量，后面来赚跨行业的钱。

11.4　高频模型

高频模型就是用高频率的消费来提前截留客户。

我举一个很简单的例子，有两家理发店，一家理发 10 元，一家理发 30 元，其实技术都是差不多的，这时候很多人会选择 10 元的。

一般半个月大概就需要剪发，每过半个月，就去 10 元这一家剪发，半年一直都是在这一家，这时候你想要染发烫发了，你会选择哪一家？很明显是你经常去的这一家。

这就是高频模型，靠高频率低利润的消费来带动低频率高利润的消费。

微信、支付宝现在都在做金融，微信、支付宝对我们来说都是经常使用的工具，但是金融产品我们却不经常买，但是微信用多了，支付宝用多了，很多人买理财或者贷款都愿意在微信或者支付宝上买。

高频模型的核心就是和客户建立熟悉感、信任感，来带动后端的消费。后端的利润才是最大的利润，体会它的核心点，就可以灵活运用到各个行业。

11.5　客户模型

客户模型，就是针对指定的客户免费，让客户带动其他人消费。

比如很常见的就是在酒吧，女士免费，来 4 个女士还送一瓶酒。从而让男士来消费。

比如在情人节，女士免费吃鲍鱼，是不是不只会来女士，是不是会来情侣，两个人送一份鲍鱼，是不是吃不饱，是不是还会再点其他的，是不是就可以盈利了。

比如自助餐，10 岁以下小孩免费吃，小孩也不会单独来，都会有家长陪着，然后家长还要吃，也要付钱，本来小孩也吃不了多少，但是他会带着大人跟着一起来。

客户模型的核心就是：找到特定的人群，人群再产生关联，带动关联的人消费，同时免费也要有价值。

就像小孩免费，关联的人就是他的父母，父母就会消费。女士免费，关联的就是老公或者男朋友，他会消费。同样，免费的必须有价值，有足够的吸引力，这样才能吸引到特定的客户。

11.6　功能模型

功能模型在生活中的例子特别多，我举几个例子大家就明白了。

在五六年以前，当时还流行着 MP3、MP4 这些产品，但是现在基本上很难找到了，其实就是因为手机直接做了他们的功能，手机的功能由一开始只能打电话发短信，后来发展出很多的新功能，这就是功能模型。

通过自己的产品，把别的产品的功能直接给免费了，就在行业内有更大的竞争力。

我再举几个例子，像汽车的后视镜可以做成导航，就是增加的他自己的功能。

电动车增加了一个手机的充电口，增加了充电宝的功能。

防盗门上增加了一个做引体向上的杆子，增加了健身的功能。

酒瓶的形状做得特别好看，可以当作花瓶的功能。

举这些例子相信大家都能明白功能模型的意思了，接下来说一下功能模型的两个核心。

核心其实就是价值和方便。也就是说，增加的功能必须是有价值的，不是随便增加的。

同时增加的功能要比原来更加方便，把原来需要花更多力气的事情，变得花更少力气。

就像原来去外地可能要带手机、地图、MP3、MP4，现在只需要拿一个手机就够了，这样就更方便了。